U0686332

智能时代学前教育创新与教学质量评价研究

郑盛娜　著

中国原子能出版社

图书在版编目（CIP）数据

智能时代学前教育创新与教学质量评价研究 / 郑盛娜著. -- 北京：中国原子能出版社，2021.11
ISBN 978-7-5221-1819-2

Ⅰ.①智… Ⅱ.①郑… Ⅲ.①学前教育—教学研究 Ⅳ.①G612

中国版本图书馆CIP数据核字（2021）第254390号

智能时代学前教育创新与教学质量评价研究

出版发行	中国原子能出版社（北京市海淀区阜成路43号 100048）
责任编辑	杨晓宇
责任印刷	赵 明
印　刷	天津和萱印刷有限公司
经　销	全国新华书店
开　本	787毫米*1092毫米　1/16
印　张	13.625
字　数	258 千字
版　次	2023 年 1 月第 1 版
印　次	2023 年 1 月第 1 次印刷
标准书号	ISBN 978-7-5221-1819-2
定　价	68.00元

网址：http//www.aep.com.cn　　　　E-mail:atomep123@126.com
发行电话：010-68452845　　　　　版权所有　翻印必究

作者
简介

　　郑盛娜，女，浙江宁波人，浙江越秀外国语学院教师，进入越秀外国语学院工作以来，主持市厅级课题1项、市教改课题1项，参与省课堂教学改革项目和市课堂教学改革项目多项，出版专著1部，公开发表论文多篇。曾获英语学院优秀教师、优秀班主任等荣誉称号。

前　言

　　儿童是社会的希望、人类的明天。在社会急剧变革、文明加速发展的现代，儿童成为每个国家的宝贵财富，谁拥有健全的儿童，谁便拥有未来。儿童是处于成长中的一代，儿童成长的质量将决定他们日后的发展。为儿童的健全成长提供条件是家庭和社会的责任，社会关怀儿童的程度，是该社会文明发达的标志。中国经过改革开放40多年的发展，已经迅速发展为教育大国，并不断向教育强国迈进。进入新时代，党和政府高度关注学前教育，办好学前教育，实现"幼有所育"成为党的十九大作出的重大决策部署和战略意志。

　　智能时代，新一代信息技术进入创新密集期。我们应积极推进前沿技术与教育教学的深度融合，促进教育理念、教学方式和管理模式创新，为实现教育公平、建设高质量的教育体系以及构建更加开放、包容的终身学习体系夯实基础。

　　基于以上诸多因素，笔者策划并撰写了《智能时代学前教育创新与教学质量评价研究》一书。本书以智能时代为研究背景，以智能时代的教育变革为切入点，对学前教育的方法创新与教学质量评价等内容进行了深入研究，本书共7章，主要内容包括：绪论、学前教育基础理论、学前教育方法创新、学前教育环境创设、学前儿童社会教育、学前儿童心理教育、学前教育教学质量评价。通过本书，读者可以初步了解智能时代的教育变革，进而可以更加深入地掌握现代学前教育的方法创新、环境创设等内容，还可以加深对学生的社会教育和心理教育的认知，最后还可以对学前教育教学质量的评价有更加全面的了解。

　　限于笔者知识储备和写作水平有限，书中难免存在疏漏与不足之处，欢迎广大读者能够积极地对本书进行指正和批评。

作　者

2021年8月

目　录

第一章

绪　论

第一节 智能时代的教育变革

智能时代的各种现代信息技术在教育领域的应用极大地拓展了教育的时空界限，改变了教与学的关系，推动教学模式朝着多样化的方向发展。

一、教学方式的转变

现在，各类教育资源逐渐向公众开放，学术资源不再停留在高校象牙塔里，正在走近每位平凡的个体。兴起于2001年的开放教育资源运动旨在将高等教育中的优质教育资源开放给全人类共享。美国麻省理工学院就是开放教育资源运动的先驱，它计划用10年时间把学院全部用于教学的学习资源通过网络发布，为全世界学习者提供免费学习的机会。此外，现代信息技术的各种呈现方式将成为新的知识传播载体，云计算、学习分析、增强现实、电子书包、TPACK等新技术像魔术师的手一样，将知识变成一个万花筒，单调的白纸黑字变成动画、视频、虚拟现实等，并快速地传播到世界各地。

目前，翻转课堂、游戏化体验式学习、个性化混合式学习、自适应学习、创客式学习等新的学习方式已经崭露头角，它们极有可能成为未来学校多元教学方式的重要组成部分。

（一）翻转课堂

互联网极大地扩展了课堂的空间，使只能容纳几十人的教室扩展到世界任何地方；云空间极大地丰富了教学内容的展现方式，使以前像小卖部一样只能由营业员一件一件从货架上拿下商品供选择，变成在巨大的超市里随意挑选产品放入购物车中……在新技术和新理念的互相碰撞作用下，无论是传统的教学内容还是创新的教学内容，都以一种多元化的全新的方式展现在学生面前。翻转课堂是最具有典型性的❶。

翻转课堂的意思，是反其道而行之，把传统的学习流程颠倒过来。简言之，翻转课堂由先教后学改变为先学后教，使学习者由被动学习变为主动学习。

---

❶ 李韧. 自适应学习人工智能时代的教育革命 [M]. 北京：清华大学出版社，2019.

翻转课堂的技术需求远不只是教学视频的使用，随着该模式理论和实践的不断发展和深入，以及不断出现的新技术在教育领域中的广泛应用，翻转课堂成为新技术的实验场和展示魅力的舞台，而且对技术的要求越来越高，依赖程度也不断加强。

（二）游戏化体验式学习

寓教于乐是游戏化体验式学习的主旨。寓教于乐在当代和不远的未来最直接、最有效的方法就是游戏化体验式学习。

电脑游戏是许多家长和教师深恶痛绝的玩意，但是他们无法阻止越来越多的人热衷于玩电脑游戏。其对人类的冲击远大于远古时期水患对中国的冲击，因而采取"堵"的办法肯定不行。家长和教师绝大多数采取"堵"的办法。

数年后人们就会嘲笑现在的家长和教师的办法太蠢，就像今天我们嘲笑大禹的父亲鲧一样。所以，未来的教育要做的并不是禁止游戏，而是如何引导学生有效地玩适合的游戏。但是，如何引导呢？弄不好会水漫金山的。关键就看你的游戏设计水平。

在教与学的过程中，不仅需要具备现实意义的大型游戏，更需要游戏为学习者营造真实的学习环境。近年出现一种严肃游戏，这种游戏对知识体系的构建几乎与现实达到完全一致，通过玩游戏完全能够轻松学到严谨完善的知识和技能。

其中一款经典的严肃游戏叫"世界没有石油"（World Without Oil）。游戏情景发生在全世界的石油已经被人类消耗殆尽之时。玩游戏时会发现，原来石油制品已经渗透生活的方方面面，人类每时每刻都离不开它们。玩家将被迫适应如何生存、生活，如何改变饮食习惯、日常细节和交际方式，如果能创造性地提出新颖的方案，或许就是真实生活中的一个发明创造。

还有一款叫"Algodoo"的仿真物理实验模拟游戏。在游戏中轻松愉快地做各种物理实验，以完成指定的任务。这种游戏平台，还可以让全球各地的人上传实验成果，既能相互分享，甚至还可以在线同步合作。

（三）个性化混合式学习

现在，无论是教育工作者还是关心未来教育的家长和学生，都认为以技术为依托的学习革命正在发生。未来的学习，一定是以学生为中心，并且是个性化、自主的混合学习。

混合式学习（Blended Leaning）模式是线上线下结合的，它所体现的核心特征之一就是个性化。个性化教学对学生首先要有效激励，使其产生兴趣；其次定位准确，基于大数据的分析保证这一点；第三要目标可选；第四是路径有效❶。

当今学校所面临的深刻变革，是由学生对学习的差异化、个性化要求所促进的。首先，这种要求并不意味着淡化家庭的影响，相反更为尊重家庭的价值观，更为尊重人的自主选择和个体差异。其次，这种要求还将刺激学校既定的组织架构和规范制度的变革，接受更为丰富灵活的课程结构和教与学的组织形式。目前这些具有开拓意义的探索，将对学校教育的未来产生重要影响。未来主流的学习方式将是定制化、个性化、去标准化。学生自己制定课程和计划，教师的评价会具体化、细节化并考虑每位学生的个性，再也不会给学生排名次。

（四）创客式学习形态

"创客"现象其实早已有之，但是这一理念的萌芽和提出，则是近几年的事。

2016年，在一项课题研究中，中国专家发现，他们从大量现象中筛选出来排名第一的发展趋势，与世界各国专家的研究成果在某领域中重合，就是"学生从消费者转变为创造者"。

人们普遍意识到，让学生自己动手的体验式学习，不仅有助于学生高效掌握知识，还使学生产生学习的兴趣和动力，并能自觉自然地学以致用。因此，很多学校开始探索一种新的教学途径，即发挥学生的能动性，把学生自创的内容、想法整合到教学中。中国专家把创客空间列为今后教育技术的重要发展趋势，认为这一趋势将长期影响并改变教育模式，并对其提供强有力的支持。

在工业化生产还不发达的时代和地区，人们根据自己生活所需，自主设计并制作用品，或改进他认为不合适的东西，以解决生活难题，提高生活质量。这些工作往往都是非常有创意的。例如，在20世纪改革开放以前的中国，织毛衣、做煤球等很流行。女学生用牛皮纸和画报纸折叠出实用耐磨的钱包，男学生用黄泥巴制作坦克大炮等各种武器玩具，都非常有创意。但是，那时候由于信息不对称、沟通不畅，人们并不在意创意的重要性，如今有了互联网，使这种鼓励和支持互相协作、锐意创新并使人兴趣益然积极参加的创客运动迅速发展起来。

作为数字化时代的原住民，现在的学生得天独厚，甚至在还没有力气使用工具的时候，就能制造出各种产品。可以说，数字化所带来的变革，绝不仅是改变传统制造业，而是让产品制造者扩展为更多更广的人群，甚

❶ 赵娟.论人工智能时代教育的走向[J].郑州师范教育，2018,7(01):10-15.

至可以使每一个普通人都成为创造者，形成一个规模庞大的产业。

例如，3D打印技术，能使学生方便地创造个性化物品。此外，过去仅为政府、科研机构和大公司服务的大型计算机等设备，现在已经为普通人所使用，学生可以在教室和家里的书桌上从事过去想都不敢想的世界一流的"DIY"设计。

《创造即学习》一书作者、非盈利教育技术组织（Generation YES）主席Sylvia Libow Martinez说："过去一些孤立的事情，现在已被广泛分享。""再加上新技术，让人们自己制造有实用性价值的物品成为可能。"

二、教学过程的重组

本节以翻转课堂为例介绍教学过程的重组。翻转课堂技术的核心就是一个很简单的创意，我们将这个简单的时间转换称为翻转课堂，它生动地反映了人们通常所提及的翻转课堂。利用课堂讲课视频翻转家庭作业，就能拥有一个高效的翻转课堂。

当我们翻转我们的课堂时，学生在单元测试中的表现明显变好了，这使得我们在课堂上开展亲身实践活动的时间多出了一半。从最一开始帮助学生满足他们需求的简单实验，变成了一项举世瞩目的新技术。翻转课堂高效地实现了混合式教学，可以根据每位学生的学习进度、接受程度进行个性化教学。

（一）如何实践翻转课堂和混合式教学

1. 思维方式的翻转

对于一线教师而言，他们能够很快抓住课堂主题的关键点，在不用参考任何备课教案，只是简单地依据自己的教学经验，就能轻松地开始今天的教学。在这种传统的教学模式下，教师就是学生们关注的中心。此时，当他们翻转他们的课堂时，就意味着必须放弃对学生学习的控制权。

2. 教师亲自制作视频

成功的翻转课堂的一个重要特征就是能够创造性地使用当地学校的教师或者教师团队制作的视频。当我们参观那些举步维艰的翻转课堂时，常常发现那些教师使用的教学视频不是商业机构制作的就是他们临时从互联网上搜到的外面的教师制作的，他们自己根本没有制作过视频。与之相反，当我们走进那些成功的翻转课堂时，发现这些教师就是翻转课堂视频的创造者。

我们认为教师亲自制作视频之所以能够成功，是因为他们拥有一个优秀教学最基本的特征：和认识你的孩子建立联系，因为你是他们的老师，而你的学生对那些随便在互联网上接触到的人并不熟悉。学生通过你提供给他们的知识内容，能够看到你在他们身上投入的一切，他们认可直接参与他们生命的人，喜欢对他们因材施教的教师。

3. 视频制作工具

教师们在制作翻转课堂视频时经常使用的5种视频制作工具：视频照相机、摄像机、屏幕录像程序、平板电脑应用程序和智能笔。现在多半的新电脑都有内置麦克风和摄像头，所以只需要购买数位板和软件即可。

（1）视频照相机。绝大多数教师使用的最简单的工具就是他们手机里配置的照相机，几乎所有的移动手机都配置了一个视频照相机。此外，不昂贵的手提式视频照相机也能拍出高质量的视频。一名教师可以让一名同事或者学生使用照相机或者手机记录他们在黑板上讲解某个知识概念的过程，这是示范如何解二次多项式或任何数学算法的最理想的方式。当然，如果必须使用大量图片的主题式来实现教学，这种方法就没有那么显著的效果。

（2）摄像机。屏幕录像是我们的教学视频的骨架，而在其中加入一些简短的摄像机镜头则是很有力的补充。许多教师经常使用他们的摄像机来制作他们的翻转课堂视频。很多教师都没有意识到：用来记录实时图像的摄像机，也能录制课堂视频。当摄像机与一台电脑（通常通过USB接口）连接时，摄像机自带的软件通常能够录制视频，因此，在摄像机录制下的教师教学过程能够和教师的声音一起被记录下来。举个例子，如果你想要演示如何算出一个圆的面积，并且你想要学生看到你是如何计算的，采用摄像机录制这个方法将帮助你实现你的想法。这个技术更多强大的用法可能是使用虚拟教具来演示分数，然后你可以将录制好的资料转化成一个视频，并将它和学生一起分享。

（3）屏幕录像软件。通常，翻转课堂的教师会在一些演示软件里制作一堂课或者演示文稿的内容，比如，微软PPT软件，然后通过屏幕录像软件纪录他们教学的PPT，学生可以一边看着老师的课堂演示，一边听着老师的声音，在一个角落还能看到摄像头里的老师，甚至看到老师写在屏幕上的东西。

（4）平板电脑应用程序。老师还可以选用平板电脑。这类设备有内置的手写功能。很多平板电脑设备中的应用程序被教师们用来录制视频。

平板电脑设备的一个优势是它很容易在课堂演示中进行书写，还有很多的应用软件能够帮助教师将演示文稿上传到平板电脑上，平板电脑会记录这些上传的演示文稿。当你需要为图片做注释，或者想要使用经典的黑板功能的时候，平板电脑的用户界面是一个理想的选择。

（5）智能笔。教师可以找到各种各样实用的智能笔，这些智能笔能将你写在纸上的东西进行数码记录。不仅如此，还能记录你的声音。然后将这些记录转化为视频文件，这些文件都可以分享到互联网上。其中，有些智能笔需要购买特殊的纸或者在线打印。

（6）手写注释。在以数学运算为基础的科学课堂上，我们需要在屏幕上写东西，因此笔记注释的功能是不可或缺的。现在我们开始试着使用SMART软件，因为最近我们的教室里引入了交互式电子白板（SMART board），而所有的交互式白板软件中都有手写功能。

（7）摄像头。现在多半的笔记本电脑都配有内置摄像头，基本也可以满足需求，我们经常使用的那个摄像头具有画中画功能，可以插入那些课堂上不宜展示（或太危险，或用时太长）的科学实验示范。

4. 上传视频

当制作完一个视频后，就必须将它上传到互联网上，以便学生能够进入网站，并获取到它。现在有大量可用的视频托管网站，可供选择的视频托管网站很多，比如YouTube、Vimeo、TeacherTube或者Screencast. com。也可以把视频放在你们学校的网站上，或者放在一个学习管理系统里。

5. 让视频具有交互性

一旦你制作完一个翻转视频，并把它放在在线网络上，那么最重要的就是让学生明白。此外，你还可以运用一些创造性策略。现在有很多有效的软件和网站可以在特殊的时间暂停视频，以便教师在中途插入问题，这样一来，教师就可以登陆论坛了解谁观看了视频以及每个学生如何回应这些问题。不管使用哪种工具，教师都要确保学生能够积极参与到内容的学习当中，还要确保学生在观看视频的过程中有事可做[1]。

6. 让学生轻松获取翻转视频

对于教师来说，找到一种简单的方式来上传视频内容是非常重要的，但是让学生轻易获取到视频也同等重要（甚至可能更重要）。学习管理系统是一种能够允许教师或者整个学校在同一个地方管理数字内容的网站，学生可以登陆这个网站，用某种方式与数字内容积极互动。一个学习管理系统可以管理视频，储存专门给学生浏览的在线文件，还具有论坛、博客、小测验以及评估功能。

这个系统能够为学生获得某堂课所需要的所有资料提供一站式服务。

---

[1] 李雯雯．"混合式翻转课堂"在产品系统化教学中的研究 [J]. 滁州职业技术学院学报，2019，18(03):95-97.

学习管理系统有很多，包括Moodle、Blackboard、Canvas、Schoology、Edmodo、Haiku Learning、My Big Campus以及其他一些学习管理系统。

这些学习管理系统各有优劣。我们的建议是：学校需要找到适用于自己的一种学习管理系统，帮助学生能够轻松地从网站上得到他们所需要的数字内容。

7. 巧妙挤出时间

成功的翻转课堂教师只有一个诀窍，那就是自己挤出时间，甚至大多数翻转课堂教师会通过合作的方式来最大限度地利用他们的时间。翻转课堂不会让教学变得简单，但是它会让教学变得更有效、更美好。

8. 进行有效培训

对所有加入到翻转课堂中的人而言，翻转课堂最大的障碍就是大家没有得到恰当的培训。只有对所有加入翻转课堂的人进行正确的培训才能更好地实施这种模式，下面两个关键要素可以通过培训解决。

（1）学习如何翻转课堂，不仅是布置一个视频、解决课堂上的问题任务单那么简单，它还意味着更多。例如，参与者必须计划、参与、提高和修订自己的课程设置。

（2）在课堂上找到并实践这些措施。每一个翻转课堂看起来都是独一无二的，每一个翻转课堂也应该成为独一无二的课堂。

开创一个成功的翻转课堂需要深思熟虑和周详计划，能让你获得成功的最好方法就是与其他翻转课堂的教师建立关系网，参加有关翻转课堂的培训班和会议以及积极地提问。事实上，教师在实施翻转模式之前需要考虑很多事情，因为只有考虑周详了，才能坚持到底。

（二）翻转课堂如何改变教学

所有的教师在大学课程中都学过如何计划一堂课、一个单元或者一整个学年。课程计划的很多模式都是有效的，很多教学计划体系和教师评估手段都包含了一些针对整个班集体学生的信息演示，而在一个完全的翻转课堂里，直接的教学方法是基于个人水平或者小团体的。因此，翻转课程计划将要求改变传统的课程计划和交付周期。最简单的方法就是在课堂上进行时间转换，将直接的教学方法转移到课堂外，将学生的独立练习转移到课堂内。在翻转课堂里，课堂要素之间复杂的安排也可以是井井有条的，尽管那些教师要在教学计划不允许太复杂的环境下进行自己的教学工作，但是一个简单的时间和空间上的转换，也能让教师们实施翻转课堂。

下面主要介绍如何通过观察如何组一个单元、一天的教学来打破传统的教学模式。

1. 翻转一个单元：将教学安排得井然有序

当实施翻转课堂时，如何改变一个单元的计划？在很多教学方法中，花时间去改变一个单元的计划是完全没必要的。教师可以设计一个单元教学计划指南，在表格里，辨别出学习目标，围绕这个目标设计练习和亲身实践的活动，并创制一个视频。假设绝大多数教师已经拥有了一份和这个表格差不多的目标清单，最有可能的是，伴随着视频创新的期望，这些已经发生在大多数课堂。因此，只有一件新事情需要教师去做，那就是创制新的翻转课堂视频。

实施这个方法的一个益处就是要求教师更好地去组织知识内容，不管教师是否决定实施翻转课堂，写下目标、创建或修正合适的学习目标这个过程本身就是教师必须执行的一个强有力的过程。

2. 翻转一周：灵活安排学生的学习任务

当教师计划了一个单元的教学，他们就必须创建一些额外的步骤，以确保学生不只是停留在观看视频的阶段，还要积极与视频互动。下面有一些建议，帮助你如何带着翻转的心理去调整一个星期的教学计划指南。

（1）为学生提供额外的时间并提前通知学生。不要布置完一个观看视频的家庭作业后就期待所有的学生都能完成家庭作业，学生可能需要更多的提前通知，一些学生从放学的最后一刻起就忙忙碌碌的[1]。

（2）允许学生做一些选择。不是每个学生都需要观看每个视频，最关键的不是他们看了什么，而是他们学到了什么。举个例子，如果有一个在线模拟游戏可以教学生关于板块构造论的原理，那么这种模拟游戏就可以代替观看视频，让学生更好地与之互动。

3. 翻转一天：使用简单的翻转视频和有趣的课堂活动

作为一种教学策略，单独地翻转一天比翻转整个单元或者翻转一个课堂更为艰难，这是因为在翻转课堂背景下学生在学习上并没有经常接受"培训"。不管怎样，很多教师接触翻转课堂模式都是从翻转少数几节课开始的，他们一两个星期可能也只翻转一节课。翻转一天最关键的是在视频上呈现比较容易理解的认知内容，并在上课期间增加有吸引力的课堂活动。

4. 在学生积极参与课堂与独立学习之间找到平衡点

教师想要在课堂上增加一些学生可以积极参与的实践活动，一些教师可能每天都让学生做实验和参加课堂活动，但是这样也会打乱学生的学习节奏，学生只收获了他们试图通过实验所获得的知识要点，然而，学生真

---

[1] 詹亮，秦琴. 智能时代，教学方法改革现状的研究分析 [J]. 教育现代化，2019，6(35):71-73.

正需要的是拥有更多的时间去完成课堂上布置的问题和练习。

还有一些教师让学生在家观看视频，在课堂上完成课堂练习，但是教师没有为学生提供任何可以亲身实践的课堂活动。这样的情况日复一日地重复着，尽管学生需要独立学习和不断的练习，但是他们也同样需要可以积极参与和互动的课堂活动。如果你只做一点改变——翻转一天的时间，将你的直接教学移出课外，让学生在课内完成课堂练习，那么你并没有做出教学法上的变革，你只是做出了时间维度上的改变。

5. 让学生的学习成为课堂的中心

学生来到课堂是为了继续学习或证明已经掌握了学习目标。当学习成为课堂的中心之后，学生就会像老师一样努力工作。这说明学生的头脑已经被学习所吸引，不再是被动地接收信息。

为了能够完成教育的关注点从老师到学生的转变，我们把教室称作"学习空间"。"教室"这个词也带来了负担，强调了老师在其中的中心地位，令人眼前不禁浮现出这样的画面：老师站在讲台上，手里拿着粉笔，向学生讲授知识。在教室里，老师讲课，学生听讲。老师"授课"的同时，还要寄希望于学生能够去学。

作为老师，把教室称作"学习空间"之后，就迫使教师改变旧的思维方式。教师和学生讨论更改这个名称的时候，他们意识到学校的要旨在于学习，而不是授课。当学生认识到为学习而学习的力量时，学校就变成了一个神奇的学习空间。

第二节　智能教育与未来的人才培养

一、智能时代人才培养的基本内容与要素

培养什么人和如何培养人是教育的永恒主题。培养全面发展的人是时代的要求，也是一名教师应尽的职责。人工智能时代的传授知识者及获得知识者，都将面临一项时代赋予的任务——知识结构的重构。

这种重构，在传统的知识体系基础上的表现，是要适当压缩和归并某些知识点，然后进一步强调或增加与人工智能相关的知识内容，并在价值观塑造、分析问题和解决问题能力的培养、创新思维的训练等方面开展教学，具体将涉及以下基本内容和要素：

信息素养是智能时代育人的基本内容，是全球信息化、智能化形势下

需要人们具备的一种基本能力，它主要表现为以下八个方面：运用信息工具、获取信息、处理信息、生成信息、创造信息、发挥信息的效益、信息协作、信息免疫❶。

信息素养包括信息意识、信息知识、信息能力和信息道德四个要素。

21世纪是以智能化为主要特征的复杂科学的世纪，智能时代来临，开启了科技发展"奇点"模式。智能时代的"AI+X"将催生大学科的观念，使多学科交叉并深度融合。学习如何学习、学习如何思考成为现代人的基本技能，只有终身学习才能应对不断到来的挑战。

二、智能时代需求驱动下的人才培养

区别于传统教育时代和互联网教育时代，智能时代本身涵盖了人类数百年近代科学的所有内容，具备统合科技发展、工业生产、社会统筹等巨大能量的潜在能力。在可预见的未来，人工智能的发展很大程度上关联国家、社会的总体竞争力和生产力。它对国家、社会发展的影响体现在以下多个层面：

第一，人工智能带给国防、金融及社会的影响，不仅仅是简单的效率提升，而是直接关系到新时代国际环境中核心竞争力定位与发展的关键问题。如今，国际金融机构已经引入了人工智能作为决策机制。相对于以往的人力决策，人工智能显示了在决策效率、成本及回报率等多方面的优势。同时，人工智能在其他多种博弈测试中也已显露出优于人类的优势。随着人工智能的进一步发展，掌握自主、高级别的人工智能软硬件资源，也将成为塑造国家竞争力的必备条件。

第二，在经济发展、企业竞争的层面，人工智能带来的直接影响为劳动力成本和管理成本的降低以及生产效率的提升，而更深远的影响则在于经营模式的更新。帮助企业打造人工智能平台，利用人工智能更加迅捷准确地把握市场咨询，了解客户需求，制定企业战略，已经是微软、谷歌、百度等人工智能先行者的探索区域。同时，人工智能在社会治安、社会保障、医疗等与民生息息相关的领域也有着巨大的潜在影响力。现在已经商用的人脸识别、健康监测以及正蓬勃发展的远程医疗、智能诊断等新技术、新模式也将产生广泛的经济影响和社会影响。

第三，人工智能对于个人的影响，更多地体现在生活方式、就业创业

❶ 赵建华，刘宁. 智能时代卓越创新人才培养模式探究 [J]. 微型电脑应用，2019，35(10):20—22.

等方面。近年来，互联网及移动互联网的巨大发展，大大改变了人们的购物、交流的方式，在催生出"低头族"的同时，也大力推动了互联网就业的发展，基础的计算机终端操作能力成为多数工作岗位的必备条件。而人工智能的发展，将进一步改变人们的生活方式，也将进一步调整个人就业、创业的能力模型。个人的职业发展，将受到人工智能发展的冲击和改变。

为获得国家竞争优势，提高社会经济效益，以具备高素质的人才驱动人工智能的整体发展，是人工智能在社会发展中的核心战略。政府部门、教育机构、社会团体如何相互配合，培养优秀的规划、管理、技术人才来满足人工智能市场的需求，是智能时代人才培养的核心内容。图1-1表明，人工智能市场由国家政府战略支撑、社会需求与个人需求推动。教育机构及企业以市场需求为导向，作出全面、具体的人才培养规划。同时，教育机构与企业也须不断检验人才培养与市场的契合匹配程度，不断对人才培养规划作出必要的修正与调整。

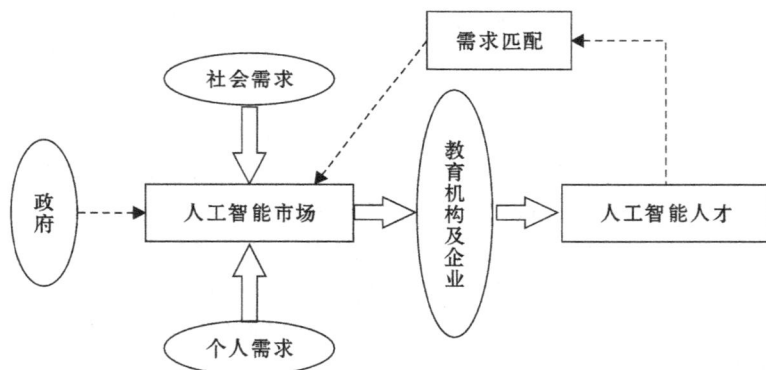

图1-1 人工智能时代需求驱动下的人才培养

无论是在宏观的国家、社会层面，还是微观的企业、个人层面，人工智能都将带来机遇和挑战，推动变革。要想在新机遇、新挑战、新发展、新变革中跟上甚至引领时代，就需要培养出一大批能够适应甚至引领变革的人才及团队。这正是教育的任务，也是教育转型升级的强大驱动力。作为正在发展中的新技术，人工智能的许多方面还有巨大的潜力尚待挖掘，大量的未知领域、应用领域亟待开拓与探索。对新领域的开拓性人才而言，激发开拓的驱动力至关重要。人工智能发展的驱动力来自对世界文明进步的使命感、对社会发展的责任感以及对实现个人目标的幸福感。结合驱动力的几个层面并赋予培养对象，塑造强大的主观能动性，是智能时代人才培养的特殊性之一。

人工智能优秀人才培养的特殊性体现于专业基础方面和集成创新方

面。专业基础方面，高度发达的硬件制造能力与深度发展的计算算法结合，决定了人工智能所能达到的高度。集成创新方面，集成各方面科技、产业知识，形成有效技术创新，决定了人工智能在社会应用中的广度及接受的深度。相关人才的培养也需要同时具备针对性及开放性，培养多层次人才为社会需求提供相应资源，以解决智能时代产业重构所带来的就业问题。

三、智能时代人才培养的趋势

人工智能在淘汰一些就业岗位的同时，也会带来新的就业机会。在智能时代到来之际，对于教育的变革已悄然产生：未来教育将更注重培养学生终身学习发展、创新性思维、适应时代要求的关键能力。对教育行业来说，挑战在于如何让受教育者做好准备，以适应快速发展的未来世界。

需要掌握的主要技能：一是社交技能。即使未来多数时候使用机器人，但人与人之间的交流依然不可少，需要更好地沟通，共同协作，提高效率。二是保持学习的能力。科技发展快，所掌握的知识和实际应用所学技能间多少会存在脱节。自主学习的过程中有一项很重要的技能就是懂得如何学习，清楚自己的思考过程，此项技能被称为元认知（metacognition）。

通过调用自己的元认知，使自己清楚自己的思考模式，从而更高效地学习。三是机器智商。所谓机器智商，就是理解机器人工作方式的能力。未来在机器人大行其道的大环境下，谁的机器智商高，谁就能抢占先机。四是计算机程序设计。《数学之美》《硅谷之谜》《文明之光》和《智能时代》等科技畅销书的作者、计算机科学家吴军博士认为，人类文明近30年主要的进步都集中在计算机领域，在可预见的几十年之内，仍然会集中在计算机领域。这些进步会有力地推动人工智能的发展。所以作为计算机领域的基本功—编程也将成为智能时代人人都需要掌握的技能。

第二章
学前教育基础理论

第一节 学前教育理论的建立

每一门学科都存在着产生和发展的历史进程。学前教育理论的发展也经历了漫长的道路。现将学前社会教育理论发展的历史进程略述如下。

在尚未提出实施学前社会教育之前，距今2000多年前的思想家，在哲学著作中就有阐述学前公共教育的主张。

《理想国》与《法律篇》中，古希腊唯心主义哲学家柏拉图（公元前427—前347），集40年讲学之经验，阐述了他的教育观，其中包含了学前教育，其主张有：

第一，提出从学前期起，由国家对男女儿童进行公共教育。受教育的对象是哲学家、军人、农民和手工业者三种人的子女，不包括奴隶的子女。

第二，重视学前期的教育。凡事开始最重要，要教育柔嫩的儿童更需注意，他们将来的人格如何，全在这一时期的教育。

第三，重视游戏、体育、唱歌、讲故事等活动。提出孩子6岁以前，他们一般的本性是需要游戏，不要强迫他们去学习，而需要用游戏的方式引导他们学习，这样可更明白每个孩子的各种自然的才能。提出体育是为了锻炼身体，音乐是为了陶冶心灵。教师不应随意根据偶然碰到的事编成故事，应尽量选择那些能对孩子的道德产生最好影响的故事。

柏拉图的上述主张，标志着学前公共教育思想的诞生，他提出了一些适合儿童年龄特点的学前教育观点，是可贵的。但由于历史的局限，这些学前教育的观点在当时并未得以实现。

古希腊哲学家亚里士多德（公元前384—前322）在其著名哲学著作《政治观》中，阐述了他的教育观。他根据人的身体发育，从出生起每7年划为一个自然段，并提出婴儿出生以后，应以含乳分最多的食物进行抚育。他提出7岁以前，儿童必须住在家里，少与奴隶接近，以免沾染下流习气。

以上是反映在古代欧洲哲学著作中有代表性的学前教育思想。在教育著作中的学前教育思想又有哪些呢？

欧洲在文艺复兴运动（14世纪开始）以前，由于受封建与教会的思想控制，文化教育中宗教思想严重，儿童的精神受到压抑，头脑受到禁锢，身体受到奴役，认为儿童今生要赎罪，把希望寄予来世的天堂。封建的严酷统治必然引起社会革命，从14世纪开始的震撼欧洲的声势浩大、范围广泛、影响深远、时间长久的反封建的革命—文艺复兴运动爆发了。它使欧洲各国的政治、经济、意识形态、文化教育等发生了巨大的变化。人文主义的世界观便是文艺复兴运动的产儿，是代表新兴资产阶级要求的新的世界观。人文主义反对神权统治，崇拜现实，崇拜人的解放和人的作为，主张发展人的个性，认为人有巨大的创造力，人能创造一切，因而人也必须享受一切。由此出发的教育，提倡要热爱儿童，信赖儿童，把儿童培养成对资产阶级有用的人。文艺复兴运动带来了思想的解放和科学的繁荣，教育学此时也从哲学中分离出来，成为一门独立的科学，与此同时也产生了一批很有影响的教育专著。以下选择其中影响较大的教育论著，作一简要介绍。

其一，《大教学论》是捷克教育家夸美纽斯（1592—1670）著名的教育代表作。他提出学习的程序应从婴儿开始，一直继续到成年。他把这24年分成四个明显的阶段：婴儿期、儿童期、少年期和青年期，每期为6年，每期儿童分别进入一种特殊的学校。婴儿期是在母亲的膝前度过的，所以每个家庭应成为一个母育学校。

其二，《母育学校》是夸美纽斯为父母们编写的一本儿童教育手册，又名《论六岁以下儿童的细心教育法》。此书简单描述了儿童所应当学习的各种科目，以及学习每种科目的最合适的时期和教育法，全书共13章。

夸美纽斯还为儿童编了一本教科书，名为《世界图解》，它是直接放到儿童手里的读物，儿童知识教育的20个项目用图像来表示，并在每幅图的上端写出它所代表的物件名称。夸美纽斯认为这本图画书有三个用处：可以帮助儿童留下对事物的印象；可以使孩子获得一种观念，知道从书本上可以得到快乐；帮助儿童学习阅读，因为图画和文字结合了[1]。

其三，《爱弥儿》是法国教育家卢梭（1712—1778）的教育名著。他从自然主义教育观出发，设计了一个爱弥儿受教育的蓝图。贵族出身的爱弥儿，应受理想的教育，自幼应生活在大自然的怀抱中，利用各种自然因素，如自然环境、空气、水等锻炼身体，遵循自然去成长；反对紧束孩子的身体，要让儿童自由地活动，以锻炼体力；还要锻炼一切感官，使每一种感官都各尽其用，要用一个感官获得的印象去核实另一感官获得的印象。但他对儿童发展有着机械的理解，对教育的力量估计不足。

其四，《新社会观》和《论人类性格的形成》是英国空想社会主义者罗伯特·欧文（1771—1858）的新社会观的代表作。他认为造就适应新社

[1] [美]琳恩·E.科恩，[美]桑德拉·韦特·斯图皮安斯基.幼儿教师须知的教育理论[M].刘富利，覃静译.北京：中国轻工业出版社，2021.

会的人，需要养成良好的性格，消除由于社会愚昧而形成的恶习，而许多好事和坏事都是在人很小的时候被教会或学会的，许多好的或坏的脾气和性情都是岁以前养成的，许多深刻难忘的印象则是在1岁以前甚至半岁以前获得的。为此在书中叙述了他在新拉纳克为村民开辟的游戏场，接纳刚会独自走路的儿童，由派来照料他们的人加以管理。欧文认为对这条格言的完全理解和早年实行，可以彻底消除世界陷于愚昧与苦难之中的一切错误。书中还充分肯定了游戏场可以达到如下目的：儿童可以尽量离开未受过教育的父母的错误的抚育，父母可以不再为照管孩子而操心与担心；儿童被安置在妥当的环境时，和伙伴在一起，可养成最优的习惯和品性，晚上回到父母的怀抱里，由于分离可使双方的情感增进。

欧文在《新道德世界书》中对新社会的分工作了叙述，他主张合理的社会划分是按年龄的大小来进行的，每一年龄组的人，要从事最适合这一组人的本性的职业。他提出第一组包括由出生到满5岁的儿童，应当把这组儿童的锻炼、培养和教育置于适合他们的气温条件下，用最有营养的食物哺育他们，他们的衣服要宽大而轻松，他们要经常在有新鲜空气的户外做适当活动；同时要培养他们以促进周围人的康乐和帮助他人为莫大快事的志趣，并要在他们年龄智力所及的条件下，对看到的和接触到的事物具有确切的知识。欧文称此为幼年受到合乎理性的新式培养。

这些对学前教育特点的论述都是有益的，它们都为系统的学前教育理论的建立奠定了基础。

学前教育学从教育学科中分离出来，成为一门独立的学科，是伴随着学前教育机构的建立而开始的。学前教育最初的专门机构是幼儿园，它的建立促进了学前教育理论的产生与发展。

福禄贝尔（Frobel，1782—1852）出生于德国一个虔诚而严谨的牧师家庭，自幼丧母，父亲因忙于教区工作而无暇顾及子女，继母待他很冷酷，因而童年时经常孤独地待在花园中，喜欢投身于大自然的怀抱。这对他日后的教育思想有一定的影响。1805年夏天，到福兰克弗的一所裴斯泰洛齐式的学校任教，其间两年，他进行悉心的学习和研究，受裴斯泰洛齐的教育思想影响很深，这成为他一生中的转折点。后来他又进入大学学习，他的教育观点和哲学观点逐渐形成。福禄贝尔的代表作是《人的教育》（1826），这本书主要论述了关于婴儿期、幼儿期及少年期的发展和教育，展示了福禄贝尔的学前教育思想。

他认为，人的发展应是循序渐进的。在发展的过程中，每一阶段都是前一阶段的延续，前一阶段并不阻碍后一阶段，而是后一阶段发展的基础。因此在教育工作中，必须按儿童不同的发展阶段，去辅导儿童学习以促进儿童发展。如果不遵循儿童发展的阶段，盲目地促成儿童的"早熟"，这样做不但不能促进儿童的发展，相反"会从根本上危害、妨碍甚至破坏人的继续发展"，没有任何教育价值可言。福禄贝尔认为，教育的使命，以及人的全部生活，都是处在不断发展的历程之中，这种发展是无限的、永恒的。而儿童的发展则是由"自然儿童"出发，经由"人类儿童"最终成为"神的儿童"，儿童发展的这三种不同情况，是一个统一的整体的三个方面，最先显现的是"自然"的方面，只有通过教育的力量，才能把原来潜伏的"人类的"和"神的"两方面显现出来❶。

　　福禄贝尔的恩物作业玩具在世界各地得到广泛流传。至此，学前教育学已成为一门独立的学科。

第二节　学前教育的典型理论

一、让·皮亚杰的建构主义学习理论

（一）皮亚杰理论中的重要概念

　　皮亚杰把他的理论命名为建构主义，因为这个命名代表着他是如何看待学习的发生这一问题的。他用"建构主义"这个术语来表达这一概念：人们的知识构建是源于环境和个体大脑内部的结构之间不断地积极互动。换句话说，学习者的思维结构之间不断的平衡和再平衡，是由于环境积极参与到个体的知识构建过程中，然后个体基于新的结构能够作用于环境。由此可见，学习者是内部现实和外部现实变革的推动者。在学习的过程中，有起步有停止，有前进有后退。在迈向更高一级的学习过程时，个体会表现出明显的突进和倒退。皮亚杰深刻地领会到了这一非线性的进程："每一个孩子都像大人，每一个大人都像孩子。"

　　对皮亚杰的理论的大部分综述都强调了儿童发展的一系列阶段的思维，起始于感知运动阶段，然后到前运算阶段、具体运算阶段和形式运算阶段。令人遗憾的是，许多教育工作者对皮亚杰理论的认识大体上也就是这些年龄和阶段的划分。多年来，许多研究者，包括皮亚杰本人也在质疑这几个阶段在本质上是否步调一致。皮亚杰直接反驳了各个阶段之间的同

---

❶ 梁志燊. 学前教育学[M]. 第3版. 北京：北京师范大学出版社，2014.

质性观念："这会导致有人把思维现实任意地划分到某些阶段之中。"他其实是这样描述的："一般过程的连续阶段是反复出现的，就像是一首押韵的诗。"一个人面对新的问题或者经历新的事物时，早期阶段的思维方式会在后期阶段中再现踪迹。人的发展历程就像是一个物种的进化过程，早期的结构进化为更复杂的适应机制，但是早期的结构并不会彻底消失。智力的发展也经历这样的过程，皮亚杰就这个过程论述道："这是一个属类术语，用以表示组织的高级形式或者认知结构的平衡。"

如要理解皮亚杰的理论，只知道这几个阶段的学说是远远不够的，本章将展开论述。针对本书的主题，本章的要点在于儿童是如何认识他们周围的世界和他们自己的。儿童的发展开始于协调自己的运动反应，包括反射动作和不自主动作，还有预设下的协调动作。大部分儿童在出生后的最初两年就开始了这一发展，此时他们的语言尚不流畅。皮亚杰和英海尔德（Piaget & Inhelder，1969）把这个阶段称作"感知运动阶段"。然后就是前运算思维，或者说是前逻辑推理思维，儿童的逻辑意识开始萌芽，口头语言极大发展。随着儿童开始运用逻辑推理，他们开始与周围的环境进行即时互动，总体来说是"在活动的具体层面……儿童7岁或8岁的时候，协调的活动转变为运算，表现为言语思维的逻辑构建，并应用于一个连贯的结构"，这就是术语"具体运算思维者"——用来描述小学阶段的儿童——的由来。随着儿童的推理思维发展得更为复杂和准确，应用得更为广泛，他们作为学习者也变成更为抽象的思维者，这就是人们所认识到的形式运算思维。学习者不会再局限于此时此刻的具体层面，而是能够隐喻地、抽象地思维，一个人就从"符号行为和记忆"跃升为"推理和形式思维的更高层次的运算"。本节在论述皮亚杰的一些概念和理论的过程中会不断提到发展的这几个层面。

1. 主动地学习与知识的本质

皮亚杰非常了解在他之前的幼儿教育理论家，如玛利亚·蒙台梭利（Maria Montessori）和弗里德里希·福禄贝尔（Freidrich Froebel），也熟知这些理论家的观点，即儿童是他们自己学习的积极能动者。皮亚杰对知识的本质和认识论深感兴趣，这让他在理论研究中不仅仅把儿童当作他们自己的知识的构建者，儿童所构建的知识类型应该是不一样的，不同的知识也需要不同的构建方法。上井（Kamii，2014）曾经求学于皮亚杰，然后把他的理论应用于实践，把知识划分为三种不同但又有所重合的类型：物理知识、逻辑–数理知识和社会–常规知识。

物理知识来自源头的事物或物体本身。儿童的物理知识习得来自与物体的接触，然后通过儿童自己的感觉获得相关知识。当儿童感受到一粒冰块的寒冷，或者是一只兔子的顺滑软毛，他们就会有关于"寒冷"或"顺滑"的物理特征的体验。如果体验过太阳光的明亮或者巧克力的味道，儿童就会获得有关太阳和巧克力的物理特征的知识。这其中的重要一点就是儿童必须是直接通过自己的感觉来发现有关物理知识，而不是通过其他途径，例如，在没有先让儿童获得有关物体的一手经验的情况下，向儿童描绘这些特征，或者让儿童观看关于冰块或巧克力的影像。

逻辑–数理知识是在学习者的头脑中构建的。在学习者与外部世界（后期也包括内心世界）的互动中，逻辑得以构建。逻辑—数理知识的产生与物体、观念和人这三者之间有着多重关联。当一个儿童比较太阳的光芒和月亮的光辉时，通过直接感官得到的物理知识就进入"更加明亮"或者"不那么明亮"的关系之中（逻辑—数理知识）。当一个儿童把一个玻璃瓶丢到混凝土人行道上时，玻璃瓶会破碎，这就会让儿童形成一个"如果……那么……"的关系概念："如果"我把我的瓶子丢到混凝土人行道上，"那么"瓶子就会破碎并发出刺耳的声音。当不同的事物进入关系（例如因果关系）之中，这些事物就内化为逻辑—数理知识。这类知识的源头是儿童的头脑，必须通过主动体验才能构建。

社会—常规知识来自儿童所在的文化中集体认同的社会传统。儿童从周围已经拥有这些知识的人那里学到并记住这一类型的知识。语言就是一类典型的社会—常规知识。一个儿童习得的语言由这个儿童所在的文化决定，还由这个儿童和所在文化中的代表性人物的交谈经验决定。假如这个儿童是出生在另一个语言不同的文化当中，那么他所获得的社会—常规知识也会非常不同。另一个社会—常规知识的例子是行为规范，这在文化之间迥然相异，例如在什么场合（室外，非餐桌旁）可以戴帽子。社会—常规知识的源头是一个儿童所在的社会环境，因为这是从已经拥有这一类型的知识的人那里学习到的，需要这个儿童牢记在脑海中。

幼儿教育者需要懂得不同的知识类型，其要义在于儿童习得每一种知识的途径是不一样的，这就意味着教师在教授不同的知识的时候，教学方法也应有所区别，这样才能达到最好的效果。教师在教授物理知识的时候，直接感官体验就是最好的教学途径。例如，介绍"冷"的概念的时候，联系到具有"冷"的特征的物体（如冰块、雪），这样的教学效果才会最好。在教授逻辑—数理知识的时候，例如把温度的冷热排个次序，那么采用不同温度的物体，然后按照冷热依次排列，将会是最有效的方法。如果教学的目标是让学生掌握事物的名称（社会—常规知识），例如"冰""雪""冷""热"，那么一边介绍相应的事物，一边教授对应的生词，就会达到预期效果。

这三种知识类型有所重叠，在现实世界中常难以完全分隔。但是，这对于教学来说具有深远的意义和重要的影响，本章的后半部分将会就此论述。如果教学迎合了相应的知识类型，那么儿童的学习将会达到最优化，学习的效果将会最好。

2. 运算和逻辑

皮亚杰的理论中所论述的各种发展问题，包括社会发展、道德发展、认知发展和运动发展，其核心在于"运算"这一概念。用皮亚杰的话来说，运算是"头脑中构建的有效图式"（Piaget，1962，p.161）。运算是逻辑的可逆应用，开始于幼儿对自己身体的了解，那个时候主要是感知运动运算，最终发展到形式的、抽象的逻辑运算，即推理的最高层次，这个发展过程需要十余年时间。随着儿童在他们的环境中生活，他们形成了各种图式，可以重复、改变、检验和完善。在这个过程中，儿童开始形成思维结构，可以影响到未来与环境的互动（Voyat，1980/2011）。婴儿在出生后的前几周，主要表现为吮吸之类的反射活动，接着很快就开始感知和认识自己的身体，然后就是去了解身边可以够得着的物体，以及可以接触到的人。这样逐渐地发展，婴儿就不再只是关注自己的身体和身体周围的环境。这样的探索所形成的图式或模式就不再是偶发的或者意外的，而是表现为可重复的，源于这个过程中婴儿所经历的其他人在其面前的行为，以及婴儿对这些行为的模仿。当一个婴儿对一个即便是视野之外的物体也能够在头脑中产生一个想法或者出现一个形象，就表明其思维结构开始形成了。这出现在儿童出生后第一年的后半期，在此阶段儿童形成了皮亚杰和英海尔德所说的"永久性客体"的概念，或者用现在大家都熟知的、更为流行的术语来说就是"客体永久性"。皮亚杰就此论述道，当一个儿童持续地寻找视野之外的物体时，就表明其智力开始出现了，因为儿童"知道"这个物体还在，即便这个物体是在感官所能触及的范围之外。所以，儿童是在自己的头脑中产生了这个物体的形象或者关于这个物体的想法。这是儿童思维的证明，对皮亚杰来说是一件具有里程碑性质的重要事情。

随着儿童持续与环境互动并且形成思维结构，新的发展出现了，例如最早期的象征性游戏。一个儿童会假装用一串钥匙来发动一辆汽车，或者假装用一个空杯子喝茶。这种类型的假装通常出现在1岁到2岁之间。皮亚杰的理论认为，儿童是在用自己的身体和行为来表示一个人在发动一辆汽车或者在喝一杯茶。这个要点在于儿童并非真的有那些行为，而是在"假装"做那些事情。虽然儿童是表演自己从未做过的活动，但是他们曾经看到别人做过。这又是一个具有里程碑性质的认知发展，因为这代表着思维结构的存在，儿童利用思维结构采取行动。儿童在以前的生活中体验了或者目睹了一些活动或者行为，然后使用真实存在的物体，象征性地予以表现。皮亚杰指出这种象征性游戏对儿童来说是基于对现实的同化，对他们来说是嬉戏玩耍。

运算和逻辑不断地发展，首先是作用于儿童身边的物体和人，随着儿童的语言的习得，他们可以谈论自己身边环境以外的时空中的人和事。一个儿童能够谈论过去曾经发生的事情，也能够谈论将来计划要做的事情。即便几个星期没有见面，一个儿童也能够详述自己的爷爷奶奶或者外公外婆。在各种各样的具体经历的推动下，儿童就这样向前发展，从这些经历中构建知识，这种知识为以后的思维打下了基础。

随着儿童发展得更为成熟，不再局限于具体的经历，开始学会用符号和象征来再现事物和观点，运算思维就开始出现了。一个蹒跚学步的幼童会拿起一个玩具汽车，然后喊"呜……"。儿童看到自己爷爷的照片，会喊："爷爷！"。儿童看到近期的一次假日的录像，会知道这是过去曾经发生的事情。这些都是较为低层次的再现，因为这些符号其实都与其所象征的事物较为相像。儿童习得语言之后，脱离了具象的物体，新的层次的再现就出现了。然后儿童开始认识书面文字，而书面文字是口头语言的符号表达，这样就会发展出更高层次的再现。阅读、写作、用数字表征数量、绘画，这些都增强了儿童交际的能力，提高了儿童理解交际的能力，特别是在此时此地的具体环境以外的事件和理念的交际。另外，对于代表"加"（＋）、"减"（－）、"等于"（＝）这类运算的符号，一个儿童如果已经通过具体的材料构建了运算的知识，就能够理解并掌握这些符号所代表的意义。如果没有经过具体事物层面上的主动学习，儿童尚未建构对于真实运算的理解，就给儿童讲解运算的符号，是与皮亚杰的理论相左的。这样过早地给儿童讲解运算符号会导致其学习流于表面和机械记忆，因为儿童还没有发展出运算所依赖的必要思维结构。

3. 平衡和适应

皮亚杰从未远离自己的生物学根基，在人生的最后一段时间里又回到他最初提出的平衡理念，认为这是学习的最重要的驱动力量，从而不再局限于先前的阶段理论，而在美国儿童心理学领域他正是因为阶段理论而闻名。弗斯诺特（Fosnot）和佩里（Perry）指出，在皮亚杰的理论中，平衡是"在任何一种转换发展过程中的作用机制"。当人们遇到新的情况，作用于自己周围的环境，他们所经历的不平衡就会导向自我调适，平衡他们所已知的和所未知的，从而学习到新的概念，并且强化已经学习到的知识。对皮亚杰来说，这样的过程和动力在生物学、进化论和知识的构建中都是相似的。

在《智力的起源》（The Origins of Intelligence）这本书中，皮亚杰论

述道，"智力是一种适应"，而且"最基本的生物功能——组织和适应"起了作用。他指出，机体不断地与环境发生关联，那么机体就持续适应环境，从而维持机体内部的既存状态和外部新临压力之间的平衡。皮亚杰进一步论述道："适应是同化和顺应之间的一种平衡。"这个适应的过程包括智力的组织结构内部的平衡和再平衡：吸收新的知识到既有结构之中（同化）；改变既有思维结构从而吸收新的知识（顺应）。

当外部（环境之中）的压力与机体内部已经构建的结构和组织（思维结构和思维图式）相协调或者相匹配，同化就会随之发生，环境中的信息要素就会被吸收到已经存在的结构，即儿童已经知晓的内容中。例如，向一个儿童介绍一种大型犬，比这个儿童以前曾经看到过的狗都要大一些，但是这依然符合这个儿童头脑中对于狗的图式（有四条腿，摇尾巴，吠叫），那么新的知识就可以被吸收到这个儿童已经掌握的知识之中。除此之外，如果环境与儿童的思维结构不相匹配，那么必定会发生另一个过程，即顺应。在环境给予机体的压力之下，机体做出相应的改变，顺应于是发生。当一个儿童第一次看到一头牛，这个儿童先前对狗的认知就与此不相符了。尽管牛也有四条腿，也有皮毛，但是其他特征就与狗不相符合（例如，牛是眸眸叫而不是汪汪叫，牛走路的姿态不同，牛身上的气味独特）。为了适应这个新的外部信息，儿童就要顺应内部的思维结构，创造出一个关于"牛"的新的结构或图式。

总之，在知识的构建中，其中一个最为重要的概念就是平衡的过程，还有其相反的一面，即不平衡。在环境和思维结构之间保持平衡的压力就是驱动学习的发动机，或者用皮亚杰的话来说，即智力。

4. 守恒

"守恒"这个概念可以说是皮亚杰理论中最重要的一个逻辑运算。用最简单的话来说，在事物其实相等或者相同的情况下，看起来或者表现为不同，守恒就是对此的理解。有两个著名的例子，就是在儿童面前展示并变换两个泥巴球或者两瓶水的形状，在一个处于前运算阶段的儿童看来，因为物体的外形或者构造看起来不一样，所以物体所含的数量多少也就不一样。皮亚杰的理论对此解释为：这样的儿童没有在头脑中保留最初的泥巴或者水的形状的记忆，于是就导致新的形状覆盖最初的记忆。换句话说，即便形状发生了变化，也还是同样的事物，儿童没有这样的守恒记忆或者观念，哪怕是对发生在他们眼前的事情也是如此。

守恒概念贯穿在逻辑之中，从最简单的数学运算的相等概念（例如，2+2=4），到最抽象的思想转换，皆是如此。守恒不可能一蹴而就，只能随着儿童的发展成熟，并通过关于多种事情的丰富阅历，才能逐渐构建。

守恒能否在早期教给儿童，对于这样的"美国问题"，皮亚杰的回答是："加速守恒概念的学习比不学习更糟糕。"

一个问题可能有多种解决办法，但是一个以自我为中心的儿童其思维会聚焦于单一视角或者单一途径。如果一个儿童自己拿着一本书，不让别的同学看到书里的图画，但假装给同学们读这本书，这就是儿童表现出自我中心主义，不管不顾其他同学是如何理解这本书的。如果一个儿童认为只有一种方法能把盆子里面的水果进行分类，例如按照颜色进行分类，就是对"你能把水果分门别类吗"这样的问题采取单一的办法。自我中心主义不是自私自利，只是幼儿以单一视角观察世界的自然而然的方式。

皮亚杰从未认为环境对于儿童学习守恒之类的逻辑运算是无足轻重的。与此相反，正是在儿童与环境的互动中，才创造出儿童思维中的不平衡，从而激发儿童不断思考，得出更为准确的结论。当两个泥巴球或者两瓶水的形状看起来不一样时，一个4岁的儿童会认为这些东西所含的数量不同了。但是两年之后，面对同样的问题，这个儿童会百分之百地认为这些东西其实没有变化。这期间到底发生了什么？儿童是如何准确无误地学会了这个简单的守恒形式？皮亚杰理论的研究者指出，由于儿童与环境的互动，二者之间不断地趋向平衡，推动儿童的逻辑推理达到一个更为复杂的运用水平，从而使得内部结构与外部现实相匹配。以上的过程是由于顺应和同化在起作用，顺应和同化是以上的过程能够发展和适应的唯一路径。

5. 道德发展

皮亚杰的道德发展理论其实并不是特别闻名于世，但是他对儿童相互之间的互动，尤其是在玩耍和游戏中的互动，有着大量的研究和翔实的记录，启发了其他人（如Kohlberg、DeVries、Selman、Damon、Corsaro）对于道德发展的理论研究工作。皮亚杰与其他人（包括他的妻子瓦伦丁）合作，在《儿童的道德发展》（The Moral Judgment of the Child）（1932/1965）这本书中详细记录了儿童对规则的理解。他们指出："儿童的游戏形成了最让人叹为观止的社会体系……一个自己独有的法律体系"，而且，"所有的道德都体现在规则系统之中"。

73岁时，皮亚杰在伊丽莎白·霍尔的访谈中明确指出，儿童最初接受既定的规则，他称之为"他律推理"，然后发展到掌握基于合作和互利的规则，他称之为"自主推理"。儿童慢慢地变得不那么自我中心，不再只是聚焦于自己的视角，开始考虑其他人的观点、意图和利益。促进儿童从他律推理发展到自主推理，其中的一个重要活动就是让儿童参与同伴们的游戏。儿童会协商游戏的规则，争取自己的权利，协调相互的行为，推动游戏的进程，他们其实就是在学习社会契约的基本知识。用皮亚杰的话来说，儿童达成了"一种合作，脱离了他们原有的自我中心主义，形成了新的、更具普遍性的规则概念"。本章的下一节会介绍皮亚杰理论在儿童游戏中的其他具体分析。

（二）对早期教育工作者的启示

皮亚杰理论适用于所有学习者的教育，但是本节内容聚焦于从出生到8岁这一阶段的学习者，这是大多数早期教育工作者所面对的对象。并不是说皮亚杰理论对其他学习者就不那么重要了，对于年龄更大一些的学习者来说，皮亚杰理论一样富有意义、影响深刻。但是后期阶段的学习的基础是形成于早期阶段的学习经历，同时也囿于一个章节的内容限制，这里就只讨论较为早期的阶段。

基于皮亚杰理论的教学源自一个重要的预设：学习者是自己学习的积极能动者。也就是说，所有的教学需要让儿童成为所教授知识的积极构建者。表面看起来，这很简单，但实际上这意味着我们教育儿童的方式的重大变革。理解积极学习的定义，并不是说儿童总是在外在活动上积极主动，虽然对较小的儿童来说他们也许就是如此。积极学习的意思是，儿童通过提问、实验和假设，尝试新的想法，改变已有观念，从而在思维上积极主动。对于教师来说，如何根据环境的既有条件，按照积极探索活动所需要的时间长短，创设儿童与同伴的交往机会，通过成人提出的各种问题及其他可能的教学策略，从而激发、鼓励儿童的思维活动，这是极为重要的工作。

1. 迈向"重要思想"的教学

皮亚杰理论的其中一个重要启示就是逻辑运算是不可能直接记忆或者教学的，但这并不是说就不是通过学习获得的。如果认为学习是一个过程而不是结果，那么教师的教学方法就要迈向过程和运算。当学习者构建更多的逻辑方式并且整理、组织自己的思维，不断取得进步的时候，他们往往是"进两步退一步"。例如，一个5岁的儿童会按照"鞋带""魔术贴""没有系鞋带"之类的范畴把鞋子分门别类。但是当被问及是否还有其他鞋子或者是否还有其他上面有鞋带的鞋子，儿童的回答是还有一些上面有鞋带的鞋子。由此可以看出，儿童的确是采用了某种逻辑进行分类，但是如果要他们按照序列进行分类，大的门类包含小的门类，儿童就不会了。这样按照序列的推理要再过6个月或者1年之后才会出现。基于建构主义的教师会持续不断地创设多种教学情境，让学生对物体进行分类，给学生提出具有启发性的问题。在这样的教学中，利用不同的维度和不同的材料，学生就能学会分类的重要思想。教师需要特别注意的是，对于儿童的前逻辑答案，不可以随意下结论，因为这是在知识的构建过程中重要而既定的阶段。教师在这个过程中应该做的是给儿童提供恰当的不平衡情境，从而促进儿童思考和质疑。

果早期教育工作者根据知识的类型进行不同的教学，就会自然而然地在教学中引导学生学习重要思想。假如教学的中心是数量和数字，那么教学策略中就必须包括至少两种知识类型：有关数量意义的逻辑—数理知识，即两个或两个以上的数量之间的关系;社会—常规知识中由文化定义的数字表达符号及其相关意义。例如，如果一个儿童理解了数量"5"的意义，那么这个儿童就会知道5只蚂蚁和5头大象是同样的数量，尽管大象比蚂蚁要大得多。上井把对数量的理解称作"人类从内部构建的思维关系"。这样的对数量的深度理解就是教师的教学工作所应迈向的有关逻辑—数理知识的重要思想。

在科学领域中，对于科学概念的学习来说，物理知识极其重要。儿童在很小的时候就开始用物理世界中的各种事物进行实验，例如丢下摇铃玩具，听到摇铃玩具碰到地板发出的当啷声，儿童就会通过自己的感官来学习物理知识。皮亚杰理论指出，物理知识来自物体本身，所以儿童需要充足的机会来探索他们周围的物体。儿童丢下摇铃、食物或者其他任何放在眼前的东西，每一次都会体验到物体掉落在地板上发出的不同声音。教师首先要时刻保证安全，在室内和室外给儿童提供多种物体和机会，让他们获得直接感官体验。也许是受蒙台梭利的影响，皮亚杰特别强调这种"感知运动"经验，这种经验占据了儿童前两年的学习，形成了智力的基础，而且对于后期所有阶段的智力发展有着不可估量的作用。皮亚杰对此进一步论述道，随着儿童的思维变得更加成熟和复杂，当遇到新的问题或者新的材料时，他们还是会回溯到早期的学习模式。如果在以前没有得到有关某些物体的经验，那么年龄稍大的儿童也需要探索这些新的物体，需要直接通过感官来学习相应的物理知识。只有通过直接体验，学习者才能够逐渐脱离具象，用语言、图画、标识、符号、理念等方式来象征性地表达这些经验。例如，对于一个生长在热带地区的儿童来说，阅读有关"雪"的内容或者观看雪景照片，都不能使其充分理解雪的物理特征。教师就必须想出一个办法，把雪带入儿童的直接体验中，也许可以用一个刨冰机或者其他类似设备给学生制造出雪。儿童需要把自己的手插进雪中，尝一尝手指头上雪的味道，观察雪在自己温暖的手掌上融化。然后，儿童就可以谈论一个有关雪人的故事了。

2. 游戏的重要性

对于早期儿童的教师来说，皮亚杰理论中的一个最为重要的启示，就是游戏在所有阶段的发展过程中的重大意义。皮亚杰花费了大量的时间观察、记录儿童从婴幼儿期到青春期的游戏行为。他的许多实验都是在婴幼儿能力所及的范围内，特别是针对他的三个孩子，让他们游戏式地、有目的地操控抓住的物体，并观察他们的反应。他对婴幼儿的反应的翔实记录推动了以后的实验和假说，特别是有关儿童在应对周围环境的控制时是如何思维的。随着儿童的发展，在他们能够反思自己的行为和思想的时候，皮亚杰和他的研究团队就儿童的游戏对他们进行了采访。这在前文已经有所论述，这些访谈奠定了他的道德发展理论，包括儿童是如何理解规则的渊源和应用、正义的分配，等等。

皮亚杰认为，和与成人一起进行的游戏相比较，儿童在与同伴进行的游戏中学到的概念是不一样的。儿童与他们的同伴在年龄上相同，在权力关系上平等，所以在与同伴的游戏互动中能够学到互利互助。一个孩子不敢从一个大人那里拿走一个东西，但却有可能从另外一个孩子那里拿走东西。那个被拿走东西的孩子就会表现出"这是我的"的类似反应，也许还会在身体动作上表现出争抢这个东西的行为。这种细微而常见的互动行为给"侵犯者"一个教训：别的孩子有正当权利，人家被侵犯的时候有权利索回这个东西。因此，"侵犯者"和"受害人"就学到了相互性的重要一课：别人拥有相应的权利，侵犯别人的权利必将受到"审判"。经历许许多多的同伴互动，特别是同伴游戏中的各种互动，儿童就开始构建对于社会行为规则的理解，还有对于这些规则背后的原因的认识。对于4岁或者5岁处于自我中心阶段的儿童来说，他们开始参与带有某些规则的游戏时，往往是不成功的。他们最开始以为那些规则是由更高一级的权威强加的，然后慢慢改变了这个观念（皮亚杰在7岁或者8岁的儿童中发现了这一点），最后把规则理解为游戏进行的必要条件，而且只要参与游戏的人都同意，就能够协商改变那些规则（皮亚杰在刚进入青春期的儿童中发现了这一点）。认为规则是不可改变的，而且是由更高一级的权威强加的，皮亚杰把这种理念称为他律推理。认为规则是相互协商形成的，而且对于维持社会秩序具有重要意义，皮亚杰把这种在后期出现的理念称作基于合作的自主推理。

对于教师来说，在教学中所要迈向的"重要思想"即是这样的更为复杂的自主推理。但这并不是说教师就要放弃权威，因为这样会导致课堂内一片混乱。这里所要强调的是，儿童需要心理安全的环境，从而能够学习协商和妥协的技巧。在与同伴的游戏中，儿童自能觅得这样的学习机会。

3. 基于皮亚杰理论的课堂中教师的角色

根据皮亚杰的理论，具有建构主义理念的教师在早期教育中扮演着"共同构建者"的角色。教师和儿童一样，都应该是学习者。教师的角色是"教师/学习者"，需要巧妙地设置教学情境，精心地安排各种具体的教学环节，从而启发学生的学习。在这样的教学情境中，儿童应该有多种选择，还应该有充足的时间与同伴进行游戏和互动，教学材料应该具有继发性和挑战性，成人应该给予儿童较多的鼓励。教师不应该只是集中精力于自己的教学措施，更应该注意每一个儿童的学习，只有这样才能选择最好的教学策略。选择最好的教学策略，教师需要研究所要教授的知识类型，需要思考教学所要迈向的重要思想和所要经历的每个过程，需要明白儿童先前的经历、文化和思维结构，诸如此类，然后再决定最合适的教学材料和最恰当的教学活动，从而达到相应目的。教师和儿童一样，都是积极的"加工者"。加工活动的层次较高，但是可以预先规划并且详细布置，从而帮助儿童构建新的概念，产生新的意义。在一个基于建构主义理念的课堂中，总是有一种良性的嘈杂声，因为教师和学生会有走动，相互之间发生交流，讨论相关的教学材料。相当多的教学活动是以小组活动的方式进行的，或者是按照每一个学生的特点进行的。当然，教师的讲授和较为大型的分组讨论也要留出时间，予以安排。儿童上课学习所用到的课桌、地板和工作台，都应该是可以移动的，可以根据预设的教学活动做出相应改变。玩积木的空间、假装游戏的主题、艺术媒介、科学和自然标本、图书、书写材料以及其他需要动手操作的素材，都应充盈于建构主义的教学情境之中。这样的教学计划要根据每一天的具体情况安排，或者室内活动或者室外活动，既是井井有条的，又是灵活善变的。

为了营造建构主义课堂，教师在自己的"工具箱"中应该做出一系列的准备。这样的工具包括所要用到的教学材料、所要提出的问题以及在讲解新概念时所要组织的同伴活动。这些细节在下文中将会逐一详述。

1. 教学材料

对于沿用建构主义途径的教师来说，采用具体的教学材料进行探索和实验，对儿童的早期发展特别是对幼儿的早期发展，是非常重要的。这种探索和实验绝不只是摆弄什么物件，而是通过安排可控变量，促进儿童不断地思考、预测、假设以及验证他们的观点。儿童与各种事物的互动最开始带有偶然性或意外性，随着思维的完善，就逐渐发展为具有计划性和目的性。在晚年的一次访谈中，当皮亚杰被问到他会如何进行学校改革时，他特别强调学校教育应该大力推行科学意义上的实验（Hall，1987）。当儿童想要弄明白他们周围的世界有些什么道理的时候，他们就会自然而然地成为实验者。如果教师也对这个世界怀有好奇之心，就会邀约儿童共同进行调查研究，无论何事，只要是儿童感兴趣的都可以。假如儿童仔细观察操场上的一条毛毛虫，乐此不疲，那么教学中对于毛毛虫和蝴蝶的调查研究就会让儿童获得一系列的重要思想，诸如生命周期、栖息环境、动物伪装术等生物学领域中的多个概念。所有这一切可能就开始于一个儿童在操场上对一条毛毛虫的兴趣。

针对课程中已经提供的教学材料，持有建构主义理念的教师采取的是"接近"的态度，因为儿童对真实物体的经验需要先于这些物体的表征，例如模型、视频、图片、语言等。等到儿童已经获得了对于这些物体的直接经验，基于这些直接经验的符号化媒介就能起到相应的作用了。例如，一只蝴蝶翩翩飞过或者缓缓停在手指上，如果一个儿童对此已有经验，就能够理解一张有关蝴蝶的照片，因为这个儿童已经在头脑中形成了相应的思维结构，这使他领会了有关蝴蝶的图片表征。因此，持有建构主义理念的教师尽可能地"保持真实"。

2. 真实性问题

真实性问题指的是教师自己并不事先知晓答案的疑问。如果一位教师拿出一个橙子，然后问儿童这个橙子是什么颜色，正确的答案就是橙色。这是只有一个正确答案的趋同性问题，教师事先知晓答案。教师所提出的很多问题就是这种类型，教师知道答案，儿童的回答必须符合答案，只有这样才是正确的。趋同性问题在特定的时间和空间中是必需的，特别是针对社会—常规知识的教学，因为儿童需要牢牢记住由文化所决定的颜色词汇、数量单位以及所有字母。但教师们往往会忽略另一种非常不同的问题类型，它通常被称作真实性问题，其要义在于寻求儿童自己的理解。例如，不去问这个橙子的颜色是什么，教师可以问一问还有其他什么物体和这个指定物体具有同样的颜色。这样，儿童就会有很多可以被接受的答案（例如南瓜、奶酪通心粉、胡萝卜），教师这个时候并不知道儿童会说出什么答案。就这样在所有的可能答案中进行互动，有关橙子的颜色词汇在一个意义丰富的情境中得以运用。对于儿童来说，这样的问题能够激发他们更多地做出思考，让他们必须运用逻辑—数理思维，寻找一些不是橙子的物体，再看看哪些符合了相应文化意义中所蕴含的"橙色"的要求。

教师要记住一个简要的法则，问自己："我是否已经知晓了这个问题的答案？"如果答案是肯定的，那么教师就要想方设法换一个方式来提出问题，从而避免只有一个正确答案，确保教师自己也不知道学生的答案到底是什么。相对于低层次的趋同性问题来说，这会让课堂中司空见惯的问答环节更为有趣，更具启发性。通过这样日复一日的教学活动，教师与儿童相互提出有意义的真实性问题，共同解决问题的文化就会逐渐形成。

3. 同伴

对于持有建构主义理念的教师来说，他们的工具箱中的其中一件上好工具即是其他儿童。只要课堂中坐满了学童，就会发生逻辑推理、语言发展、视角纷争等多种学习活动。如果教师在每一天的课程中都能精心谋划、欣然接受这样的学习活动，学校的教学团队将会成倍扩大，因为儿童将会变为这个团队中的成员。儿童们一起游戏，相互质疑，大事小事都要争论一番，这样他们就会把自己的想法与其他小朋友的想法进行交互参照。这是教师所不能直接给予的，因为成人和儿童之间本来就存在着不同的影响力。皮亚杰认为同伴的作用是不可或缺的，特别是在他的道德发展理论中更是如此。那么教师的一项重要工作就是在课程中创设方法，促使儿童可以一起学习和游戏。

二、埃里克森心理社会发展理论

（一）埃里克森心理社会发展理论的主要内容

埃里克森心理社会发展理论的核心内容是关于每一个人的生命周期的各个阶段，贯穿于人们从出生到死亡的整个过程。心理社会理论强调人的发展的社会环境，在社会环境中解决每一个发展阶段中相应的矛盾问题。这样的阶段理论有助于教师预知每一个儿童的发展过程中的重要问题，可以帮助儿童在每一个阶段中达到一种健康的平衡状态，并且基于生活事件协调先前经历过的阶段，使之达到再平衡状态。下文将要讨论的内容是有关儿童在他们的发展过程中形成的重要关系，主要是与他们周围的人和环境所形成的关系。

前四个发展阶段，即婴儿期、学步期1、学前期和学龄期，将会逐一进行分析。这里的分析来自埃里克森的理论，落实到幼儿教育中的理解和实践问题（Jones，2011）。另外的四个阶段出现在年龄更大的发展过程中，随着一个人年龄的增大，这些阶段将会不断出现平衡和再平衡，这些都非常重要，但本章不会对此展开讨论。另外一点需要说明，埃里克森理论中常用的术语词汇"对应"（例如，"信任对应不信任"）在后期渐被弱化，因为埃里克森夫妇认识到一个良性的矛盾包含着一个问题的两个端点，个体会在这两个端点之间寻找一个恰当的平衡（Erikson &Erikson，1997）。就本章来说，"对应"（vs.）被斜杠符号（/）取代，以此来强调一个人在其一生中不断进行的平衡和再平衡❶。

1. 婴儿期

---

❶ [美]琳恩·E. 科恩，[美]桑德拉·韦特·斯图皮安斯基. 幼儿教师须知的教育理论[M]. 刘富利，覃静译. 北京：中国轻工业出版社，2021.

在埃里克森的心理社会发展理论中，婴儿期（信任/不信任）是第一个阶段。个体在这个阶段形成基本的"信任"，得到"希望"的力量。在这个阶段中，婴儿在他们所处的环境中与其看护人权衡着信任和不信任的关系。如果婴儿的需求能够得以持续地、准确地、关爱地得到满足，那么就形成信任，婴儿就会认为这个世界是安全的、可靠的。

例如：一个婴儿感到饥饿，大哭起来。这时门开了，妈妈来了！婴儿认识到妈妈来了，是妈妈解开了衣扣。婴儿开始吮吸乳汁，并感到非常满足。

婴儿开始是饥饿地啼哭，最后是满足地吮吸。几个星期之后，妈妈来给婴儿哺乳的时候会看到婴儿的笑脸，同时妈妈也会展现笑颜。在妈妈和婴儿之间，两者都在相互强化信任。一个人在婴儿阶段所形成的信任感为以后所有关系的发展奠定了基础。人们的婴儿期完全依赖于他人的看护，因此信任感对于生存来说至关重要。同时，一定程度的不信任感对于生存来说也是必要的，婴儿以此来判定他们所熟悉的成人有别于陌生人。对于陌生人，婴儿带着一定程度的良性的害怕和不信任，直到婴儿能够获得信任感为止。

婴儿逐渐长大，他们能够爬行了，于是就开始探索更大的世界。

2.学步期

第二个阶段的学步期（自主/羞耻和怀疑）可以帮助儿童发展自主能力，锻炼他们的自我意志之力。在这个阶段中，儿童根据自己的意愿来做出行为。"我要这个，妈妈。我现在就要！"儿童的语言有所发展，特别是"我的"和"不"这样的词汇特别明显。

对于学步期的幼童来说，争抢玩具往往带有愤怒的情绪，目的就是占为己有。如果喜欢一个玩具，他们就会明确地表达占有的欲望。幼童说出的第一句话往往是："我的！"这样，别人就会清晰地明白他们的意图。幼童所说的"我想要的"，就是他们的"自我"的一个外在表达。

对于所有人的交流来说，口头语言是一个非常重要的信息传递工具。人们在幼小的时候就习得了口头语言，用以表达自己所需要的东西。在这个阶段幼童学会了走路，一有机会就想挣脱妈妈的怀抱，想到处走走。而一旦离开妈妈的怀抱，独自一个人的时候又会感到有些害怕，于是想要重新回到安全的地方。那么，幼童的心里常常想的问题就是："我要离开，我还要再回来。"对于"要离开"和"还要回来"，幼童是否具备了足够的信任感呢？

学步期的幼童开始到处活动，能够控制自己的身体行为。如果他们具备了足够的信任感，从而敢于冒险，尝试新的活动，把握周围的环境，那么他们就形成了自主性。在这个阶段也形成了一种对立：一方面是儿童自己的意愿，另一方面则是儿童周围的人和环境所给予的限制。所以，儿童在这个阶段常常会形成挫败感，这种情绪往往表现为发脾气和不听话。

3. 学前期

学前期阶段（主动/愧疚）是游戏的年龄，期间儿童可以发展主动性，锻炼坚强的意志。

在3—5岁这个年龄段，儿童正在形成并且开始表现出人类社会群体成员所必备的基本技能和特征。例如，使用较为复杂的语言，建构性地、戏剧性地玩耍某些物体或者一起参与游戏，读写能力开始萌芽，包括理解图片、符号、标识和名称。

在这个阶段中，游戏是主要的活动，儿童通过假装的形式来尝试、学习和应用新的知识。学前期的儿童总是想尽办法开展游戏，或者和其他人一起，或者自己一个人。儿童在这个阶段表现出明显的主动性，努力尝试新的事物。提出问题，触摸周围的物体，敢于冒险，胆子越来越大，诸如这些表现说明了他们的求知欲越来越强。如果他们的主动行为能够成功实现，他们就会变得更自信。如果他们总是失败，就会产生愧疚心理："我总是做不好。我肯定是有问题的。"这种情况与其他的阶段是一样的，一定的愧疚心理是良性的，因为这会引向道德感的形成。但如果一个儿童总是处于愧疚心理中，就会妨碍心智的健康成长。

在儿童发展的每一个阶段中，他们都具有内在的动机。在人们相互之间的关系中，儿童的内在动机的驱动来自他们的运动发育和心智发展。在上一个阶段即学步期的发展中，由于能够走开或跑远，幼童产生了自主性。这个学前期阶段产生的主动性也是基于这样的身心发展：道德感开始形成，交际技能初步成熟，就有利于目标明确的行为的顺利开展。儿童从人际关系中获得的快乐有利于他们不断地尝试和创造，也有助于共情的形成和发展。

4. 学龄期

学龄期（勤奋/自卑）的儿童表现出勤奋的特征，他们开始有所成效，能力得以培养。

5岁之前，从最初的新生儿开始，儿童逐渐掌握了各种各样的身体动作技能和语言交际方法，也慢慢学到了在日常生活中与人相处的种种途径。于是儿童就这样长大了，迎接正式的学校学习阶段的系统训练。

有的儿童教育专家在研究教学方法的时候，把6—8岁的儿童归类为幼儿阶段。埃里克森理论所说的学龄期则贯穿整个小学阶段，这也是西格蒙德·弗洛伊德所说的潜伏期。在这个阶段，自我发展中的口欲期、肛欲期和性蕾期逐一消退，而青春期爆发的生理发育和情绪变化问题尚未出现。

精神分析学家们认为这是一个"暂时休息"的时间段，儿童可以集中精力成长为社会的合格一员。前青年期较为复杂一些，并不属于幼儿期的一部分。但是如果幼儿教师能够有所预见，为儿童的未来发展奠定应有的扎实基础，给每个儿童培养相应的能力和信心，那么我们的社会就会变得更为安全，也会更加富有成效。

在全世界各个地方，人们都期望儿童在六七岁的时候能够成为较为合格的社会成员。在这个阶段，儿童有义务也有责任去遵循各种社会规则。通过观察成人和大孩子们的言行举止，遵从他们的教导去训练，儿童学习相应的社会知识。如果有成人和同伴们的有效参与，书写和数学这样的技能学习也会有最好的效果。

（二）埃里克森理论在幼儿教育实践中的应用

在工作中采用埃里克森理论的教师会思考每一个人从出生开始就接触的学习环境，包括物理环境、认知环境、社会/人际环境、文化环境和政治环境。同时，也会思考每个人生命周期中的每个阶段在后续阶段的影响和后果。埃里克森理论具有历史意义，在分析一个人从出生到死亡的生命周期中，提供了一个时间框架。埃里克森理论告诉幼儿教师，生命是一个周期，这个周期周而复始，螺旋向上。同时，也告诉幼儿教师应该聚焦于儿童所形成的人际关系，起初是与家里的成人形成的关系，后来随着儿童的世界变得更为广阔，则是与其他的成人和儿童形成的关系。

如果应用到教学或照护中，这就是一个非常复杂的理论。总的来说，有两种完全不同的理论。有的理论着眼、致力于复杂性和不确定性，甚至有一种理论的名字就是混沌理论，这样的理论建立于质化的、叙述性的数据。有的理论则强调条理性和可预测性，依赖量化分析，认为数字比文字更清晰明了。埃里克森心理社会发展理论属于前者，因为这个理论着眼于人的发展的复杂性，致力于人的发展所形成的社会环境。

埃里克·埃里克森是治疗师，并不是教师。他建构自己的理论时并没有去思考这个问题："我们应该如何教育幼儿？"他聚焦于一个人如何通过完整的生命周期，形成良好的情绪和社会关系，从而应对生活中的种种问题。虽然如此，但是这个理论对于幼儿教师还是有所启示的，这也是这个理论的逻辑中的应有之义。

1. 对幼儿课堂的启示

对于幼儿教师来说，为幼儿创设学习环境的标准是什么呢？教师该如何安排教学时间、地点和互动？教师该如何与儿童互动，从而与儿童形成特定的关系？埃里克森理论对于教师的教学实践有何重要意义？如果教师基于心理社会发展理论来开展课堂教学，那么就需要参考埃里克森理论，认真回答诸如此类的许多问题。

（1）婴儿期。对于这个阶段来说，需要关注的是婴儿在第一年中应该发展的信任感。在基于埃里克森理论的课堂教学中，社会环境是最为关键的因素。婴儿期形成的关系奠定了儿童的信任感基础，当然还包括一定程度的不信任感。这种信任感将会陪伴儿童的一生，影响其未来的所有关系。在团体婴儿照护中，需要给予婴儿稳定的、持续的和仔细的照料。参与日常照护婴儿的若干成人最好保持稳定不变，需要照护的婴儿数量应该较少，这样照护人员就可以及时地、恰当地照料每一个婴儿。如果总是把婴儿的教室换来换去，或者每隔几个小时或几天就要更换照护人员，就会阻隔婴儿与成人形成稳固的关系。所有的关系都是双向的，所以参与照护的成人要投入时间与被照料的婴儿互动，只有这样才能熟知每一个婴儿，知悉每一个婴儿的需求、兴趣、倾向以及其他影响个体发展的因素。

为了让婴儿获得信任感，参与照护的成人必须能够被婴儿信赖。照护人员应该反应灵敏，每一天都要投入时间与婴儿互动。在换纸尿裤、喂养和哄睡的过程中，照护人员要尽可能地、轻轻地说话和唱歌。此外，还可以做一些简单的游戏，例如藏猫猫和拍巴掌。这些都需要照护人员全心全意地投入工作中。

人们在家庭之外形成的社会关系非常重要，而婴儿在第一年中所形成的最重要的关系是在家庭内。基于心理社会理论观念的教师会重视婴儿的这个特点，尽可能地维护婴儿与其家庭成员之间的联系。这就意味着需要支持婴儿的母亲、父亲、祖父母以及其他家庭成员，这样才能保证这些家庭成员有效地照料婴儿。

根据埃里克森理论，首要的是社会环境，其次是物理环境。物理环境应是稳定的和安全的，同时也允许有一定的灵活性，根据个人喜好有一定的改变。玩具需要制作精良，放置有序，这样婴儿就可以根据自己的情况玩相应的玩具。照护人员所要做的就是观察、注意和给出必要的回应。

（2）学步期。儿童在两三岁的这个阶段充分地发挥自己的能力，不遗余力地表现自己的意愿，尽情地展现自己的喜好。他们开始到处行走，但是其步伐还不够稳当，总是摇摇晃晃蹒跚而行，所以他们被称为"学步儿童"。对于他们来说，如果想要协调地走路，需要很多的练习。这就要给他们创设有利的环境，提供一些常用的玩具，并且要让这些幼童容易识别、方便拿取。

儿童可以玩各种好玩的玩具，但不会总是一个人玩，而是有时会和其他的儿童一起玩。这个时候的幼儿教师就应作为熟练的观察者，不断地权衡是否有必要干预儿童之间的互动，或者只是等待这些儿童自己找到解决问题的办法。

学步期幼童的教师在工作时，会发现幽默感也很重要。当幼童们学习新的词汇时，教师会想尽办法创设想象的情境，引导幼童理解其中的意义，但总是身处教学环境的局限之中。这时，幽默感可以在很大程度上舒缓这一矛盾，从而在教学中获得积极正向的效果。与此相似，在工作中营造一种宽容的氛围也很重要，这有利于幼童逐渐纠正自己的错误，避免让他们总是陷入自我怀疑和羞耻感的情绪中。儿童需要学习的东西有很多，例如穿衣、吃饭、上厕所、与同伴相处，等等，这其中儿童肯定会有做得不正确的地方。相关的成人如何对待儿童的错误，决定着他们到底是形成自主性，还是形成自我怀疑感和羞耻感。

除了刚学会走路之外，幼童还掌握了另外一个本领，即语言。用最简单的词语，例如"不"或者"我的"，他们就可以发挥语言的力量。他们用语言来传达他们的需求，例如"我饿了"或者"我不喜欢"。幼童身边的成人理解了他们的意图，就会在他们简单的语言基础上进行扩展，增加一些词语，即时与这些刚学会说话的幼童进行沟通和交流。假如幼童说的是另一种语言，那么教师就有必要学习幼童的语言里的一些基本用语，以此在交往中表现出善意的尊重和理解。假如幼童使用的是手势语，那么教师也要相应地采用手势语。在这个阶段，人的语言能力迅猛发展，儿童在这个时候学习语言的速度在一生中是最快的。在儿童发展的这个生命阶段，语言可以帮助他们与成人和同伴们建立全新的、意义深远的关系。

（3）学前期。埃里克·埃里克森把学前期称为"游戏期"，因为游戏是这个阶段的儿童的主要兴趣，也是他们的主要活动形式。他在精神分析工作中也把游戏作为一种治疗方法。他认为通过假装的游戏，儿童能够探究自己可以成为什么样的人。学前期儿童在参与假装游戏的时候，扮演不同的角色，理解权力等级结构，甚至偶尔尝试禁忌行为。儿童在这个阶段形成了目的意识，埃里克森称之为主动性。假如儿童在这个阶段受到太多的局限或压制，就会形成一定的愧疚感。

三四岁的儿童同伴之间的相互关系具有重要作用，学前期的教师对此往往感到不可思议。但总的来说，学前期儿童与教师的关系才是最为核心的，因为只有教师才能在这个阶段的儿童的心中激发适度的良性愧疚感。要么是教师的一句简单的语言回应，要么是教师的一个眼神，要么是教师对儿童行为的奖惩。

学前期儿童与成人的关系应较为稳固，也应该根据每个儿童的具体情况而有所不同，这一点与前面两个阶段是相同的。在儿童学习社会中"对"与"错"的公序良俗时，如果成人能够向他们解释对错的缘由，并且对儿童的不当行为做出公正的、合理的纠偏，那么儿童对于行为规则的习得就会形成一种群体共建的意识。当儿童的社会行为不太恰当的时候，成人和儿童可以一起想办法，最终目的是让儿童自己去解决问题，自己修补与其所伤害的人的关系。有时候只要简单地说一声"对不起"就可以了，但如果能具体地帮助一下受害人就更好了。假如一个儿童撞倒了另一个儿童搭好的积木，成人可以帮助他们制定一个双方都能接受的方案，这样就可以让伤害行为的双方都能领悟协商和妥协的力量，并且修正他们之间暂时受损的人际关系。"说出你该说的话"，这是很多学前课堂中的一句常用语。语言可以表达情感，包括好的情感和不好的情感，包括你、我以及所有人的情感。

总的来说，具有发展意义的学前教育应该营造积极正向的氛围，让儿童和成人都能感到被理解和被接受，从而敢于尝试新的想法，愿意发挥主动性，而不是陷入愧疚感之中。

（4）学龄期。根据埃里克森理论，儿童在幼儿园和小学阶段会经历勤奋感和自卑感的矛盾。儿童在这个阶段开始大量地学习，例如养成各种兴趣爱好、动手创作艺术作品、主动要求完成家庭作业。他们开始与同伴进行比较，但如果过分强调这样的比较，或者总是被成人或同伴挑三拣四，会造成不胜任或者自卑的感觉。儿童对别人的批评会特别敏感，如果认为别人的评价是负面的就会哭泣，甚至会毁掉自己的作品。如果这样的事情经常发生，那么儿童就会形成自卑感，而不是自信心和胜任感。

如果针对这个阶段的儿童的教学注重个体差异，能够因材施教，就有利于培养儿童的勤奋感。儿童根据自己的现有水平，按照一定的节奏，开展开放性的、亲自动手实践的活动，这才符合心理社会发展理论的教学原则。教师提出的问题或者给出的评论不应直接带有判断，而要让儿童自己判断自己的作品，这样有利于强化儿童的勤奋感。例如，可以问"请你给我讲一讲你画的画好吗？"而不是说"你画得真好"。

发散思维是学校教育中应该予以发展的技能。头脑风暴1有利于发散思维的培养，让儿童以新的方式来学习，分享解决共同问题的办法，承担自己应有的一份责任。这样可以消除儿童在学习中产生的畏惧心理，摆脱依赖性和被动性，走向自由想象和逻辑推理。

对于教学中采用的日程计划和活动安排，儿童应有一定程度上的自主选择权。例如，目标达成应该遵照的顺序、学习需要采用的媒介、必须独立完成还是同伴合作，这样的教学活动都需要经过儿童的主动选择，同时还要聚焦于学习任务。可以采用档案袋的形式来收集儿童的作业，从而与家长、同伴或其他教师进行分享交流，这是教育领域中常用的一种方法。

装进档案袋中的资料也需要经过儿童自己的选择，而不是完全由教师来决定。对于档案袋的展示也要有儿童的参与，只有儿童自己才能解释清楚其中所体现的学习过程和思维进展。

一些儿童难以适应这个阶段开始的系统性教学，于是会产生不胜任感和自卑感。教师要留心察看儿童的个体差异，包括注意力时间长短、活动能力发展水平、兴趣点和生理节奏，以此来帮助儿童适应系统性教学的约束。

总的来说，基于埃里克森心理社会发展理论观的教师所应做到的，就是创设发展适宜性实践（developmentally appropriate practice）活动，也就是在儿童发展的每一个阶段，根据儿童当时的基本能力，创设相应的情境，让儿童得以学习和体验，这也是全美幼教协会的宗旨（Copple & Bredekamp，2009）。一个婴儿需要感知身边成人的关爱，从而形成信任感，当成人不在身边的时候能够自己找到代偿性的方法。一个学步期的幼童应该大胆地表现自己，敢于大声说不，敢于转身离开，也敢于扭头再回来并接受拥抱。学前期儿童在游戏的过程中不断地学习，用语言文字和绘画来做出选择、进行协商和表达自我。6—8岁的儿童则需要参加必须承担一定责任并坚持完成任务的实践活动，在活动过程中他们应学会主动地选择而不是被动地服从。

2. 对政策的启示

幼儿教师在教育过程中总是会遭到各方质疑，包括政府人员、资助方、家长或用数据算来算去的量化研究者。所质疑的问题往往是：怎么才能证明儿童有所学习？对这个问题的回答需要拿出证据，证明针对幼儿的教育是适合相应的发展水平的，是适当的、有效的。有经验的幼儿教师会收集可量化的证据、儿童成长故事和各种相关资料，与政策制定者建立互相信赖的关系，并且与家长沟通，同时也向家长学习，因为教师与家长是幼儿教育的有效合作伙伴。

在我们的生活中，既要有客观证据的证明，也应有内在情感的表达。在幼儿教育工作中，拿出证据来做出证明很重要，而清晰地表达一个人心中的情感同样很重要。差不多1个世纪之前，一些像埃里克·埃里克森和琼·埃里克森这样的先锋思想家摆脱了物理数量科学的束缚，深入地、全面地研究个体和群体的人。

这样的研究不是基于可量化的数据，而是基于各种复杂的、善变的系统。他们在意义的挖掘过程中需要的不是数据，而是个体和群体的人的故事，包括民族志叙事、个案历史收集和个案调查研究。这些思想家的理论在当今的幼儿教育中影响深远，今天的幼儿教育工作者依然可以沿用这些思想，并且不断增添新的故事，包括幼儿教育者的故事，也包括儿童自己的故事，共同在历史的长河中发出应有的声音。

三、维果茨基和后维果茨基视角：聚焦于"未来的儿童"

维果茨基及其学生的理论应该放在当时的社会背景下看待，其中包括当时已有的以及新兴的育儿观和教育实践。在考虑维果茨基思想对今天西方和其他地方的幼儿教育的适用性时，了解这些实践的异同是十分重要的。为了帮助读者更好地理解基于维果茨基的幼儿教育理论，我们将对一些术语进行定义，并简要概述维果茨基及其学生所处的时代的幼儿教育系统。

（一）关于儿童早期的定义：相同点与不同点

先来看看维果茨基及其学生在20世纪90年代初的著作中对术语"儿童早期"（early childhood）和"儿童早期教育"（early childhood education）的使用。在西方文献中，对于这两个术语的使用并不一致。最广泛的定义来自全美幼教协会（Copple & Bredekamp，2009）和经济合作与发展组织（OECD，2001），他们将"儿童早期"定义为0—8岁；而世界卫生组织（Irwin，Siddiqi，& Hertzman，2007）将产前期纳入"儿童早期"的定义。同时，大多数关于儿童早期课程和教学法的出版物关注的对象是3岁至进入小学阶段的儿童。这种与"早期教育"有关的术语的不一致性在俄罗斯或苏联表现得很明显，维果茨基主义者及后维果茨基主义者的大部分研究就是在这种情况下进行的。在维果茨基时代，儿童8岁入学；随后，入学年龄降低到7岁，再后来，6岁的儿童也可以选择入学，让他们多接受一年的初等教育。由于入学年龄的降低，这些6岁和7岁的儿童被维果茨基及后维果茨基主义者称为"年长的学龄前儿童"，也就是现在我们所谓的小学生，对他们来说，儿童早期教育的方法已不再适用。

关于文化—历史方法与儿童早期教育的关系，维果茨基和他的学生们主要将他们的理论应用于中心式教育1或课堂教育，而关注家庭等其他背景的研究则明显较少。这一方面可以归因于苏联政府对社会科学强加的集体主义思想，另一方面也可以归因于越来越多的职业母亲给孩子选择中心式幼儿教育机构。接受学前教育计划服务的大多是3—6岁的儿童，而只有少数的父母会让3岁以下婴幼儿进入幼儿园，即便这些幼儿园也是以中心为基础，并配备了合格的幼儿教师。

本小节使用"幼儿"一词来描述维果茨基和后维果茨基主义者的思想，这些思想主要适用于36岁的儿童，并且将简要概述维果茨基思想关于婴儿、幼儿和小学生的看法。

（二）维果茨基幼儿教育方法的基础——文化历史范式

想要了解维果茨基主义者如何看待幼儿教育，就必须了解他们的教育方法，以及作为其基础的文化-历史观的定义。维果茨基的研究方法被维果茨基命名为"文化-历史研究方法"。维果茨基提出，要想真正理解人类特有的心理过程，就必须研究这些过程的发展历史，因为这些过程是通过个人的历史或本体发生学和人类的历史或系统发生学来展开的。充分发展的心理过程很难对其展开研究，因为它们通常是以内化和"折叠"的形式存在的，其中许多部分组成的过程不容易看到。此外，正在发展中的过程仍然具有广泛的、外部的、可观察到的部分，这可以让研究者深入了解这一特殊过程的性质（Vygotsky，1978）。文化-历史研究方法中的"历史"一词指的是心理形成的过程，代表了维果茨基对心理过程尚处于形成阶段的儿童发展的特殊关注❶。

文化的定义也不同于一般情况下赋予的定义，维果茨基主要关注文化组成部分，各种符号和象征充当文化工具，并在人类发展中起到一定的作用（Vygotsky，1997）。维果茨基学派将文化—历史研究方法中的文化用于审视具体社会文化背景下个体的学习和发展，以了解基于这些背景如何塑造个人或特定群体的发展。

（三）文化工具和高级心理机能的概念

"文化工具"的概念是维果茨基理论的核心概念之一。基于人类是"制造工具的动物"这一观点，维果茨基将其意义扩展为新的工具——文化工具。与物理工具作为身体的延伸和扩展一个人的身体能力的方式相似，文化工具作为思想的延伸，扩展一个人的智力和能力（Vygotsky，1978）。这些工具的使用使得人类有可能做出越来越复杂的行为，从而使人类走上文化进化的道路，并在很大程度上取代了生物进化。在后维果茨基主义的文学中，文化工具通常被称为心理工具（mentaltools）或精神工具（tools of the mind），所以，以后我们会交替使用这些术语。

维果茨基在其著作中主要关注基于语言的心理工具，从手势到口头语言，再到绘画和书面语言，以及如何使用这些工具改变人类思维的方式。随后几代后维果茨基主义者将文化工具的思想应用到其他心理过程中，并证明了掌握各种工具，包括非语言工具，可以改变其他心理过程，包括感知、注意力和记忆。非语言性心理工具包括感官标准，它反映了"社会精心设计的对象感官特征模式"（Venger，1988，p.148），如颜色、形状、

---

❶ [美]琳恩·E. 科恩，[美]桑德拉·韦特·斯图皮安斯基. 幼儿教师须知的教育理论[M]. 刘富利、覃静译. 北京：中国轻工业出版社，2021.

音调等。

维果茨基将心理工具定义为文化工具，强调了这些工具的文化特性，并强调了儿童并非天生就知道如何使用现有工具，而是需要向社会中的成人学习。因此，对于维果茨基来说，无论是正式教育还是非正式教育，其主要目标之一就是帮助儿童获得他们的文化工具（Karpov，2005），教儿童使用心理工具，从而掌控自己的行为，获得独立，并达到更高的发展水平。儿童学习掌握越来越多的心理工具并加以练习，不仅可以让他们的外在行为有所改变，而且可以塑造他们的心灵，从而产生新的心理机能——高级心理机能。

维果茨基的低级心理机能和高级心理机能理论是在雄心勃勃的尝试下发展起来的，其目的是创建一种新的、革命性的心理学。这种心理学将（在黑格尔意义上）综合客观主义心理学，侧重于人类和动物共同的可观察行为；而主观主义心理学则关注人类独特的经验。

维果茨基的同时代人把低级心理机能描述为在反射、知觉和运动行为上的特征，这些行为易于观察和测量。另一方面，高级心理机能被认为是更复杂的过程，客观的研究方法是不适用的，只能通过个人的自我陈述来获得。然而，维果茨基并不认为低级心理机能和高级心理机能是完全独立的，而是提出了两种机能相互作用的理论（Vygotsky，1997）。

维果茨基将低级心理机能描述为人类和高级动物所共有的机能，是与生俱来的，主要依靠长大成熟来发展。在开始的时候，人类的低级心理机能独立于文化；但是，后来可能会因为高级心理机能的发展而发生转变和重组。低级心理机能包括感觉、自发注意、联想记忆和感觉运动智力。感觉是指使用任何一种感官，是由特定物种的感觉系统的解剖和生理学决定的；自发注意是指被强烈的或新颖的环境刺激吸引的注意力；联想记忆是指在两种刺激重复呈现后，在记忆中把两种刺激联系在一起的能力；维果茨基框架下的感觉运动智力描述了在涉及物理或运动操作和试错的情况下解决问题的能力。

人类独有的高级心理机能是儿童通过学习获得的认知过程，这是人类所独有的。例如，学习代表不同颜色的词语可以使儿童发展出中介性知觉，这将导致他们根据颜色词汇量的大小来区分更多或更少的颜色。同样，儿童对心理工具的掌握也会使其他低级心理机能发生转变，从而发展出集中注意、有意记忆和逻辑思维的能力。所有高级心理机能都是以一种特定的文化方式获得的，通过心理工具系统和相应的与使用这些工具相关的实践系统来影响其发展。根据维果茨基的观点，所有的高级心理机能都具有以下三个特征：它们都是有意的、中介的和内化的。维果茨基将高级心理机能定性为有意的，这种有意指的是它们是由人而非环境有意控制的。高级心理机能所引导的行为可以集中在环境的特定方面，如观念、知觉和图像。用维果茨基自己的话说，即随着儿童高级心理机能的发展，他们开始"掌握（他们的）注意力"和"控制（他们）自己的行为"。这些有意的行为之所以成为可能，是因为它们没有以直接的方式依赖于环境，而是通过使用工具来调节。随着高级心理机能的不断发展，所使用的工具就由外部的变成了内部的（例如记忆法）。同样，使用的过程也是如此。例如，在刚开始的时候，我们会借助一些具体的物品或身体动作（如计数器或手指）来学习数数，但久而久之，这种身体行为就演变成了一种不需要依赖外部动作或物品的认知过程。维果茨基将这一过程描述为内化，强调当外部行为"向内"转化时，它们保持着同样的焦点，并与它们的外部先导一起发挥作用。

在描述高级心理机能的历史时，维果茨基指出，这些机能在儿童身上并不是以其完全发展的形式出现的。相反，它们经历了一个漫长的发展过程，在这个过程中，低级心理机能发生了根本性的重组。当儿童开始更频繁地使用高级心理机能时，他们的低级心理机能并没有完全消失，而是与高级心理机能一起进行了转化和整合。

维果茨基把高级心理机能在本体发展中的发展机制描述为：它们从儿童与其他人共享的东西逐渐转变为只属于儿童的东西。维果茨基把这种从共享到个体的转变称为文化发展的一般规律，强调：儿童文化发展中的各种功能出现了两次：先是在社会层面，后是在个人层面；先是在人与人之间（个体心理间），然后是在儿童内部（个体心理内）。这同样适用于自发注意、逻辑记忆和概念的形成。

维果茨基对高级心理机能的看法与其他发展理论有很大的不同，因为这些理论虽然承认他人对个体发展的影响，但认为所有的心理过程最终还是存在于个体的头脑中。相反，在维果茨基看来，儿童的想法、记忆和参与度都是由儿童过去和现在与父母、教师、同伴之间的互动形成的。

（四）维果茨基的儿童发展观

维果茨基教育方法的一个特点是，他和他的学生不只是把课堂看作应用学习发展理论的地方，还将其作为研究儿童发展的"实验室"。因为在他看来，儿童的发展由社会背景塑造。这种方法可以延伸到为有特殊需要的儿童设计的项目，以及那些旨在取代父母照料的项目，如孤儿院和寄宿学校。将所有这些不同背景下的研究整合起来，使得维果茨基和他的学生提出了丰富的理论，用于描述社会背景下儿童的发展。

对维果茨基来说，儿童早期并不是一个按时间顺序排列的概念。它与童年中期有质的区别，它由三个不同的时期或"年龄段"组成，每个年龄段都建立在前一个年龄段的基础上。婴儿期指的是儿童从出生到大概12个月龄的时期；幼儿期（或维果茨基所说的"早期"）指的是12—36个月龄；学龄前期指的则是从36个月龄一直到上学之前，包括西方所说的幼儿园时期。我们发现维果茨基的这种观点与让·皮亚杰的阶段理论有一些相似之处，不过，维果茨基的"年龄段"既是社会形态，也是生物构造。从婴幼儿时期到学龄前和小学阶段的每一个年龄段，都是以儿童心理过程结构所发生的系统变化来界定的，也是由儿童在独特的社会发展情境中成长所产生的主要发展成就来界定的。维果茨基认为这种社会情境既是发展的发动机，也是发展的基本来源。这一观点决定了维果茨基的研究方法是从一个年龄阶段过渡到下一个年龄阶段。

虽然维果茨基在有生之年没有完成他的儿童发展理论，但他的著作表明，他把发展看作一系列稳定期，随后是关键期。质变在这些关键期发生，整个心理机能系统也在这一时期发生了重组，从而出现了认知和社会情感的新形态或发展成就。在稳定期，虽然新形态没有出现，但儿童仍然继续发展他们现有的能力，发展表现为儿童能够记住和处理事物数量的变化。

从表面上看，关键期（或维果茨基所说的"危机"）伴随着儿童行为的变化，这些变化往往被成人认为是消极的：过去随和、顺从的儿童开始以一种"对立—反抗"的方式行事。维果茨基把这些突如其来的变化解释为：儿童新出现的需要与当前的社会发展情境对这个儿童的制约发生了冲突。如果能克服这种分歧，就会推动儿童进入下一个发展水平。维果茨基和他的学生们把与这些危机相关的典型年龄确定为1岁、3岁和7岁。这些转折点对应着从婴儿期到学步期、从学步期到学龄前期、从学龄前期到学龄期的过渡。维果茨基并不认为所有2岁的儿童都经历了一个"可怕"时期，相反，他认为他们经历的是"可怕的1岁"和"可怕的3岁"！

得益于后维果茨基主义者的研究，维果茨基最初的稳定期和关键期的观点得到了完善和扩展，并形成了一个理论，其中包含了明确定义的发展阶段，还解释了儿童从一个阶段过渡到下一个阶段的潜在机制。后维果茨基主义者对儿童发展理论的主要贡献之一就是阐述了维果茨基关于社会情境发展的概念，形成了主导活动思想。主导活动指的是一定发展阶段的儿童与社会环境之间的一种互动，这种互动对儿童的发展是最有利的。儿童参与主导活动会形成这个年龄段的新形态（发展成就），并为他们进入下一个年龄段做好准备。反过来，发展成就被定义为能力和技能，这些能力和技能不仅对特定年龄段来说是新的，而且对儿童在下一个阶段参与主导活动也至关重要。例如，在学步期结束时出现以假设的方式使用物体的能力，这标志着符号思维的出现，并为学龄前期的主导活动–虚拟游戏的发展奠定了基础。

（五）维果茨基论虚拟游戏及其在儿童发展中的作用

要描述维果茨基的幼儿教育方法，就不能不提及他对游戏的看法。游戏不仅是学龄前期和幼儿园阶段的主导活动，而且是基于维果茨基的帮助下的游戏方法，也是文化–历史理论的主要原则实际应用的例子。虽然维果茨基主义者与其他许多儿童发展理论家一样都相信游戏的重要性，但他们对游戏的定义和成人在游戏中帮助儿童的作用的看法是独特的。首先，在他们把游戏定义为主导活动的过程中，维果茨基把重点放在一种特定的游戏上——通常被称为假装的、社会戏剧性的或虚拟的游戏，而忽略了其他许多类型的活动，如运动、游戏、物体操作和探索，这些活动过去（现在仍然）被大多数教育者和非教育者称为"游戏"。此外，在维果茨基及其学生的著作中，他们所谓的游戏特征是后来被称为"完全发展的"游戏形式，而不是学步期儿童或较年幼的学龄前儿童在启蒙阶段玩的游戏。

维果茨基认为这种"完全发展的"游戏主要有三个特点：儿童创造一个想象的场景，扮演和表演角色，遵循由特定角色决定的一系列规则。每一个特征都对儿童的发展起着重要作用，并可以将其理解为儿童高级心理机能的发展。在想象的情境中进行角色扮演，要求儿童做出两种类型的动作：外部动作和内部动作。在游戏中，这些内部动作，即"有意义的操作"，仍然依赖于对对象的外部操作。然而，内部动作的出现标志着一个儿童开始从早期的思维方式——感觉运动和视觉表征——向更高级的象征性思维过渡。因此，虚拟游戏为两个高级心理机能——思维和想象——奠定了基础。

因此，与人们普遍认为的儿童需要想象力的观点相反，维果茨基主义者认为想象力是游戏的产物，当儿童不再需要玩具和道具作为物理"支点"来帮助赋予现有物体新的意义时，想象力就会出现。

根据维果茨基的观点，另一种促进高级心理机能发展的方式是促进有意的、刻意的行为。维果茨基的游戏观与其他理论不同，其他理论将游戏视为一种活动，在这种活动中，儿童完全不受任何约束。此外，维果茨基的学生丹尼尔·埃尔科宁（Daniel Elkonin）详细阐述了维果茨基的观点，提出了文化–历史游戏理论，也称为"有意行为学派"。

这种游戏特征之所以成为可能，是因为儿童扮演的角色、他们使用的装扮道具以及他们在扮演这些角色和使用这些道具时需要遵守的规则之间存在着内在的联系。对于学龄前儿童来说，游戏是他们参与的第一项活动，在这项活动中，儿童不是被这个年龄段普遍存在的即时满足的需要驱使，而是被抑制其即时冲动的需要驱使。

最后，维果茨基游戏理论的另一个决定性原则是它的社会文化本质。由于不同文化背景下的儿童在发展过程中所处的社会环境不同，游戏在其发展过程中的作用也不同。在前工业文化中，游戏的主要功能是让儿童为参与明确定义的"成人"活动做准备，而现代游戏则是非实用主义的，没有为儿童准备特定的技能或活动，但是让儿童为今天的学习任务以及人类尚不能想象的未来任务（Elkonin，1978，2005）做准备。维果茨基通过"文化—历史"观来看待游戏，这意味着游戏不是自发地出现在某个儿童身上的东西，而是由儿童在与其他人的互动中共同建构的，这些互动的性质和程度由社会环境决定。虽然由年长儿童担任游戏导师的多年龄游戏小组曾经是儿童文化的一个共同特征，但如今在许多西方国家，这种互动越来越少，这就使得越来越少的儿童能够在读完幼儿园后达到"充分发展"的游戏水平。随着越来越多的儿童在幼儿园和学前班与同龄孩子一起度过，教儿童如何游戏成为成人的责任。

（六）维果茨基的教学理论

其他发展理论认为儿童只能学习那些他们已经准备好的技能和概念，但维果茨基主义者认为，这种准备本身可以通过教学过程来确定和促进。虽然确实有些学习不可能发生，除非具备了发展的前提条件。例如，如果儿童的运动技能没有发展到可以抓稳书写的工具，那么他们就不可能学会写字。反之亦然，认知、社交或语言方面的能力也不可简单地视为随着年龄的增长而出现，而是取决于儿童的学习内容。针对"跟着儿童走的"言论支持者，维果茨基写道：旧的观点认为，养育方式应适应儿童的发展（在时间、速度、思维方式和感知方式等方面）。它并没有动态地提出这个问题。新的观点……将儿童带入其发展和成长的动态中，并提出教育应该把儿童带到哪里。

维果茨基提出的"最近发展区"（Zone of Proximal Development，简称ZPD），既反映了学习与发展之间关系的复杂性，也反映了高级心理机能的共同形式向其个体形式过渡的动态性。

之所以使用"区"（zone）这个词，是因为维果茨基把儿童在任何特定时间的发展设想为处于掌握不同水平的技能和能力的连续体。他通过使用"最近"（proximal）一词表明，区间仅限于那些将在不久的将来发展的或"处于出现边缘"的技能和能力，而不是最终出现的所有可能的技能和能力。因此，一个儿童的最近发展区是由他的下位边界（lower boundary）来定义的，它表示这个儿童的独立表现水平；而它的上位边界（upper boundary）代表这个儿童得到帮助后的表现水平。一种技能或一种能力越接近独立表现的水平，这种技能的出现所需要的帮助就越少。如果在最大程度的帮助下，儿童仍不能掌握某项技能或概念，则表明该技能或概念目前不在他（或她）的最近发展区范围。

最近发展区所包含的技能和能力并不能决定儿童当前的发展水平，而是决定儿童的发展潜力。如果没有得到指导或与能力更强的同伴合作，那么这种潜力就可能无法实现，因此儿童也就永远无法达到更高的发展水平。儿童的最近发展区随着学习而变化，可能今天还需要在他人的帮助下才能完成的任务，到了明天就可以独立完成。之后，当儿童完成更困难的任务时，就会出现一个新的辅助表现水平。随着儿童获得的技能和能力越来越复杂，这种循环会不断重复。

发展的观点在某种程度上取决于教与学，这促使维果茨基提出了一种不同的评估方法，用于评估儿童的能力。在维果茨基时代使用的评估方法（至今仍在使用）禁止测试者向儿童提供任何帮助。因此，对儿童认知或语言能力的评估并不能确定，儿童的低水平表现是由发育迟缓还是由教育剥夺造成的。维果茨基建议在评估的过程中加入成人的帮助，如提示或重新表述测试问题的形式。这种修改不仅可以评估儿童现有的技能和能力，而且可以评估那些由于缺乏教育机会而尚未浮出水面但仍有发展潜力的技能和能力。维果茨基的见解在后来形成了一种新的评估方法，这种方法被称为"动态评估法"，目前被应用于心理学和教育领域。

除了影响评估实践外，维果茨基的最近发展区概念还将适合发展的概念扩大到包括儿童在协助下可以学习的概念。维果茨基认为，最有效的教学是针对儿童的最近发展区的更高水平，这意味着教师提供的活动应刚好超出儿童能独立完成的范围，且在别人的帮助下能够完成的范围。虽然这一理念很快在教育工作者中流行起来，但在课堂实践中遇到了一些挑战。首先，课堂上每个儿童的最近发展区之间存在着无穷的差距，加上一间教室内的儿童最近发展区处于不同范围和水平，解决每个儿童的个人最近发展区问题以促使教学效果最大化似乎并不可行。其次，对许多儿童来说，"在指导或合作下"的能力似乎并不能最终转化为他们在同一水平上的独立表现能力。由于最近发展区在课堂上的使用面临着这些挑战，大多数关于儿童区域内互动的研究仅限于在实验室或家庭情境下的一对一互动。

与此同时，几代后维果茨基主义者的研究以及我们自己在幼儿课堂中践行维果茨基理论的经验表明，这两个问题是可以成功解决的，我们可以针对每个儿童的最近发展区来设计教学实践。首先，最近发展区中的协助概念需要扩展到成人或更有经验的同伴之外，包括各种社会情境（如结对工作、指导经验较少的同伴或参与专门设计的小组活动）、各种辅助工具以及儿童可用于自我帮助的行为（如自言自语、写作或绘画）。有了这种广泛的协助观，让全班儿童都能发挥最高水平的想法听起来就不再不切实际。对于学前班和幼儿园的儿童来说，维果茨基的充分发展的虚拟游戏是最有益的环境，这一环境使所有儿童都能在其各自的最近发展区的最高水平上发挥作用，无论他们最近发展区的范围或大小如何。

支架的概念可以帮助儿童从辅助表现过渡到独立表现。虽然维果茨基本人没有使用这个概念，但这个概念有助于我们理解如何在儿童的最近发展区的范围进行目标教学，以促进儿童的学习和发展。对于大多数儿童来说，从被帮助到独立是一个渐进的过程，包括从使用大量的帮助到慢慢地取代，再到不需要任何帮助；从他人帮助到自我帮助，最后到独立，设计适当的支架意味着从为儿童提供帮助的那一刻起，就要开始计划如何撤销这种帮助。利用教师直接协助以外的帮助的儿童已经离完全独立又近了一步；完全独立儿童现在已经准备好接受更困难的任务和新的帮助。通过协调帮助的数量和质量，以适应每个儿童的个人需要和优势，就有可能最大限度地发挥每个儿童的学习潜力。

维果茨基的有效教学理念针对的是儿童的最近发展区，这一理念被他的学生们进一步推广，尤其是亚历山大·扎波罗热茨（Alexander Zaporozhets），他创建了全苏联学前教育研究机构（All-Soviet Research Institute for PreschoolEducation），并担任该机构的主任20年。扎波罗热茨强调在幼儿的最近发展区范围教授技能和能力的必要性，他谴责加速发展的做法，这种做法旨在过早地把学步幼童变成学龄前儿童，把学龄前儿童变成一年级学生（Zaporozhets，1986）。这种不必要的加速发展的另一种做法是扩大发展：通过确保所有有可能出现的技能和能力在适当的时候出现，最大限度地利用儿童的最近发展区。

（七）维果茨基理论在幼儿教育课堂中的应用

基于维果茨基理论的幼儿教育理念可以概括为以下原则：

·幼儿教育有其独特的价值，不能把幼儿教育仅仅看作为孩子上学或成年生活"做准备"。

·教师应注重促进儿童高级心理机能的发展，注重儿童对心理工具（语言和非语言）的习得，而不是对离散技能和概念的掌握。

·入学准备应视为发展成就的出现，这将确保儿童有能力过渡到小学阶段的主导活动——学习如何学习。幼儿期最重要的发展成就包括自我调节、想象力和符号使用的能力。特定内容的知识和技能（如书写或计数）的教授是为了促进这些发展成就，而不是为了习得知识或技能本身。

·教师通过让儿童参与他们所属年龄段的主导活动（如婴儿的情感互

动、幼儿的连接目标物体游戏、幼儿园和学前班的虚拟游戏等）来促进儿童能力的发展。

·教师首先应制订计划，然后按照计划在适当的时间提供和撤回适量的帮助,从而更好地为儿童的学习和发展提供支架。

教师应不断修改和调整他们的方法，以确保他们的目标是学生的最近发展区。他们应使用动态评估法来评估个人和小组的最近发展区。

维果茨基的方法将发展的观点与教学理论结合起来，因此，在这一领域的研究者和实践者都关注"将要成为的儿童"或"未来的儿童"，而不是关注"现在的儿童"或他此刻是什么样子。

第三章
学前教育方法创新

第一节　利用自然环境进行教学

一、儿童与自然

除非受到其他事物的影响，否则，幼儿总是对自然界着迷。他们被其他生物吸引，尤其是动物。他们伸手去摘花，把手放到水和沙里，在一堆泥土里挖掘自然宝藏。他们想知道动物在哪里居住、吃什么、如何保护自己。研究结果表明，儿童对自然界的认知和感受与成人不同（Bilton，2010）。蕾切尔·卡森'（Rachel Carson，1956：42）提出，儿童认为世界是"新鲜的、崭新的、美丽的、充满了奇迹和令人兴奋的"。至于成人，卡森（1956：42）表示："热爱美丽和心存敬畏的天性来自明亮的眼睛，但它在大多数人还没有进入成年的时候就已经变得迟钝，甚至消失殆尽。这真是我们的不幸。"

一些人对卡森关于儿童和自然的论述感到惊讶，他们知道蕾切尔·卡森是一名引领环境保护运动的科学家，撰写了许多关于杀虫剂危害自然界的研究性著作。作为一名科学家，卡森用了大量的时间对周围的物质世界进行近距离的、客观的观察。但是，正如上文所述，卡森也对儿童及其体验世界的独特方式进行了思考。她非常重视儿童认识自然的方式，以及自然作为好奇和快乐的源泉对儿童的影响。她认为，应该经常让儿童在丛林或水边散步，无论天气如何。她还（通过和侄子罗杰的短途旅行）意识到，儿童——即便是小婴儿——对由"自然物"组成的世界有一种接受力，他们在体验和探索自然界中获得巨大的快乐和喜悦。

虽然儿童认识和看世界的方式与成人不同，但不应因此被视为错误或低劣。事实上，成人尊重和赞赏儿童认识世界的方式，并给他们足够的机会在自然环境中游戏和探索，将大有裨益，即尊重儿童和促进他们的整体发展。

幼儿不仅对世界的认识与成人不同，他们还会用不同的方式与自然互动。对儿童来说，自然界不仅仅是一种景色或背景，更是可以用来互动的事物（Irvine et al.，2016；Jansson & Sundevall & Wales，2016）。幼儿不仅想看，还想摸、挖、戳、摇、敲、倒、闻、尝和"摆弄"。他们想进一步探索和实验。他们想做点什么，让自己忙起来，也正是通过这种忙碌，他们能够了解自然界，也了解自己。

如今，许多儿童都缺少经常亲近自然的积极经验。研究者和儿童发展专家对此十分担忧，并开始调查这种"童年的自然缺失"产生的原因及其后果（Louv，2006）。在《林间最后的小孩：拯救自然缺失症儿童》（Last Child in the Woods：Saving Our Children from Nature-DeficitDisorder）中，理查德·洛夫（Richard Louv）讨论了"自然游戏罪"，他认为，这既是儿童从沉浸于自然界到远离自然界的症状，同时也是原因。

洛夫指出，"童年的自然缺失"可以归因于多方面的因素，有些是文化或制度方面的，有些是个人或家庭方面的。文化和制度方面的制约包括诉讼案件频发、与自然的直接接触在教育中被边缘化，以及现代城市的结构。个人或家庭方面的制约包括时间压力、恐惧或担心安全问题，以及过多的屏幕时间。

许多父母还患有"不浪费任何时间"综合征。他们认为，要想成功，儿童就更应当过一种经过精心规划的生活。因此，他们从很早开始就让儿童参加竞技运动、计算机夏令营和其他"丰富的活动"（舞蹈、艺术和音乐课程、"早期科学"等）。他们还迫使儿童在学校里表现出色，尤其重视评级或测验分数。洛夫注意到，"纯粹的游戏"在这种注重成功的文化中被认为是在浪费宝贵的时间。

即便儿童有一些游戏时间，他们也常常是在商业化或计算机化的环境里活动。室内游戏中心正变得越来越受欢迎，如儿童咖啡厅、电子游戏厅、"水宝宝"游泳馆和商业大楼里的攀爬设施。甚至一些自然中心和公园也开始打造精心设计的室内展览和教室，其中一些就包括攀爬墙、人造树和计算机游戏❶。

为儿童设计的"娱乐活动"通常取代了创造性游戏。例如，儿童卧室里的电视和视频播放器、家庭里的计算机和娱乐区、全家去电影院看电影或观看体育赛事。虽然这些娱乐形式本身不会伤害儿童，但他们侵蚀了儿童玩创造性游戏的时间与自由。这是一个需要解决的问题，因为儿童需要通过创造性游戏获得整体发展。创造性游戏不能被催促，或被塞进完成家庭作业和准备游泳课的日程安排中。

在商业化和计算机化的环境里停留太久不仅会剥夺儿童游戏的时间，还会把他们与自然隔离开来。这便是引发忧虑的原因，因为儿童需要自然——自然并不是用来学习或看的，而是需要儿童与之互动。正如洛夫

---

❶ [美]露丝·威尔逊（Ruth Wilson）.幼儿园户外创造性游戏与学习[M].陈欢译.北京：中国轻工业出版社，2019.

（2006：117）所说："用有意义的方式体验自然是需要花时间的——散漫的、非结构化的、做梦的时间。"

如果不能时常亲近自然，儿童将患上洛夫（2006）所说的"自然缺失症"。这种失调或违和的状态，虽然不是医学疾病，但是与注意困难、感官能力减弱以及更高的身心患病率有关（Louv，2006）。

二、在自然环境中游戏

自然环境是儿童玩创造性游戏的理想场所，因为自然界能够提供许多可以用于游戏的材料。自然界是不可预测的、真实的，能够让儿童获得丰富的感官体验。自然让户外环境成为游戏的独特场所，自然里总是存在有待探索和发现的事物。自然材料（叶子、棍子、沙子、水，等等）不仅可以让儿童动手操作，还具有鼓励儿童发挥想象力的作用。

虽然儿童能够在任何地方用任何东西玩游戏，但一些环境和材料相对而言更有益于创造性游戏的开展，我们称之为"游戏潜力"或"游戏价值"。我们还使用"可供性"一词来表示环境中"有意义的行为发生的可能性"，或某个环境的可玩性（Gurholt & Sanderud，2016；Lerstrup& Moller，2016）。在自然游戏中，可供性指的是环境所具备的能够吸引或鼓励儿童进行游戏的条件，如儿童能够动手操作的开放性材料（叶子、棍子、石头等）、可以攀爬的树、可以被握紧的雪、可以玩雪橇的小丘或者可以游泳的沟渠。当儿童的兴趣和能力与环境潜在的可供性相互作用时，游戏行为便产生了（Gurholt & Sanderud，2016）。

对不同环境中儿童的研究表明，与传统的操场或室内环境相比，儿童在"绿色"或"自然"区域中进行的游戏（包括想象游戏与假装游戏）更富有创造性（Cloward Drown & Christensen，2014；Dennis & We-lls & Bishop，2014；Luchs & Fikus，2016；Zamani，2016）。一项研究通过比较5—6岁儿童在自然（"绿色的"）游戏区域和在传统操场上的游戏行为发现，儿童在自然游戏区域的游戏持续时间比在传统操场上的更长（Luchs & Fikus，2016）。在传统操场上，大多数儿童游戏持续的时间少于5分钟，然而在自然区域中，一些儿童的游戏在整整30分钟的观察期间里持续进行。另一项研究通过比较学前儿童在三种不同游戏场地（自然、传统和混合）的游戏发现，自然游戏场地有助于促进儿童进行更高水平的认知游戏，因为在自然场地中明显出现了更多角色游戏的主题（Zamani，2016）。

一些研究表明，儿童在自然环境里进行的想象和探索游戏比在传统游戏场所里更多，即使他们是婴儿和学步儿。有一项研究关注了婴儿和学步儿的游戏行为在户外游戏场地绿化前后的变化（Morrissey & Scott& Wishart，2015）。绿化过程持续3个月，在这段时间为游戏场地增添各种各样的自然材料，如树、沙、木头、棍子、石头、树皮和干草。此外，还增添了几个斜坡、一座拱形的桥、一个加高了的平台。虽然在翻新前后，探索游戏都是出现频率最高的游戏，但是用于探索的材料不同。在绿化之前，儿童使用的材料主要是教师提供的人造材料，如积木和球。但在绿化完成之后，儿童自己在地上找到的自然材料（叶子、石头、棍子等）似乎成了许多儿童操作行为的动力。有了院子里的新材料以后，婴儿和学步儿还进行了更多的运动，尤其是在可以进行平衡、空间定位、翻越斜坡和不同高度的区域。

关于在自然环境里游戏的益处，已经有大量且完善的记录。路易丝·乔拉（Louise Chawla，2015：445）在一篇完整的文献综述中写道："与沥青地面、平整的草坪或安装好的游戏器械相比，自然环境为儿童提供了更多富有想象力、建构性，且感知丰富的、有助于促进社会合作的游戏。"自然环境中的游戏促进儿童的健康成长，有助于培养儿童的专注力及其与自然界的情感联系（Elliott，2008；Erickson & Ernst，2011）。自然环境中的游戏还促进个性、社会性和身体的发展。与传统操场相比，自然游戏场地上更少发生攻击性行为和意外事故（Blanchet-Cohen & Elliott，2011）。自然游戏场地的可供性鼓励儿童进行体育活动，这将促进他们的大肌肉运动、身体平衡性、协调性和耐力的发展，还有助于避免肥胖（Sharma-Brymer & Bland，2016；Sobko et al.，2016）。当儿童在自然游戏场地上操作开放性材料（树叶、棍子、石头等）时，他们的小肌肉运动技能也变得更加精细。

自然游戏场地支持想象游戏和假装游戏，并为具有不同兴趣与能力的儿童提供积极参与游戏的方法（Dyment & Bell，2008；Chawla et al.，2014）。户外自然环境还有效地提升了儿童在问题解决与创新方面的能力（Kiewra & Veselack，2016）。

自然环境的另一个益处是其疗愈的作用，这对于如今身处忙碌、复杂、常常让人倍感压力的世界上的人们来说尤为重要。疗愈性的环境能够使人们重新获得适应性能力来满足日常生活需求，如控制冲动的能力和专注于任务的能力。疗愈性的环境也能帮助人们重新获得积极的情绪状态。

不论是对成人还是儿童，自然环境似乎总是比人工环境更具有疗愈性（Bagot & Allen & Toukhasati，2015；Collado & Staats，2016；Schutte& Torquati & Beattie，2017）。对儿童而言，疗愈性的环境有助于改善心理健康状况（Chawla，2015），也有助于减轻注意力缺陷障碍和注意力缺陷多动障碍的症状（Bagot et al.，2015；Faber Taylor & Kuo，2011；Ulset et al.，2017； van den Berg & van den Berg，2011）。还有一些迹象表明，感恩自然环境的疗愈作用能够促进亲环境行为的发生（Berto &Barbiero，2017）。

"但是，其中的危险怎么办？"一些人可能会问，"爬树、赤脚走过浅溪和玩树枝对儿童来说安全吗？"关于冒险游戏的研究结果始终表明：儿童需要冒险游戏。冒险游戏是一个普遍现象——尤其是对4岁以上的儿童而言（Kleppe & Melhuish & Sandseter，2017）。冒险游戏满足了儿童与生俱来的发展需求。

冒险游戏是儿童应对自己感知到的危险的尝试。他们被冒险游戏的奖励——兴奋、成就、喜悦——吸引而来。在一项研究中，儿童最喜欢的冒险活动是攀爬、滑行和打滚，他们最喜欢的游戏地点是一条小溪（Coe，2016）。

虽然减少或消除儿童游戏场所中的危险很重要，但不能夺取儿童的冒险机会，因为冒险游戏对儿童的健康发展十分重要。那种认为冒险对儿童有害的想法是错误的。对儿童真正有害的是危险和鲁莽的行为，而不是冒险（Coe，2016）。

对一名幼儿来说，冒险可能是令他感到兴奋或刺激，也可能是令他受伤的活动。游戏中的冒险活动通常是对真实生活中的冒险行为的模仿（Sandseter & Kennair，2011），涉及好奇、探索、高度注意、恐惧和兴奋（Kleppe et al.，2017）。冒险游戏让儿童理解自己的处境，评价自己的能力，学习如何避免极度的危险。冒险游戏还能提高儿童的平衡能力与协调能力，培养他们的创造力和社会交往能力。儿童需要冒险游戏的挑战性所赋予的能量，进而发现和相信自己的潜能与能力。因此，把儿童置于"没有风险的风险中"是错误的（Connolly & Haughton，2017：106）。

当儿童轻易地被自然环境中的创造性游戏吸引时，你可以使用一些策略来支持这种游戏。从提供多种多样的、儿童能够熟练使用的自然材料开始，如棍子、石头、松果、贝壳、叶子、水、沙等。同时，也要提供挖和耙的工具、用于收集和分类的材料（托盘、桶、盒子等），以及观察工具（放大镜、双筒望远镜）。还可以添加夹纸记录板和艺术材料，鼓励儿童仔细观察并反思自然界。

三、把户外环境带进室内

凭借自然进行的创造性游戏和学习既可以发生在室内，也可以发生在室外，但这需要将自然元素带到室内。有许多方法可以实现这一目的。自然材料可以用于物理环境，自然可以作为活动计划的核心主题，与自然有关的海报、书籍和操作材料（拼图、玩具塑像等）都可以用来吸引儿童关注自然。事实上，自然可以被用作教室环境创设、儿童活动和经验的整合性背景。这就涉及将与自然有关的主题和概念用于所有教学和学习领域中。

（一）将环境作为整合性背景

将环境作为整合性背景（using the environment as an integrating context，缩写为EIC）的概念并不新鲜。EIC模式最早由杰拉尔德·利伯曼（GeraldLieberman）博士于20世纪90年代在国家教育与环境圆桌会议（StateEducation and Environment Roundtable，缩写为SEER）中提出并进行实地试验。有关研究表明，与传统的教育体系相比，学生在基于环境的背景中的学习更有效。当使用EIC模式时，学生在数学、科学、社会学习和语言艺术中都比传统教育体系中的同龄人表现更好（Lieberman，2013）。研究还发现，处于EIC模式中的学生有更少的纪律问题，处于学业失败风险中的学生比在传统教育体系中表现更好，学习更高效。

从那以后，EIC模式就被用于美国加利福尼亚州从幼儿园到高中的课程开发。这种课程被称为"教育与环境倡议行动"（Education andEnvironment Initiative，缩写为EEI），它所使用的学业标准从科学、英语语言艺术和历史社会学科中挑选而来。

EEI将环境作为达到学业标准的整合性背景，虽然它代表的是全州范围的行动，但是有些教师个人也在践行同样的想法。一位美国乡村学校的三年级教师将户外体验学习用于整合语言艺术和科学课程。她围绕本州规定的科学标准来计划户外学习活动，但也特别重视对学生读写技能的培养。她将科学课程和自然学习作为儿童阅读的内容。例如，在学习科学领域里的蝴蝶栖息地和大型无脊椎动物时，儿童在语言艺术领域的活动中也会阅读相关内容。户外课堂增强了儿童阅读、书写和绘画的兴趣，即使是对那些在读写活动中最困难的儿童也一样。幸运的是，这所小学正在建一间户外教室，周围环绕的树林、蝴蝶花园、蔬菜园和小鸟喂食站可以让学生找寻到自然的踪迹。那一年结束后，学生的标准测试成绩高于全州的及格分数线（Eick，2012）。类似的例子和结果还可以在以更小的儿童为对象的研究中找到（Vandermaas-Peeler & McClain，2015）。

（二）物理环境

对于早期教育机构的物理环境对儿童所造成的整体影响不应当心存侥幸，因为它在促进儿童的学习和影响他们的情绪情感方面发挥着关键作用（Duncan，2011）。在一些传统中，环境被认为是"第三位教师"，父母和教师是另外两位。瑞吉欧·艾米利亚模式就是一个最好的例子。瑞吉欧·艾米利亚的教室里普遍充满植物和自然光。儿童通过大窗户可以看到庭院，教育者试图将每一间教室和学校的其他部分以及社区联系起来，并且特别关注美学和自然环境。

瑞吉欧的哲学包括这样一种观点，即美的功能之一是帮助儿童集中注意力（Klein，2017）。当然，还有很多其他研究者提出，美、自然、惊奇感和知识之间密切相关（Deviney et al.，2010a；Deviney et al.，2010b；Montessori，1972）。

迪瓦伊尼（Deviney）和她的合作者们（2010a，2010b）提出了七条增强早期教育教室环境美感的设计原则。每一条原则都与自然直接相关，提倡在教室中使用自然元素。

· 自然激发美感。
· 颜色引起兴趣
· 家具定义空间
· 质地增加深度
· 展示提升环境
· 元素强化氛围
· 焦点吸引注意。

将自然材料带进教室的物理环境中是一种促进儿童学习和欣赏自然环境的方式。由于学习区是许多早期教育机构的普遍特征，在这些区域里加入自然元素是将户外环境带进室内的途径之一。

另一种将户外环境带进室内的方式是，临时布置不同的自然主题环境。例如，你可能将整个教室变成森林或沙滩，或者仅仅是将教室的一部分用于创设自然主题的环境。不要忽视迷你环境的价值，例如，一个鸟巢或一个狐狸洞。你可以把这些迷你环境变大，让儿童能够在里面游戏。在任何可能的时候，让儿童参与自然主题环境的创设过程，并尽可能多地使用自然材料。

（三）活的动植物

活的动植物也应当是室内环境的一部分。一些植物可能会比另一些植物存活得更持久，起到主要的装饰作用；另一些植物则只会在教室里存活一小段时间，比如鲜花，可以用来让儿童仔细观察植物随着时间推移而产生的变化。美国阿姆斯特丹市的两所小学在一些教室里建立了"植物墙"，然后研究了它们对学生健康的影响。植物墙由金属框架构成，上面有毛毡，为附着在框架上的植物提供肥沃的泥土。这使得整面墙都被活的植物覆盖。在有植物墙的教室里学习的儿童在选择性注意测试中得分更高，并且比教室里没有植物墙的儿童更认为教室具有吸引力（van den Berg & Wesselius & Maas & Tanja-Dijkstra，2017）。

　　虽然对一些幼儿园而言，植物墙可能听起来有些难以实现，但是每间教室都可以有一些盆栽植物。无论什么时候，都尽可能地让儿童参与照顾植物——给植物浇水、打开遮阳物为植物提供更多的光照、给堆肥增加枯萎的叶子或花朵等。还要让儿童参与植物从种子和球根开始生长的过程。种植一些可以移植到户外的植物，尤其是那些会结出果实的植物（豆子、玉米等）。一种含蓄地促使儿童主动浇花的方法是，让他们使用喷雾瓶而不是洒水壶或水桶。使用喷雾瓶会减少儿童过度浇水的可能性。

　　以下是几个在室内环境培植植物的额外建议：

　　（1）通过创设"废品花园"来推动循环利用的环境友好性实践。将旧水壶、破旧的靴子或者空的牛奶纸箱等"废旧物品"用作园艺容器。

　　（2）在玻璃广口瓶里种红薯。红薯的好处在于，它们不仅很好吃，而且能成为有趣的室内植物。红薯藤长得很快，而且在一瓶水中就能存活下来。这让它成为与儿童一起成长的绝佳植物。儿童可以看到藤蔓和根是如何随着时间推移而变化的。选一个成熟的红薯，可能的话，最好是一个已经有芽或"眼"的。不管是红的，还是黄的品种都无妨。在红薯中心的四面都插上牙签，把红薯放到一瓶水中，牙签会让红薯在广口瓶里立起来，然后把广口瓶放到阳光充足的地方。嫩苗在几天内就会长出来，根则需要一周左右。

　　在室内喂养动物的过程更加复杂，但是结果会非常有趣而且很值得。近距离观察动物能够为儿童提供许多有趣的、令人兴奋的学习经验。儿童着迷于动物，如果有机会，他们会花大量的时间观察动物的习性和行为。他们会提出问题，请求参与照顾和喂养动物，并对熟悉的动物产生情感依恋。

　　学习照顾动物还可能会引发儿童学会关爱更广阔的自然界。除了了解动物及其生存所需，参与照顾教室里的动物可以培养儿童对生命体的管理意识和责任感。当儿童意识到动物和他们一样是有生命的，他们便能够从动物的角度考虑其生存所需——食物、庇护所、抵御伤害，等等。换位思考是儿童社会性和情绪情感发展中关键的一步。生态换位思考在保护自然环境中也十分重要。

　　照顾动物，需要儿童考虑和注意他们自身以外的事物，有助于儿童学习关爱他人。一些研究结果支持这样一种观点，即当儿童照顾动物时，他们可能会变得更懂得照顾他人（Rud & Beck，2000）。

　　许多不同种类的动物都可以成功地在早期教育机构中存活下来，并为儿童提供有价值的学习经验。然而，为了确保儿童成功地获得这种经验，教师还需要进一步思考。计划是整个过程中的第一步，也是最重要的一步。下面就是一些把动物带进教室之前需要应对的问题：

· 应该选择哪种动物？

· 动物的居住需求是什么？如何在教室里满足它们的需求？

· 照顾动物涉及的问题——它吃什么？什么时间睡觉？如何进行锻炼？它害怕什么？如何让它更舒适？等等。

· 儿童触摸动物是安全的吗？

· 幼儿园休息时（例如，假期中），该如何安排动物？

· 喂养动物涉及法律问题吗？比如，可以养哪些野生动物？它们能被养多久？它们如何回到野外？等等。

在把动物带到早期教育机构前，第一个或许也是最重要的决定就是选择哪种动物。是从野外捕捉动物然后暂时将其圈养在机构里，还是长期地喂养教室宠物，比如，猫、狗、天竺鼠或兔子？做这个决定时需要考虑的因素应当包括儿童的健康与安全，以及动物的健康和日常照料。应当确保儿童在任何时候都不会处在危险之中，动物也应当得到尊重与合理的照顾。一定要与家长确认有关儿童的过敏问题。

以下是为早期教育机构挑选动物时的额外指导建议，它们在一定程度上基于教育和兽医领域的专业组织的建议。

· 小动物通常比大动物更好。

· 本地动物通常比外地动物更好。

· 永远不要在教室里养野生的哺乳动物、有毒的动物，或者生病的、受伤的动物。

· 不要在教室里养动物，除非：它很健壮，并且能够在圈养环境中存活；它的自然栖息地能够在室内复制；它能在圈养环境中表现如常；它能够适应教室环境（气温、阳光、噪声水平等）；操它总是能受到了解其需求的人的良好照料。

在确定了选择哪种动物之后，下一步就是得到这种动物。在不违背当地规定的情况下，一些动物可以从就近的自然栖息地中捕捉（例如，蚯蚓、蜘蛛、蚁、昆虫）。其他的动物可以在声誉良好的宠物店或宠物商那里购买。

一旦动物被带到教室里来，成人就应当教儿童如何安全且充满尊重之心地接触动物。在儿童接触动物的时候，成人应当总是在一旁监护，并确保儿童在接触动物前后立刻洗手。

在将动物带进教室环境时，一些图书可能会很有帮助。虽然科恩（Cohen）和图尼克（Tunick）在1997年出版的《蜗牛的踪迹与蟋蟀的尾巴：幼儿自然教育》（Snail Trails and 'Tadpole Tails： Nature Educationfor Young Children）已经有一段历史了，但它是在教室里为五种不同的动物——蠕虫、蜗牛、蝴蝶、桑蚕和螳螂——创造迷你栖息地的绝佳资源。在将动物带进教室或者儿童进行有关讨论时，安妮·梅兹尔（AnneMazer）的《小蝶螈，睡哪里》（The Salamander Room）是一本可以立即与儿童分享的美丽的儿童书。《小蝶螈，睡哪里》讲述了一个小男孩发现了一只小蝶螈并想把它养在自己的房间里的故事。小男孩的妈妈提出了一系列问题，让男孩关注小蝶螈在房间里的生活所需。

动物应当在教室里被养多久很大程度上取决于动物的品种，以及养动物的目的。小心地从自然栖息地里选择要捕捉的动物，并且永远不要让它们待在室内超过一周。过了这段时间，应当把它们送回发现它们的地方。让儿童参与这个过程可以给他们上宝贵的一课，教他们怎样以关爱和负责任的方式亲近自然。

（四）亲自然类书籍

书籍和故事在大多数早期教育活动中发挥着重要的作用，每个早期教育者都应有能力选择高质量的、年龄适宜的作品。为了帮助儿童了解自然和形成对自然界的积极态度，幼儿教师应当熟悉"亲自然类书籍"和故事，并在教室里与儿童分享。幼儿教师也应当熟悉使用书籍和故事引导儿童形成亲社会思想与行为的方式。然而，在这样做的时候，教师应当时刻牢记互动性讨论的重要性，以及理解儿童将建构他们自己对周围世界的认知。书籍可以激发有意义的讨论，但它们不能"给"儿童态度和价值观。教师应当通过认真的讨论帮助儿童"发现"故事的含义及其对他们的意义，而不是仅仅将一本书从头读到尾。随后的艺术和戏剧活动也可以强化书中所呈现的观点。

亲自然类书籍帮助儿童准确地理解自然环境，并形成对自然环境的积极态度。亲自然类书籍的判定要素为：①如何描述人类与环境的关系；②如何描述自然和特定的自然元素；③如何鼓励儿童关爱自然。

1. 如何描述人类与环境的关系

有些书表明，从某种程度上来说，人类"独立于"自然，并非自然中的"一部分"。这类书籍可能仅将自然环境描述为可供人类使用的资源。虽然我们想让儿童理解，我们所用的一切根本上都来自于自然界，但是仅仅将自然环境描述为可供使用的资源在生态学上是不合适的。奥尔多·利奥波德解释了"土地伦理"这一概念：

土地伦理将共同体的边界扩大到包括土壤、水、植物和动物，这些统称为"土地"……土地伦理将人类的角色从土地共同体的征服者变为其中平等的一员和公民。

《地球宪章》2（2000）也提出了人类需要与自然形成"正确的关系"，尊重自然的内在价值。正如《宪章》的第一条原则（"尊重与关爱生命共同体"）所表述的那样，人类有"承认所有生命都相互依赖，每种生命都有价值，这与它们对人类的价值无关"的伦理责任。

罗伯特·麦可洛斯基（Robert McCloskey）于1941年出版的《让路给小鸭子》（Make Way for Ducklings）便是人与环境形成生态适宜的关系的故事。故事的焦点是鸭子的安全与健康，以及人们如何回应和帮助鸭子。在其中的一个情节中，一名警察暂停了交通，让鸭妈妈和小鸭子安全地过马路。虽然给鸭子让路并不是警察的分内工作，但是他的行为和人们的积极响应代表他们乐于为了鸭子而牺牲自己的一点便利。这告诉我们，与其他生物保持"正确的关系"具体意味着什么。

最近，有一项研究探讨了儿童图书中的插画所呈现的人类与环境之间的关系。不幸的是，研究结果并不乐观。该研究仅限于纪实类儿童书籍，这类书籍在某种程度上与持续发展有关。研究发现，几乎一半的插画描绘了非自然物体或人类，一半的插画将人类描绘成消费者。在有关自然的32%的插画中，描绘的是单株植物而不是生态系统。这可能会给儿童一种错误的观念，即一株植物和一片森林拥有同样的功能（Muthukrishnan & Kelley，2017）。

这项研究所提出的另一个令人担忧的问题与一些插画中所描绘的生态友好行为有关。大部分的这类插画呈现了后消费行为，例如，回收。虽然回收是一个需要儿童理解和重视的概念，但是还应当教给儿童其他生态友好行为。例如，从事园艺工作或者使用雨桶等人类积极投入自然的插画，可能会帮助儿童更深入地理解人类如何与自然相互联系，以及人类如何以更加生态友好的方式使用资源。

其他聚焦于儿童绘本的研究也得到了类似令人担忧的结果。一项研究分析了1938—2008年近300本获得凯迪克图书奖的绘本。结果发现，关于自然环境和动物的图片数量显著下降，而关于人造环境的图片数量则呈显著的稳步上升趋势。对于人造环境的描绘也随着时间的推移而发生变化，从出现在绘本中变为绘本中的主要环境。同时，对于自然环境的描绘在逐渐消失。关于人类与自然积极互动的图片也越来越少（Williams & Palmer & Schwadel & Meyler，2012）。

2. 如何描述自然和特定的自然元素

几乎所有人都知道一两个关于"坏蛋大灰狼"的故事。在《三只小猪》（The Three Little Pigs）的故事中，一头狼威胁着要"吹啊吹，把房子吹倒"。在《小红帽》（Little Red Riding Hood）的故事中，狼也被描述成邪恶且心怀不轨的动物，时刻准备着要把小女孩和她的外婆吃掉。对于狼的这种描述会使儿童对狼产生错误的理解与偏见。

亲自然类书籍则相反，它们帮助儿童形成对于自然界的准确理解和积极情感。琳达·格拉泽（Linda Glaser）的《奇妙的虫子》（Wonderful Worms，1984）就是一个亲自然类纪实作品的例子，该书以积极的方式描述自然和特定的自然元素。通过简单的文字和全彩插图，《奇妙的虫子》解释了蚯蚓在生态系统中所发挥的重要作用。

3. 如何鼓励儿童关爱自然

书籍和故事通常隐藏着信息，影响着儿童的思想和行为。亲自然类书籍会建议儿童以关爱的方式接触自然，这一信息不需要被明确地表达，就像"我们必须拯救地球"那样。一种更好的方式是介绍一个惹人喜爱的角色（人或动物）来示范关爱是什么意思。弗兰·霍奇金斯（Fran Hodgkins）的《如果你是我的宝宝》（If You Were My Baby，2007）就是一个例子。这本书聚焦于母亲对下一代的爱与关怀。故事中有一只蝙蝠宝宝躺在妈妈安全的怀抱里，还有一只山羊宝宝在妈妈的指引下攀登高高的悬崖。

也可以借助有关特定的自然场所或具体的自然元素的故事或书籍，来鼓励儿童关爱自然。有些人可能会认为，沙漠是一种没有生物愿意定居的、干燥且恶劣的环境，一本由拜尔德·贝勒（Byrd Baylor）（文）和彼得·巴奈尔（Peter Parnall）（图）所著的绘本却呈现了一种完全不同的沙漠景象。在《荒漠是他们的》（Desert Is Theirs）一书中，儿童了解到，沙漠是一个备受人和动物热爱的特别的地方，他们"在沙漠中共享手足之情"。

4. 辨别亲自然类书籍

除了考虑以上讨论的三个要素（即如何描述人类与环境的关系，如何描述自然和特定的自然元素，如何鼓励儿童关爱自然），以下问题或许也有助于辨别亲自然类书籍：

·故事中的角色是否表现出对自然的感激之情或对自然界的惊奇之感？

·故事中的角色表现出的是对自然的同情和怜悯，还是尝试支配和控制自然界？

在你寻找亲自然类的儿童书籍时，还应当考虑诗歌的力量。虽然小说和纪实类文学作品都可以帮助儿童了解和感恩自然界，但是诗歌能够拓展儿童的认识，让他们体验一种近乎有魔力的看、听和感受奇妙自然的方式。诗歌不会被普遍的看待世界的方式所阻碍，而是能够更开放地表达整体性和神秘性。

杰出的诗歌通常都蕴含感官描述。它们帮助我们听到蜂鸟的嗡嗡声，感受低垂的树枝温柔的拥抱，看到清晨门外的绿树和青草上闪耀的露珠。杰出的诗歌还会帮助我们用另一种视角看待或想象世界。在一些情况下，这可能是植物或动物的视角。玛丽·奥斯汀（Mary Austin）的《草原土拨鼠小镇》（Prairie-Dog Town）就是一首这样的诗歌。《草原土拨鼠小镇》讲的是一只住在地底下的年迈的土拨鼠，地底下让他感到很安全。聆听这首诗歌的儿童很容易就会被吸引着从土拨鼠的视角看待世界。从植物或动物的角度看世界有时被称为"生态换位思考"（Hedefalk& Almqvist & Ostman，2015），它是建立对自然界的尊重和关爱之心的基础步骤。

四、儿童亲近自然过程中的特别注意事项

对一些幼儿来说，户外时间代表了一天当中最孤独和紧张的时刻。他们不能和大部分儿童一样参加游戏活动，或参加同样的游戏活动会让他们感到不舒服。他们在一旁观察，但是不能完全参与。

（一）顾虑

儿童享受或参加户外活动可能会受到多种因素的限制，残疾、恐惧、陌生、胆怯代表了其中比较常见的原因。成人应当敏锐地注意到这些以及儿童的其他顾虑，因为它们可能会限制这些儿童在户外的游戏和学习潜力。成人还应当知道让所有幼儿都更容易地参与户外活动的方法。

并非所有阻碍儿童参与户外游戏的因素都存在于儿童自身，有些因素与其他人的态度和行为，以及户外环境的质量有关。对成人来说，需要时刻谨记的最重要的因素是，"户外时间"不仅仅意味着"课间休息"。"课间休息"这一词语暗含着教师和儿童的"停工时间"。然而，户外时间所提供的远远要比室内日常工作的间休要多得多。

让所有的幼儿在户外活动中获得愉快的、重要的学习经验，适合的环境和成人的支持都发挥着关键作用。安全和无障碍是与物理环境和成人的角色相关的两个需要考虑的因素。虽然这些因素对所有幼儿来说都很重要，但是它们对有特殊需要的儿童而言更加重要，因为他们与同龄人相比更有可能发生意外、受伤和被孤立。

让一些儿童更有可能处于危险之中的条件包括，平衡和运动控制缺陷、癫痫症状、视力和听力损伤、多动症和有限的社会技能。虽然成人应当意识到，有特殊需要的儿童往往会遇到更大的危险，但是他们不应当过度保护或尝试消除所有健康的冒险机会。因为没有危险的环境会限制儿童源自好奇心的学习，儿童需要有挑战性的环境来刺激他们进行探索，并不时地从错误中进行学习。

（二）指导与调整

教师可以通过指导和调整来促进残障儿童参与环境。例如，对有听力损伤的儿童，成人应当一直停留在儿童的视线范围内，以便在必要的时候更容易地引起儿童的注意，也让儿童更好地联系教师；对有视力损伤的儿童，触觉标识可以被用来定义特定的设备和活动区域的位置，如秋千区域的沙子。还可以用声音让有视力损伤的儿童熟悉这一区域，并使得游戏设备更有趣，如风铃和铃铛。

除了消除物理障碍，为幼儿提供的户外环境还应当让他们"在心理上可参与"。这指的是，环境对儿童而言应当充满吸引力、安全和易于理解。

环境也应当具有回应性。当儿童尝试与环境中的元素互动时，具有回应性的环境会产生即时的反应。当儿童控制或调整环境的尝试失败时，他们往往会失去兴趣并放弃尝试。残障儿童可能会比他们的同龄人面临更多的环境回应性方面的困难。虽然正常发育的儿童拧开户外水龙头可能没有任何问题，但是有大脑性麻痹的儿童可能觉得这个任务很困难，他也许会尝试抓住并移动把手，但缺乏足够的运动控制能力和力量。安装脚踏板或者不同类型的把手，也许是一个提高把手回应性的方法[1]。

虽然早期教育者逐渐意识到，户外游戏对于提高残障儿童的运动发展的重要性，但是户外时间往往没有被充分用于促进残障儿童的社会性发展和社会包容。成人发起的活动可以促进残障儿童与非残障儿童之间的互动。有时，这可能意味着增加活动的结构性。有时，这也可能只需要简化社会情境。成人发起的活动并不意味着，成人领导或主导活动。事实上，成人的主要作用是促进儿童之间的互动。成人可以通过提出一个活动建议或一种游戏情境，让有特殊需要的儿童也参与其中。例如，几名儿童在玩沙区建"公路"，成人可以建议一名有特殊需要的儿童用砖块建一座桥。

户外自然游戏场地与传统的操场相比，在让所有儿童都参与方面具有显著的优势。研究表明，户外自然游戏场地与传统操场或室内游戏场所相比，往往鼓励更多的社会性游戏、更频繁的社会互动、更多的戏剧和建构游戏、更多样的游戏主题、更多的物品转变（用一个事物代表另一个事物），增强游戏的持久性和连续性，有助于提高儿童的语言表达能力和问题解决能力（Cloward Drown & Christensen，2014；Denniset al.，2014；Luchs & Fikus，2013；Morrissey et al.，2017；Nedovic &Morrissey，2013）。

---

[1] [英]安妮·伍兹（AnnieWoods）等. 幼儿发起的游戏和学习[M]. 叶小红译. 北京：中国轻工业出版社，2020.

除了创设更合适的环境，成人的支持对于让所有幼儿在户外环境中都参与社会活动也非常重要，但人们对此常常无法理解和领会。当被问到在户外时间做了什么来促进儿童的社会性发展时，早期特殊教育机构中的一名实习教师琳恩回答道："我在午餐和点心时间促进儿童的社会性发展。当我们在户外的时候，我就让孩子们玩。"让人感到悲伤的是，琳恩似乎对自己的答案很满意。虽然更有经验的教师可能永远不会像琳恩一样回答，但是他们的行为却表现出他们持有类似的想法。例如，教师之间的社会互动经常发生在户外时间。虽然大部分教师都意识到监护幼儿户外游戏的必要性，但是他们的主要关注点似乎是安全而不是儿童在各方面的成长与发展。

虽然一些儿童在户外游戏中"没人看管"也能玩得很好，但是另一些儿童比其他儿童需要更多的示范、鼓励、身体适应和巩固，才能参与更多的户外活动。那么，成人如何让户外游戏对所有儿童而言都更容易参与、更有意义呢？以下是一些具体的建议。

·提供多种多样的游戏和学习材料，让所有儿童都能基于自己的兴趣、能力和舒适区进行选择。提供多种可以在户外使用的艺术活动、角色游戏和建构游戏材料（积木等），为儿童提供多样的选择。这对于认为大肌肉活动比较困难或可怕的儿童来说尤为重要。

·提供一模一样的玩具，尽量减少儿童的失望，鼓励社会互动。例如，沙盒里应当有水桶、铲子和搅拌棒。还应该有一模一样的骑行玩具（自行车、小手推车等）、球和角色游戏材料。一模一样的、有趣的材料有助于同伴之间的健康互动，提高安全性。游戏场上的欺凌行为有时就是因为材料匮乏，或者儿童没有事情可做。

·鼓励所有儿童参与大肌肉活动。有残疾的儿童可能会害羞，不愿意参加攀爬或滑梯等活动。然而，练习技能和增强自信心对他们而言很重要。成人应当温柔地鼓励他们尝试新的活动。

·不要过度保护害羞或有残疾的儿童。过度保护通常会造成"习得性无助"（Wilson，2003b）。成人应当基于这样一种假设来工作，即所有儿童都是有能力积极参加户外游戏的个体。他们应当记住，儿童发展的目标应当包括独立性、技能发展和自信心。当有必要为残障儿童调整环境时，还应考虑如何让所有儿童都受益，如开辟更大的空间和提供更多的材料选择。

·不要期待所有儿童都能自发地参加户外活动。一些儿童在户外需要示范、鼓励和指导，成人应当在儿童需要的时候随时提供鼓励与支持。

·鼓励同伴间的互动。一些儿童在户外倾向于守在成人身边，尝试与成人交谈或进行互动游戏。儿童的行为可能是出于对获得保护或关注的需求。成人恰当的回应是，让儿童确信自己是安全的，但是让儿童与其他儿童互动才是成人期待的行为。

·在游戏环境中添加开放性材料，为儿童提供改变他们的游戏场所和游戏活动的机会。开放性材料（例如，树枝、石头、卡片盒子、旧地毯、贝壳、分类托盘、水桶等）为创造性地创设环境提供了绝佳的材料。通过这样的创设，儿童为自己打造了一个游戏场所。所有感能够鼓励儿童进行创造活动、解决问题和更持久地参与。因此，与其为儿童创造特别的地方，我们不如与他们一起去创设环境，这意味着儿童游戏环境的创设永远不会完全结束。通过持续地动态变化，开放性材料满足了儿童在游戏中多样的、不断变化的需求，促进了更加丰富的游戏形式的出现。

·提供"安抚物"，如饮用水、树荫、防风林和儿童尺寸的长椅和桌子。考虑儿童的情绪和心理需求，以及身体和社会需求。要知道，一些儿童可能更喜欢小组活动而不是大的集体活动。在必要的时候，安抚和鼓励他们。充分利用户外环境恢复、疗养和治疗的特质。对于一些儿童来说，平静、安宁的地方刚好可以缓解他们在生活中的其他方面遇到的压力。

·敏感地捕捉儿童的感受和焦虑，要认识到，有些儿童害怕某些特定的户外元素。例如，有些儿童害怕蜜蜂、蜘蛛和雷声，也可能害怕蝴蝶和鸟。还有一些儿童可能害怕参加追逐打闹游戏。与儿童私下谈论他们的感受，并逐渐引导他们更好地理解他们的恐惧之物，这通常很有帮助。

·提供在自然空间中进行探索和参与活动的机会。自然空间能够让儿童以一种在更有组织、更正式的环境中所不能实现的方式来探索环境和操作材料。

·与家长和治疗专家讨论儿童的恐惧、特殊需求和兴趣。就残障儿童而言，要了解哪种活动对他们尤其有帮助，以及哪种安排能够让他们参与更多的活动。

·为有身体残疾的儿童做出必要的改变，让环境适应他们的需求。以下是一些可用于实践的建议：①用木屑代替碎石或沙子，铺在地面上。坐着轮椅的儿童或使用脚支架的儿童在木屑上比在沙子或碎石上更容易移动。如果儿童摔下来，木屑还具有抗冲击性，让环境更安全。②在秋千架上绑上皮带或使用木桶椅，帮助有改变姿势或平衡困难的儿童。还可以使用适应轮椅的秋千，秋千平台上的折叠斜坡要能允许轮椅的进入。当荡起秋千时，夹子要能把轮椅固定住。③把滑梯嵌入斜坡的一侧，这能够消除台阶相对于滑梯的障碍作用，也能尽量减少摔倒所带来的受伤风险。④提供一个升高的沙盒与园艺区域，让轮椅中的儿童能够轻松使用。

幼儿的户外游戏场地应当是富有刺激的、安全的、令人兴奋的地方，应当反映和回应个体儿童的需求与兴趣。提供自然区域能够极大地提高户外游戏场地的游戏与学习潜能，因为自然为儿童提供了丰富的感官刺激，以及丰富的探索和参与的机会。

幼儿的户外游戏场地应当被设计为"特别的地方"——儿童可以体验到愉悦和兴奋的地方，儿童天然的惊奇感被重视和鼓励的地方。户外游戏场地应该可以被所有儿童使用，没有孩子被孤立在一旁，做消极的观察者。

第二节　整合幼儿园自然环境中的教与学

本节聚焦于自然环境中教与学的整合。虽然课程通常被分为不同的教学领域（例如，科学、数学、读写、社会学习等），但对幼儿—也许对所有学习者而言——整合的教学方式更有意义。我们生活的世界并未被分成独立的部分，这说明认知世界的方式也不应当被人为地划分成不同的学科领域。

我们在思考教育时，有时会犯一个错误，认为学习只是认知领域的学习和技能的培养。适宜的幼儿教育要关注幼儿在所有领域的发展，不仅包括知识与技能，还包括倾向和价值观。

一、什么是恰当的

听到早期教育者对于5岁以下儿童的学业目标是否适宜的质疑并不让人惊讶。许多教育机构已经为幼儿制定了学业目标和标准，这一既成事实给早期教育界造成了混乱和忧虑。

谈论幼儿的学业目标容易引起这样一种恐惧，即把不适合幼儿发展水平的课程强加给他们，从而对他们造成持续的伤害。戴维·艾尔金德'（David Elkind，1987）在他的著作《错误教育：处于危险中的学前儿童》（Miseducation：Preschoolers at Risk）中就讨论了这个问题。艾尔金德说，原打算给学龄儿童提供的教育被挪用于幼儿教育，那么错误教育就发生了。艾尔金德（1987：14）说，这种挪用的危险包括短期和长期的风险。就短期而言，儿童变得紧张和有压力；从长远来看，他们可能会有终身的情绪障碍，还可能会失去对学习的兴趣。

早期教育的最佳实践呼吁"儿童中心"的方式和基于儿童自发的兴趣、感觉和已有经验的课程。儿童中心的方式是基于对儿童自发学习的动力的尊重。然而，这并不意味着我们应当放开幼儿的学业目标。我们需要的是与幼儿的学习方式相匹配的策略。早期"指导"的错误教育"并不是因为它尝试去教，而是因为它尝试在错误的时间教错误的东西"（Elkind，1987：25）。

为幼儿设立早期学习目标是恰当的。为幼儿提供学业课程和早期教育的最佳实践通常被分裂和对立起来，但其实它们是可以被调和的——只需要将早期学习目标和用来实现这些目标的方法小心地与幼儿的发展和个体特征相匹配起来。经过仔细挑选的早期学习标准甚至可以被用来作为幼儿学习的重点。

标准或早期学习目标描述的是对教与学的期待。虽然它们可以在研发课程的过程中发挥一定的作用，但是它们也可以被错误地使用。它们除了有让儿童处于不恰当的压力之下的危险，过度聚焦于基于标准的教育还可能夺走教育中的乐趣和主动性。此外，一些早期教育标准和目标主要聚焦于认知学习而忽视了儿童的社会能力的发展、情感健康和"整体性"。

但是，这并不是一个"非此即彼"的情况。学业目标和发展适宜性实践并不一定是彼此相悖的，它们都可以与早期教育的最佳实践达成一致。丰富的、基于游戏的课程可以是一种落实早期学习标准与期待的恰当而有效的方式，虽然很有挑战性，但是一些教师已经开始实践这种有效的、具有创造性的教育方式。事实上，在"标准"一词被引入教育领域之前，教师就已经在利用每天的任务和生活常规来帮助儿童了解他们自己和周围的世界了。他们通过倾听和与儿童交谈来促进儿童的语言发展，通过阅读和讨论儿童图书促进儿童的早期读写能力的发展，通过为儿童提供丰富的机会让他们操作各种各样的操作性材料（水、沙、木头、草等）和工具（铲子、靶子、放大镜等）来促进儿童对物理世界的理解。

"良好"的早期教育实践支持早期学习目标。实际上，教师可以参考被精挑细选过的早期学习标准和学业目标来让儿童的游戏"更适合学习"（Gronlund，2006：11）。这需要注意以下事项：

·环境的布置；
·可用的材料；
·较长的探索时间；
·必要的教师支持。

在促进早期教育学习目标的实现中，教师要目的明确，但不能过多干预。他们可以通过设计与特定的早期学习标准和目标直接相关的活动以及提供相关的材料来实现。有时，这也可能包括教师发起的活动——但是很少有直接教学。

二、环境学习框架

户外自然环境是有意识地实现多种早期学习目标的非常理想的地方，其中包括环境学习目标。幸运的是，这些目标不需要一个接一个地或者独立地落实，整合性策略相对而言更加高效和实际。北美环境教育协会（North American Association for Environmental Education，缩写为NAAEE，2016）在《儿童早期环境教育项目：卓越实践指南》中使用了环境学习课程框架来有意识地促进儿童在各发展领域的成长与发展。框架包括六个主要领域：①社会性与情绪情感；②好奇与质疑；③环境理解能力；④环境认知能力；⑤责任感与关爱之情；⑥身体健康与发展。

以下是一些例子，用以说明自然环境中的游戏如何促进每一个环境学习课程领域的发展，以及早期学习目标的实现。

（一）社会性与情绪情感

在自然环境中进行游戏和探索能够为培养儿童的自信、创造力、合作能力、沟通能力和效能感提供许多机会。当儿童在"烹饪"活动中使用自然材料（叶子、种子、棍子和水）时，仔细观察他们，你就会看到儿童在共同合作的过程中分享观点，协商各自的角色，并展现出成就感。倘若再加以恰当的指导，儿童便能展现出对环境的尊重之心，提高对自然的欣赏能力，增进自己与自然的密切关系。

（二）好奇与质疑

自然环境所固有的丰富性吸引儿童进行探索和发现，从而改善他们的问题解决能力和对因果关系的理解能力。观察儿童在树旁发现和查看苔藓，他们最初被苔藓吸引可能是因为它很软，与树皮形成了鲜明的对比。他们开始好奇，为什么苔藓只长在树的一侧，或者它在没有根的情况下是如何生长的。经历了几天没有雨的炎热天气以后，儿童注意到苔藓变成了棕色。一些儿童建议，给苔藓浇点水，免得它死掉。他们拿来洒水壶，给苔藓"喝"了点水。第二天，苔藓又变成绿色了。一名儿童认为，给苔藓喷水拯救了它的生命，另一名儿童则说："也许我们只是把它叫醒了！"

在这个情境中，儿童在了解植物及其生长知识。他们正在获得关于植物生命的异同之处的新的理解。在这个过程中，儿童使用了自己的感官，提高了推理能力，并从中体验到了惊讶和欢喜。这些经验不仅有助于提高儿童的科学推理能力，还能培养儿童对自然界持续的兴趣与欣赏。一些研究表明，这种经历也具有其精神层面的意义（Cagle，2017；Schein，2017）。

（三）环境理解能力

观察自然界中的个别元素可以增进我们对环境的理解。例如，发现苔藓长在树上有助于儿童认识到，并不是所有植物的根都长到地下。对于环境的理解还与模式、系统和循环有关。例如，通过与动物互动，儿童发现，动物和人类一样，需要从环境中获得同样的东西。他们还会发现，动物有着和人类类似的生命循环过程，即出生、成长和死亡。

再多给儿童一点鼓励的话，他们就能通过绘画、绘制地图和记日记来表达或者记录他们对环境的理解。这明显与读写相关，有益于儿童。

需要牢记的是，幼儿往往以独特的视角观看和解释现象。例如，不同的儿童用不同的方式看待同一个现象，儿童的解释反映了他们各自的经验。还要注意的是，儿童对他们在自然界中所见所闻的解释，往往不会局限于科学的认知方式。儿童的解释通常更具有审美意义，而且包括了象征、比喻、精神和相关的认知方式（White，2015）。这些认知方式很可能会反映在儿童的绘画和其他与自然有关的经验和想法的表征中。关注儿童的成人可以通过仔细研究儿童的作品和倾听他们的解释，来窥见他们将其世界理论化的杰出能力。事实上，我们可以通过儿童的绘画而不是语言，更多地了解他们对于自然的解释，因为儿童"通常更擅长凭借图像和心理表征而不是词汇来进行思考"（Flowers & Carroll & Green & Larson，2015：858）。

（四）环境认知能力

观察异同、注意事物之间的联系和顺序、做出预测和进行总结等能够增进儿童对环境的探索。这些能力的发展需要有意义的背景，而这种背景常常在自然环境中已经准备好了。想一想如叶子和种子一样的事物。虽然很多植物都会长出叶子和种子，但是不同种类的植物彼此之间非常不同，它们还会随着季节的变化而变化。制作叶子拓片——有时是富有美感的体验——也是一种绝妙的方法，帮助儿童认识叶子的不同形状和图案。种植种子和观察植物的生长，不仅能够吸引儿童关注植物的生长顺序，也能够吸引儿童注意自然界的奇妙。

"科学活动"可以上升为一种精神上的体验，一种充满了敬畏和惊奇的经验。可以通过多种途径开展环境学习活动。我们既希望儿童发展观察、预测、下结论等技能，也希望他们体验惊奇与发现的快乐。鼓励儿童通过绘画和游戏来记录和分享他们的意外发现，可以帮助他们欣赏认识与体验自然界的不同方式。

儿童的发现通常从丰富的感官经验开始，如注意到太阳底下的岩石摸起来是热的而阴影中的岩石摸起来是凉的，一些植物散发出沁人心脾的气味而另一些则不能，落在窗户上的雨滴声和落在草丛上的雨滴声不同。虽然这些是感官经验，但它们也同样吸引儿童进行探索，并有助于促进他们的环境理解能力的发展。近距离观察就是这样一种能力，惊奇则是另一种。事实上，我们甚至可以将惊奇视作一种"生存技能"（Blake，2008）。"感到惊奇"对于补充我们的内在精神和重新点燃我们与地球之间的亲密之情是必要的。对如今这个忙碌而混乱的世界而言，这确实是一个合理的建议（Schein，2017）。

（五）责任感与关爱之情

当儿童与自然互动时，他们将理解，自己的活动会对其他生物产生影响。浇水会帮助植物生长，让鸟池里的水保持干净则能邀请小鸟到院子里来。观察其他生物并与之互动还能培养儿童的同情心和关爱之情。观察一只小鸟筑巢或者喂养"鸟宝宝"，可以培养儿童的保护意识。此外，园艺也可以培养儿童对自然的同理心。对二年级学生的研究表明，园艺不仅帮助儿童与植物建立关爱的关系，还让他们更加关心昆虫，并渴望保护它们（Fisher-Maltese，2016）。如果没有与生物直接接触的经验，儿童可能永远不会具备这种关爱自然的品质。

（六）身体健康与发展

自然环境是儿童的天然栖息地，能够让儿童获得整体性发展。我们知道，实现理想的健康状态需要身体活动，也需要户外自然游戏场所吸引儿童用多种不同的方式使用他们的大小肌肉。一项聚焦于小学儿童户外游戏行为的研究发现，能够就近接触到自然场所的儿童参与中高强度身体活动的频率，比场地基本被全部覆盖、附近也没有自然环境的儿童的参与频率要高10%以上（Pagels et al.，2014）。

让儿童参与种植和收获果蔬的活动是另一种使用自然环境促进儿童身体健康的方式。大部分儿童享受做园艺的过程，而且经常渴望品尝他们帮着种植的新鲜蔬菜。在童年早期参与园艺活动，还可以启发儿童未来自己种植蔬菜的兴趣。当然，园艺也是另一个了解自然界的途径，它还能被用于促进儿童的计算、测量、记录、比较等学业技能的发展。

三、利用自然元素进行学习

正如前言所提到的那样，环境教育（Environmental Education，缩写为EE）有时被描述为"在自然环境里学习、为自然环境而学习和关于自然环境的学习"，但是如果加上"向自然环境学习"，则更能进一步充实我们对于环境教育在人类以及人类与自然界的关系中的作用的理解。

也许，加上"利用自然环境进行学习"也能进一步丰富我们的认识。鲁尼（Rooney，2016）在讨论"利用（with）"天气进行学习而不是"关于（about）"天气的学习时，介绍了这一概念。她认为，"关于"天气的学习强化了"天气和自然界的其他元素独立于我们人类"这一观念。鲁尼（2016）说，现在已经到了重新思考人类和非人类之间更加相互交织且依存的关系的时候了。其他学者认同这一观点（Davis & Elliott，2014；Elliot & Young，2016；Hedefalk et al.，2015；Nxumalo，2017；Taylor，2017；Taylor & Pacini-Ketchabaw，2016；Wang，2017）。

鲁尼（2016）从最近关于儿童早期可持续发展教育的文献，和联合国教育、科学及文化组织（UNESCO）关于《可持续发展教育》（Education for Sustainability）的文献，以及澳大利亚政府发布的《早期教育学习框架》（Early Years Learning Framework）中借鉴了思考人类与非人类的关系的新方法。她还从"共同的世界"的视角借鉴了将世界视为由人类、非人类和其他事物所共享的地方的观点。从这种视角出发，天气被视为儿童与自然环境的其他元素之间复杂而亲密的关系中的一部分。这种观点与其他关于天气的普遍观点不同，例如，天气是生活中偶然发生的事物，或者是一种我们观察和记录到的事物，或者是一种我们尝试管理或保护自己免受伤害的事物。

鲁尼就如何帮助儿童"利用"天气进行学习而不是"关于"天气的学习提出了建议。她举了几个例子，如观察蛇和其他爬行动物如何在炎热的天气里到开阔的地方寻找太阳的热量，以及雨水如何把一些生物冲离它们原来的住所。她说，这种观察可以帮助儿童认识到，生物在某地的生活经历与天气有关。鲁尼提供的其他建议还包括：①让儿童在下雨或刮风的天气里行走，并注意自己的感官体验和情感；②帮助儿童与特定的场所建立联系，并定期带儿童来这里，以便让他们意识到风化在时间的推移中所发挥的作用。

鲁尼关于天气的建议可以被应用于许多其他的自然元素。与其进行"关于"自然的学习，儿童更应该被给予"利用"自然进行学习的机会。这对于幼儿教育工作者来说仍然是一个挑战。

四、整合环境与教学目标

儿童早期环境教育的另一些挑战包括寻找学业和兴趣之间的平衡，以及结构化的（教师主导的）和非结构化的（儿童自发的）活动之间的平衡。我们需要牢记在心的是，两者都可以选择，即学业和兴趣，结构化与非结构化的活动。采取整合的方法进行教与学，既有助于培养儿童亲环境的态度、倾向和行为，也有利于其他早期学习目标的实现。

（一）实现读写目标

一个将有关早期读写的环境目标与学业目标相整合的例子是，当儿童大声朗读的时候，他们对书和儿童读物表现出兴趣。虽然很多教师每天都在读故事和书籍，但他们经常在室内进行。在户外分享故事和书籍可以增加多样性和提高儿童的兴趣，也能培养儿童对自然界的兴趣。对一些故事和书籍而言，户外环境比室内环境更能提供有意义的背景。可以仔细选择一些与环境相匹配的书籍，例如，在一棵树下读关于树的书，在花园里读关于向日葵的书。还可以选择一些书籍来帮助儿童增进对游戏场地和场地周围的自然环境的认识，比如关于岩石、蚯蚓和蝴蝶的纪实类书籍❶。

在户外分享书籍可以面向一名儿童或一群儿童。在柔软的草坪上围成一圈坐下来，对参与小组故事会的儿童来说是令人愉悦的，但是其他特别的"聚会场地"也可以被使用，例如，坐在原木、岩石、树桩等上面就很有趣。儿童在户外的时候也许想自己看书，一把小小的儿童长椅对儿童来说便是一个独自或与朋友一起看书的好地方。

一些教师比较犹豫是否要将书籍带到户外，主要原因是担心书本被损坏。当然，书籍应当受到尊重，但是背包、篮子、手推车就能很好地将书籍从室内运到室外。

另一个通过投入自然环境可以实现的早期读写学习目标，聚焦于增强儿童对写作过程的兴趣和理解。你可以在一天的不同时段为儿童提供多样的机会来使用各种各样的书写工具和材料，从而促进早期读写学业目标的实现。这种机会不应当被局限在室内环境，多样的户外角色游戏活动可以促进儿童早期读写能力的发展——做"实地记录"或记日记、画地图、记录天气变化和植物生长都可以在自然环境里实现。

（二）实现数学目标

数学领域中的一个早期学习目标是根据不同的特质（形状、尺寸、颜色等）将事物进行匹配和分类。很多种类的自然材料（石头、贝壳、松果、种子、枝条等）正好有助于儿童这样做。自然材料刺激儿童的多种感官（例如，视觉、触觉、气味等）和兴趣，因此儿童往往对自己收

---

❶ [美]露丝·威尔逊（Ruth Wilson）. 幼儿园户外创造性游戏与学习[M]. 陈欢译. 北京：中国轻工业出版社，2019.

集的自然材料更感兴趣，而不是教师事先收集好的材料。自己收集材料的过程还可以帮助儿童将物品及其自然环境联系起来，比如松果和橡子都来自树上。

可以通过提供各种各样的托盘和其他用于展示材料的容器，来鼓励儿童对自然材料进行排序和分类。鸡蛋盒、鞋盒、分类托盘等就能很好地发挥这一作用。最好是允许儿童在整理和排列材料时，有机会发挥自己的创造力和实现自我主导。儿童总是渴望分享他们排列和展示材料的想法，因此倾听的耳朵总是受欢迎的。排列过程中，儿童与教师之间的对话有趣而且具有指导性。然而，谈话的范围和方向应当由儿童决定。

自然环境中的开放性材料可以帮助儿童学习向上、向下、后面、上面、下面、附近、旁边等空间概念。儿童的身体在空间中的移动（爬上木头、站在树下、从树叶堆中间跑过等）也可以帮助儿童理解这些概念。当儿童在户外环境里进行工作和游戏时，教师可以假装漫不经心地描述儿童正在做的事情。她们可以描述或讲述儿童表现出的有关空间概念的行为（"你从木头上爬了过去""雷蒙娜把松果放进了篮子里"）。

频繁操作自然材料可以培养儿童对测量以及比较物体大小的方式的理解。从大和小的初步概念开始，他们将逐渐理解更准确的比较关系（更大、最大、更长、更重、更小、更短、最短等）。有许多不同的方法可以促进儿童理解这些比较关系：

· 当儿童在操作物体和比较它们的尺寸时，不断地与儿童进行交谈；

· 示范测量和比较物体的方法——有时使用标准测量工具，有时使用非标准的参照物（"这片叶子比我的手还大"）；

· 提供不同的测量工具（尺子、秤等）；

· 用简单的图表记录测量的结果，尤其是测量儿童持续参与的活动中的事物（不断生长的植物、成熟番茄的数量等）；

· 鼓励儿童寻找方法（绘画、素描、图表等），记录他们在测量活动中所得出的结果。

（三）实现科学目标

自然环境还可以提供丰富的科学探索机会，因为那里有太多可以探索的元素和过程，以及各种各样的情境，有助于引发"如果……会怎样"和"为什么"的问题。其中，有趣的情境可以鼓励儿童自己解决问题。

首先，儿童在进行有目的的探索之前会进行大量的试误。通过与儿童一起观察、体验，并讨论材料的使用方式，成人可以鼓励儿童理解科学探索。当儿童进行探索时，成人可以向他们提出开放性问题（"你觉得这只动物住在哪里？""如果我们把这棵植物移到玩沙区，你觉得会发生什么？""你有没有注意到这条路上发生了什么变化？""你还能想出什么别的办法用这块板子来运输石头吗？"）。成人应当鼓励并积极回应儿童的问题和评论。挑战儿童的思考是可以的，但要怀着探索的精神和积极支持的态度——"你为什么认为马上就要下雨了？""你还有什么办法让那颗岩石待在原地？"

另一种促进儿童科学探索的方式是，鼓励儿童记录或呈现他们的观察和发现。儿童可以画出自己的经历，也可以画图表来记录自己的发现。

在自然环境中很容易实现的一个早期科学学习目标是，理解生物需要栖息地。虽然可以走动且有嘴和爪的动物对儿童来说有些可怕，但了解动物的栖息地和食物能够减轻儿童的恐惧并唤起他们的兴趣。观看视频和阅读书中的图片永远也无法让儿童真正熟悉动物。在观察蚂蚁、蚯蚓和小鸟时获得支持的儿童，会很快将动物与其对栖息地的需求建立联系。近距离观察也有助于儿童更加熟悉动物，并最大程度地减少毫无根据的恐惧感。

可以提供放大镜、望远镜、真的或假的照相机、带夹子的写字板、绘画材料、黏土等支持儿童的观察。成人仔细注意儿童的评论和问题并积极回应他们，也是一种支持儿童观察的方法。

教师可以通过设置鸟池和喂鸟器来促进儿童仔细观察小鸟，也可以为儿童提供小段的纱线和小团的棉花球，让他们在筑巢季节放到户外。曾有一名教师将一个鸟巢带进了教室，那是她去年冬天在自家后院救下来的，因为风把空鸟巢从树上吹了下来。她让儿童观察鸟巢，并列出建构鸟巢的材料清单。第二天，教师向儿童提出了一个挑战："你们可以做一个自己观察过的那种鸟巢吗？"教师和儿童收集了前一天列出的材料，儿童很热情地投入工作。没过多久，他们就深深地赞叹小鸟的筑巢技能和"天赋"。

（四）促进审美的发展

户外自然环境是促进儿童审美发展的理想场所，因为儿童在这里很容易就会发现审美的乐趣，而且喜欢与鸟、花、雨和树等自然材料互动。接触这些自然材料"让儿童在户外这个令人敬畏的、充满生命脉动的交响曲中，在身体和精神方面都更加愉悦"（Honig，2017：3）。

桑德拉·邓肯（Sandra Duncan）建议，在儿童与自然互动时，让孩子将自己视为采集者、观察者和创造者。作为采集者，儿童收集自然的礼物，如光滑的卵石，或脆脆的树皮；作为观察者，儿童会花时间探索他们的采集品并决定如何展示它们；作为创造者，儿童会通过雕塑、涂色和绘画等艺术方式表达自己对于自然礼物的感受和想法。把自然材料融入艺术活动中可以引发儿童注意自然的奇妙，培养儿童对自然之美的欣赏。

将艺术与环境教育结合起来的方法有时又被称为"生态艺术"。它已经被证明不仅能够有效地促进儿童审美能力的发展，还能加深儿童与自然界的联系（Flowers et al.，2015）。生态艺术通过培养创造性思维和问题解决能力来提高环境素养，它还与环境教育的几个教育学立场一致，包括直接经验和基于场地的学习（Song，2010）。此外，艺术提高了儿童参与和领会复杂概念的能力，同时促进了他们与物体和场所的情感依恋和亲密联系。"艺术有一种独特的能力，能够将儿童的大脑、手、心和他们所生活的自然环境联系起来。"（Flowers et al.，2015：847-848）

还有许多通过自然提高音乐欣赏能力的方法。关注自然的声音（由雨、风、昆虫、鸟等发出的），可以让听觉更加灵敏。使用自然材料制作音乐器材可以激发儿童对自然以及音乐的兴趣，同时还能提高创造力。风铃——可以用竹条或贝壳等自然材料制作——可以为户外游戏场所带来音乐。

"音乐与律动区"是自然探索教室中被推荐设置的区域，这基于两种认识，即"音乐和律动对儿童的健康发展非常重要"和"户外环境为儿童提供音乐实验和律动表达的理想场所"（National Arbor Day Foundation，2007：16）。自然在"音乐与律动区"中不仅是创造性表达的"环境"，也是灵感本身。

第三节　幼儿园户外创造性游戏与学习

一、从儿童的兴趣出发来规划活动

孩子们的兴趣是产生无限可能性的催化剂。在为无限的可能性进行规划时，我们将儿童视为有能力的学习者。为了追随儿童的兴趣进行规划，重要的是要在最宽泛的范畴内对这个观念进行概念化，即思考儿童认为什么是有趣的？我们所争论的儿童利益最大化，可能并没有充分地反映社会、消费者和某些家庭所认为的最重要的事情。同样重要的是，要警惕单纯地把关注儿童的兴趣作为激励学习的一种手段，从而帮助成人实现教育目标，而不是一起进行一次由孩子引领的旅程❶。伍兹（Woods，2016b）对

---

❶ [英]安妮·伍兹（AnnieWoods）等. 幼儿发起的游戏和学习[M]. 叶小红译. 北京：中国轻工业出版社，2020.

此进行了更深入的探讨，她强调将社会文化的过渡性视角、中介学习、引导式参与、共同注意和持续共享思维视为实现这一互惠性旅程的关键。孩子们的兴趣通常是重叠的，也与更广泛的人类兴趣相关，因此可以对孩子们共同感兴趣的主题进行开发和探寻。

考虑每个孩子所处的环境、社会和文化背景（Bronfenbrenner，1979），有助于我们理解，儿童的兴趣总是存在于其经验范围之内。因此，重要的是拓展他们的经验，向他们提供广泛的机会，使他们在自己生活背景的范围内产生兴趣。作为孩子成长环境的一部分，家长非常了解孩子的兴趣，也清楚孩子的兴趣是如何发展起来的。教师在发起开放的、持续的对话中扮演着重要角色。在对话中，一幅关于儿童兴趣的图景和对儿童兴趣的共同理解就会慢慢展现。同时，这也有助于消弭阿西（Athey，2007：201）所提出的"家长和专业人员之间的鸿沟"。教师的观察和沟通是非常必要的，它有助于我们阐述和了解儿童的兴趣图景。同时，要谨慎地避免对信息的误读，因为这些信息经过成人的层层解读过滤后会发生偏差。例如，我们可能将儿童的兴趣解读为他们对"卡车和拖拉机"感兴趣，而实际的情况是他们对旋转和转弯感兴趣。

仔细思考对儿童而言什么是重要的和有趣的之后，支持他们朝着可能的学习之路前行，我们可以鼓励他们提出"值得问的问题"（Rich etal.，2006）。"大问题"具有挑战性，也很有趣，它们能促进创造性思维发展，鼓励儿童在事物之间建立联系。这些"大问题"也会涉及普遍性问题和对概念的理解。为了创造让孩子们敢于问"大问题"的环境，我们必须避免一些"小问题"。作为教师，问孩子们诸如"这本书叫什么名字"或"我们昨天做了什么"之类的问题是虚伪的。因为教师已经知道了答案，孩子们会觉得这些问题是假的（Fisher，2008）。这类问题的荒谬之处在于，即使是在最肤浅的层面上随便听听或猜猜提问者的提问意图，孩子们也能找到问题的答案。假问题对儿童没有价值，只会侮辱他们的智商，使其形成不良的听说能力，并助长儿童被动或依赖的学习习惯。许多所谓的问题，实际上根本不是问题，更多的是教导，或是被包装成问题的一些行为管理策略。为了支持孩子们发现和追随自己的兴趣，我们需要通过让其体验感兴趣的事情，帮助他们发展问"大问题"的能力。作为教师，我们应该向孩子们提那种连自己对答案都没有把握，或有许多答案的问题。或者，我们可以提那种不期望得到明确答案，有时甚至根本得不到答案的问题。探索这些问题要花费几小时、几天或几周的时间，而不是几秒钟，可能需要进行许多不同方式的沟通。如果让孩子成为有着无限可能性的主体，我们所做的就不仅仅是创造让孩子们可以提"大问题"的环境，更是一个他们一定会提"大问题"的环境❶。

二、重视家长参与

（一）家长参与的益处

一直以来，家长参与孩子学习的好处得到了很多研究者的认可（Desforges & Abouchaar，2003；Goldman，2005；Whalley，2007；Allen，2011）。这些好处可以从儿童的发展上体现出来。家长参与不仅有利于儿童认知的发展，而且有利于儿童短期和长期的全面而完整的发展。怀特布雷德和巴西利奥（2012：28）总结道："例如，最近的研究表明，家长与婴儿互动的敏感性和回应性可能对促进婴儿实现自我调节所需的心理系统的发展有重要作用。"这与蒂泽德和休斯以及特里瓦森（Tizard，Hughes，& Trevarthen）的研究结果非常接近。家长和家庭、教师和幼儿园作为一个整体，都将从有效的家长参与中获益。惠勒和康纳（Wheeler & Connor，2006）将这种三方关系比作一个三角形，所有组成部分对三角形牢固的贡献是相等的。但是，他们认为，这三个要素中的一个要素如果受到威胁，就会对另外两个要素产生负面影响。这种威胁可能以多种形式出现。对家长来说，这种威胁可能缘于自己要离开孩子而产生的焦虑，对孩子的发展、成绩和学习结果的焦虑，也有可能是对工作和财务状况的担忧。对教师来说，这种威胁可能是因为幼儿园没有采用有效的监管去支持教师的工作。对孩子来说，威胁可能来自与家长分离的压力。

在讨论需要家长参与的原因时，斯帕贾里（Spaggiari）解释说，这来自"家长对自身成长、孩子成长和有意义经验的渴望，以及对因'施与受'而获得的充实感和帮助的渴望"（cited in Gandini，1998a：106）。这让我们清楚地认识到，让家长参与规划儿童的学习可能性，不仅是在为儿童的发展增值，也是在为家长的发展增值。家长作为儿童家庭背景中的一部分，我们在为他们投资时，其实也在为作为个体的人投资。这是一个需要考虑的重要因素，也许是一个我们还没有意识到的因素，但通过让家长参与，我们正在对整个家庭产生影响，从而促使布朗芬布伦纳生态系统中的要素有活力地相互作用。

促进个人成长和给家长赋权的观念是非常重要的。有人发现，充分地

---

❶ [美]朱迪斯·范霍恩，帕特里夏·莫尼根·努罗塔. 以游戏为中心的幼儿园课程[M]. 第6版. 史明洁译. 北京：中国轻工业出版社，2017.

吸纳家长和家庭参与决策，识别自己的需求，而不是"给"家庭提供东西或"为"家庭做事情，这样的幼儿园在家园合作上是最有效的，因为他们改变的是作为动因的家长（Sheridan et al.，2004）。斯旺森等人（Swanson et al.，2011）发现，如果教师支持家长的自我效能感，家长就更有能力在日常生活中为孩子提供自然的学习体验。这个结论也得到了史密斯等人（Smith et al.，2009）研究的支持。他们发现，高质量的幼儿园中的2岁孩子，其家长的养育技能和亲子关系会随着孩子入园时间的增长而得到改善，他们将越来越有能力提供富有刺激的家庭学习环境。

为了让孩子们更有效地学习，就要让他们在情感上感到安全，而这种安全感来自他们周围的成人和环境。在幼儿园中，孩子们需要有时间和空间与教师形成强烈的依恋感。如果孩子在幼儿园中看到自己的家长与幼儿园的工作人员，尤其是与他们的关键人'（key person）形成积极的、相互尊重的关系，他们就会以更快的速度与教师形成依恋感。在这里，关键人的作用是确保孩子感到自己受到重视，他们是家长可以与之交流孩子情况的对象（Elfer et al.，2012）。他们之间可以分享各种与孩子有关的事情，从孩子前一天晚上睡得怎么样，到第二天早上在去幼儿园的路上孩子问"鸟为什么会长翅膀"。除了这种交流外，还需要考虑到情绪，"关键人的工作应该有助于孩子管理各种情绪"（Elfer et al.，2012：35）。处理情感关系是件很复杂的事情，只有非常有能力的教师才能胜任。

我们也要考虑由国家照护的儿童，其中包括寄养的儿童，以及国家正在以收养的形式帮他们寻找新家长的儿童。当我们考虑这些儿童时，我们要与儿童身边的团队合作，一起为儿童的发展与学习进行规划，这一点是非常重要的。这些孩子的生活往往是动荡不安的，幼儿园可能是其生活中唯一稳定的地方，因此他们与关键人的关系就变得非常重要。这里的关键人可以确保其他人了解目前孩子对什么东西感兴趣；对他们而言，目前什么东西是重要的；他们进行过哪些方面的探索。通过分享这类信息，同时寻求与其他专业人员的对话，我们就可以支持儿童的想法，并确保其学习的连续性和不断进步。

《艾伦早期干预评论》（The Allen Review of Early Intervention，Allen，2011： xvii）指出，有必要让家长参与早期干预项目，这些项目是支持我们未来几代人的"社会情感基石"。艾伦认为，这种支持早在孩子上学之前就开始了。了解子宫里孩子的需求，我们就能在生活中给孩子提供最好的支持。而且，这种支持应该在整个童年时期一直持续。

（二）参与的可能性

在家里的学习对儿童的发展也极其重要。西尔瓦等人（Sylva et al.，

2004）指出，家长对孩子做了什么，比家长是谁更重要。这是西尔瓦等人（2004）的重要发现，也是帮助我们理解如何与家长合作的关键点。它告诉我们，家长的行为和家庭为孩子所做的准备对孩子认知发展的影响要大于家长的社会经济地位和教育水平。西尔瓦等人（2004）的研究还发现，孩子在家里可以获得多种促进认识发展的经验，如分享故事、韵律、诗歌和歌曲，玩字母游戏，烹饪。另外，带孩子外出参观，定期让他们与其他孩子一起玩耍，也有助于认知发展。幼儿园可以采用多种方式改善亲子活动要素，我们将在本章的后面部分进行探讨。

许多早期教育课程中都深深地植入了家长参与的理念。新西兰幼儿教育课程（1996）提出四个指导原则，其中之一是家庭和社区。受布朗芬布伦纳生态系统理论（Bronfenbrenner，1979）的影响，微观系统中的家庭与幼儿园之间的相互作用，可以在"家庭和社区"的指导原则中得以体现。关注幼儿园如何以互惠的方式与家庭打交道，考察我们与孩子、家长相处的过程中怎样发展和维持家园之间的互惠关系，就能让我们从这种工作方式中受益良多。这种关系始于家访（早在孩子进入幼儿园之前），当我们定期提供正式的和非正式的交流机会，跟家长谈论孩子的兴趣、当前探究的线索、照护的需求、整体发展和学习需求等问题时，这种关系就得到了维持。

人们通常认为，家访太耗时、太冒险，也不太受家长欢迎。然而，家访可以被视为教师与家长建立平衡、互惠的关系的第一步。家访应该有一个明确的重点，这个重点可以在家访前由幼儿园和家长一起决定。通过电话与家长交流关于家访的事宜，不应只涉及与家访有关的实际事务，也应该向家长表达你作为教师希望达到的家访目的：了解孩子和家长在家里时喜欢一起做的事情；收集与孩子、家庭有关的信息；创造机会，与家长聊聊他们希望自己和孩子在幼儿园的收获；最后，家访要确保孩子顺利地从家庭过渡到幼儿园。在家访时，很重要的一点是，你要让家长感觉到自己被倾听了，觉得你将他们视为了解孩子的专家。另外，还有一些简单的策略，比如带上照相机，拍摄孩子与家人在一起的照片，并将这张照片与其他孩子的家庭合照一起贴在入口大厅的欢迎板上。这样就能营造出"这个地方属于我和我的孩子；我们是受欢迎的；我们是这里的一部分"的精神氛围。你如果在家访时记住了孩子喜欢做什么，那么在开学第一天就让孩子做这件事情。这向家长传达了一个信息，即你很认真地倾听家长跟你分享的事情，并做出了回应。如此，家长未来与你分享更多信息的可能性就会增加，从而朝着今后共同为孩子进行规划迈出了第一步。

在新西兰幼儿教育课程中，用学习故事记录儿童的学习（Carr，2001）

展示了家长、儿童和教师之间的三角关系，他们在一起积极地讨论学习（Cowie & Carr，2009）。许多幼儿园开发了精彩的学习之旅，使其成为促使家长融入儿童学习的"催化剂"。应该鼓励家长在方便的时候陪伴孩子，通过多种方式在持续的基础上做出贡献，同时感受与孩子、教师共同拥有的一切。

三、创造性游戏

重视自然游戏，首先要理解创造性游戏在幼儿生活中的价值。除了爱和保护，幼儿最需要的是进行真游戏的时间、空间和材料。儿童通过游戏了解自己和周围的世界，通过游戏获得胜任感，并在社会、文化和物质环境方面收获无价的发现。儿童在童年早期需要学习的大部分内容都无法被教授，儿童只能通过游戏去发现它们。

游戏不仅是童年早期重要的学习方式，也是儿童的快乐源泉。事实上，游戏几乎是"快乐童年"的同义词；缺乏游戏将导致健康的儿童变得令人担忧（Siviy，2016）。然而，有些成人认为，创造性游戏没有太大的价值。他们可能认为，扮演游戏确实很可爱，但不如学习读写那样有教育意义。成人有时会好奇："儿童玩扮演游戏难道不是在浪费时间吗？难道他们不应该了解'真实的'世界，而非'想象的'世界吗？"

答案是一声响亮的"不"！

儿童想象的世界帮助他们学习我们称之为"真实的"世界中的许多重要概念。扮演游戏的一个基本概念，是理解一个事物可以代表另一个事物。例如，棍子可以是魔杖，小石头可以是鸟蛋，儿童自己可以是兽医或野生生物摄影师。乍一看，这可能没什么。但是，阅读、书写、绘画、绘制地图、理解和表达想法、计划未来等关键技能都涉及我们用一个事物象征（或代表）另一个事物的能力。这种通过创造性游戏便能轻松获得的技能，对儿童未来的学业成功十分关键。能够在角色游戏中熟练运用象征方法的儿童，更容易接受和使用与数学、阅读和书写相关的符号（Bilton，2010）。

那种认为游戏和学习二元对立的观点是错误的，因为游戏对幼儿而言是学习的途径（Bohart & Charner & Koralek，2015）。作为教师和父母，我们有时需要注意到，"自由游戏和由成人指导的游戏一同被称作'游戏化学习'，它是一种让儿童以富有乐趣和意义的方式进行学习的教学工具"（Hassinger-Das & Hirsh-Pasek & Golinkoff，2017：46）。

我们不能教授象征的概念，儿童需要自己去发现和体验。创造性游戏是一种能够让儿童在童年时获得这种概念的合适的媒介。儿童在玩创造性游戏的时候，也会获得其他的概念和技能。他们使用自己的感官，探索周围的环境，解决问题，并把经验内化到思维体系中。

创造性游戏对于儿童社会性发展的益处，包括学习分享、合作、轮流和协商。当儿童参与社会性游戏时，他们将体验到不同人的不同性格、脾气和做事方法。通过这个过程，他们更加了解自己和他人，并学会换位思考。

在与同伴玩假装游戏时，儿童经常帮助彼此集中注意力，从而始终处在角色里（Stephens，2009）。比如，一个孩子假装自己是一条狗，那么他就必须将自己控制在"狗的角色"里。儿童经常提醒彼此如何做到这一点。因为游戏激发了他们的热情，为了不终止或破坏游戏情境，儿童经常会练习自控，学着与搭档或团队合作。

父母和教师表现出对想象游戏的积极态度十分重要。儿童在任何时候都不应该因为玩角色游戏而受到批评或打击。曾有一名儿童因为假装海豚而被教师训斥"演得很傻"。即使已经到了进行另一个活动的时间（比如，午餐、放学等），这名儿童的游戏也不应该被贴上"傻"的标签。教师应该用更恰当的方式进行回应，比如，对儿童说："迪恩，你关于海豚的想法很有趣，也许你可以明天告诉我更多关于海豚的事情。现在，你得洗手准备吃午饭了。"

还有一些父母和教师犯了另一种错误。他们关注儿童在创造性游戏中的行为，然后试图掌控或主导游戏情节。他们的目的是拓展儿童的学习——加入更多的信息（事实），让儿童收获更多的学习成果。成人错误地认为，这能够让儿童的学习经历更丰富。

成人在参与儿童创造性游戏活动的过程中有时确实会促进儿童的学习，但当成人成为儿童游戏的"主角"时，这便很少发生了。成人的态度和行为应当让儿童感到自己是一个有能力的、有趣的、有创造力的个体，而成人掌控儿童自发的活动并不能传递给儿童这样的信息。成人可以为游戏提供材料和主意，但儿童应当被允许保持自己的主导地位。特别是对于角色游戏和其他的创造性活动而言，这一点尤其重要。作为成人，我们应当控制住自己想要"教"儿童如何游戏的念头。儿童的脑中有游戏的动机（Siviy，2016），这似乎与进化有关。

对动物的研究发现，游戏，尤其是追逐打闹游戏，能够促进大脑的早期发育（Hassinger-Das et al.，2017）。游戏让幼鼠的大脑更适合未来的生活（Pellis & Pellis & Himmler，2014），对其社会技能和执行功能（例如，注意力、记忆力和计划能力）的发展似乎尤为重要。爱嬉戏的幼鼠比不玩游戏的幼鼠在社会情境中的行为更恰当（Burgdorf & Panksepp &Moskal，

2011）。这些发现提供了游戏促进儿童的社会功能和大脑结构发展的潜在模式（Hassinger–Das et al.，2017）。

《联合国儿童权利公约》（United Nations Convention on the Rights ofthe Child，缩写为UNCRC）承认，游戏是儿童的基本权利之一。《公约》第31条声明，儿童"有权享有休息和闲暇，从事与其年龄适宜的游戏和娱乐活动"。保护和支持儿童的这项权利是成人的责任。

第四节　开发游戏为中心的幼儿园课程

一、游戏和发展的建构主义理论

在历史上，人们曾经试图理解人类如何从弱小的婴儿发展为具备各种能力的成人。在西方，这曾经引起有关"遗传决定论"和"环境决定论"的争论。"遗传决定论"提出成人的能力存在于婴儿的基因之中，只需要培育就可表现出来。"环境决定论"认为成人的能力是通过经验形成的，而且这种经验是以成人的形式反映出来的。建构主义涉及遗传论和环境论这两种理论。

建构主义出现在19世纪晚期和20世纪早期，它认为在社会和物质环境中发展着的儿童通过每天应对挑战来探索和适应环境。此外，它还认可游戏在儿童发展中的核心作用。在本章中，我们主要学习四位"经典"的建构主义理论家的思想，并探讨这些理论如何通过以游戏为中心的课程，帮助幼儿教育工作者理解并支持儿童的发展。这些理论家是：让·皮亚杰（Jean Piaget）（1896—1980）、列维·维果斯基（Lev Vygotsky）（1896—1934）、乔治·赫伯特·米德（George Herbert Mead）（1863—1931）、埃里克·埃里克森（Erik Erikson）（1902—1994）。

这些理论家有着类似的建构主义思想来源。实际上，这个相似的来源反映在他们的书名之中，比如米德（1934）的《心灵、自我与社会》（Mind，Self， and Society），埃里克森（1950/1985）的《童年与社会》（Childhood and Society）、维果斯基（1978年出版的英文版）的《社会中的心智》（Mind in Society）以及皮亚杰的论文（1995年发表的英文版）《社会学研究》（Sociological Studies）。他们的理论差异在很多方面反映出他们生活的时间、地点以及他们的兴趣、背景和专业教育（Beck，2013）。最重要的是，这些理论反映了这些理论家就人类如何发展所提出的具体问题。

二、以游戏为衷心的科学课程

（一）游戏有助于科学认知的发展

尽管科学教育一直是以游戏为中心的幼儿教育课程的暗含部分，但是许多幼儿教育者由于缺乏科学背景，因此不能把课程与科学有机地联系起来。在一个丰富的、以游戏为中心的课程中，思维缜密的教师应该具有平衡游戏与教师计划的活动的能力，并能够清楚地区分教师计划的活动和儿童自发的游戏。

那么，教育者面临的一大挑战就是将基于幼儿自身兴趣的、以游戏为中心的课程与更正式的、教师组织和主导的科学课程连接起来。在本章，我们将厘清游戏与科学之间的关系。许多任课教师选用一些资料书或科学课程资料中现成的、较有深度的调查项目、主题和单元。尽管这些是非常好的科学课程，能够推动指导性发现的发展，但是这些课程大都不是幼儿自发的和基于幼儿自身兴趣的。从这个意义上来说，它们只代表了幼儿科学教育课程中的一小部分。

在设计以游戏为中心的课程时，我们强调儿童自发的游戏与教师指导的、主导的游戏并重。科学教育课程是以游戏为中心的课程的不可或缺的组成部分。教师可以使家长、其他教职员工和管理者看到，传统的以游戏为中心的课程在科学教育上是多么的丰富。另一个目的是指出教师如何扩展基于游戏的科学理念与实践，而这些理念与实践产生于教师指导的游戏、教师主导的游戏和儿童自发的游戏背景❶。

幼儿试图学习外界知识，并弄明白事物是怎么运转的，这应该成为科学课程的中心。传统的科学教育通常包括自然科学，例如生物学、化学、物理学、地球和宇宙知识，以及最近的环境科学。现在已经发生了变化，现在的科学教育包括工程、科学及技术。

工程（engineering）并不仅仅局限于那些工程师所做的事情。科学教育中的"工程"意义更加广泛，它指为了解决特定问题，由一定人员参与其中的系统的实践行为。幼儿可能会参与到建造一个斜坡，让小汽车跑得更快这样的工程实践中。同样，他们会用工程实践的办法来研究怎样让秋千

❶ [美]朱迪斯·范霍恩，帕特里夏·莫尼根·努罗塔. 以游戏为中心的幼儿园课程[M]. 第6版. 史明洁译. 北京：中国轻工业出版社，2017.

荡得更高，或者什么时候一起建造沙子城堡等问题。

技术（technology）在幼儿科学教育中也具有更广泛的应用，通常用来描述人们试图解决问题时用到的特定的系统和流程。此处的技术比通常所指的智能黑板、电脑、智能手机等工具有着更广泛的应用。它包括人们发明和使用的所有工具。

幼儿时期是幼儿学习使用各种工具的阶段。幼儿在使用自己文化背景下的工具的过程中习得能力，例如学习使用叉子或筷子吃饭。的确，幼儿教育家将大部分时间用来教幼儿学会使用技术，例如用剪刀剪东西、用铲子挖坑、用手握着铅笔写字。水我们乐于看到这种改变，它会扩大我们对科学的认知。在幼儿自发游戏中，工程和技术是时常被忽视的却非常重要的一个尺度。尽管这一框架和标准并没有将学前儿童和每一个K-12年级的学生都纳入适用范围，但是所有的幼儿在游戏和日常生活中都会接触到工程和技术。而且，这些幼儿在游戏中并不会把科学、工程和技术三者割裂开。当我们观察幼儿在学校、家庭、社区进行自发游戏时，我们能看到许多科学、工程和技术相结合的例子。

综合性的游戏课程是发展适宜性的幼儿科学教育的基础——科学既包括传统意义上的自然科学，也包括工程和技术。本章将从一次科学家参观幼儿教育的环境开始，分析室内和户外的活动带来了多少机会使儿童参与到科学中。

（二）科学、游戏和儿童发展

在发展适宜性的科学教育课程中，教师对他们所教的孩子的发展有了更多的了解。4岁的麦迪逊和7岁的塞缪尔的兴趣点是什么？我们该怎样描述他们处于发展中的对周围物理世界的不同理解方式？

在开发幼儿科学教育课程的过程中，教师们发现建构主义理论对于观察幼儿在具体环境中的经历、解读幼儿的兴趣和反映方面有很大的帮助。皮亚杰著作中的观点和当代认知科学家都认为，幼儿进行科学实践的方式（如实验）与成人完全不同（Piaget，1965a）。例如，儿童可能会用黄色颜料和蓝色颜料来做实验，调配出一定色度的绿色，但他们的实验方法是不系统的。幼儿不会像成人那样一点点地加入蓝色颜料再慢慢调匀，他们可能会加入不同量的或别的颜色的颜料，这样就会产生很多变化。同样，幼儿可能尝试不同的方法，使用不同的重量来让一个平衡木保持平衡，但他们的努力是尝试性的、会犯错的，而不是有计划的、综合性的。

通过对儿童认知水平发展的进一步观察，我们能更好地理解幼儿为何不能完全以成人的方式理解许多科学概念。幼儿的能力不尽相同，而且经常被低估，需要一定的时间才能形成成熟的科学思维。科学思维涉及分析的能力、提出假设的能力、做出推论和演绎的能力。幼儿很难以这种成人的方式进行科学实践。幼儿的演绎推理还不能像成人或青年人那样，在思考过程中具备概括性应用。正如前面的例子所示，儿童的思维是以自我为中心的和充满感性的，他们难以理解一段时间内发生的一系列事情的方方面面❶。

皮亚杰（1965b）在《儿童的物理因果关系的概念》（The Childs Conception of Physical Causality）一书中，描写了儿童对影子概念的逐步理解。他通过研究发现，多数幼儿都认为影子是物体本身的产物。当他问年幼的儿童关于影子的问题时，幼儿通常会告诉他书旁边的影子其实就来自这本书。而年龄大一点的儿童和他谈话时基本上开始理解影子和光源的关系。直到孩子进入童年中期，他们才能清楚地解释影子是光线被物体挡住之后的产物。

这并不意味着我们可以低估幼儿的能力，忽视他们的兴趣，然后消极地等待他们自己成长。影子的例子很好地说明了这一点。许多幼儿在自发游戏中展现了他们对于影子的丰富想象力，比如他们玩的和"影子手"握手的游戏，以及"踩影子"的游戏。经验丰富的教师发现，教师指导的游戏和教师计划的活动也能够像自发游戏那样激起孩子们对于影子的兴趣。

工科学家和建构主义发展理论者都强调历史、文化以及社会背景的重要性，无论是在儿童的家庭、学校、社区层面，还是在国家、民族和全球层面。儿童科学学习的发展与所处的社会和文化环境是分不开的。维果斯基（1978）指出，家庭、学校和社区是每个孩子发展的不可缺少的一部分。在所有的文化和环境中，儿童都会有一些经历，对某些科学过程、科学概念和科学内容知识的发展起到推动作用。

例如，城市的家长和教师更倾向于给孩子提供各种各样的积木玩具。在城区的珍妮特幼儿园里，大多数儿童自发的游戏都与工程实践有关。孩子们用积木建造起城市，有公寓楼、办公楼、商场、火车站，还有高速公路。他们能看到离他们幼儿园一个街区之外，一座办公楼正在兴建之中，身处这种环境中，他们所问的问题反映了他们对于工程和技术的理解。他们描绘的都是吊车和脚手架。

相反，住在距离城市80公里开外的农场里的儿童对地球科学和生物科学更感兴趣。与城市里的儿童相比，他们对生命周期有更深入的理解，对土壤和天气也有不同的认识。

---

❶ 梅纳新. 幼儿园教育实践活动指导[M]. 长春：东北师范大学出版社，2017.

我们发现，如果孩子与自然世界有更多的接触，同时他身边的亲密的成年人和同龄人愿意与他分享社会知识，那么他的认知水平通常会发展得更快一些。随着心智的进一步成熟以及与自然界和社会的进一步接触，幼儿的思维方式在不断变化之中。我们需要把科学教育项目建立在儿童已有的知识和现有的思维方式的基础之上，为进一步巩固儿童未来的发展提供更多的经验。

（三）游戏生成的科学课程与科学课程生成的游戏：建立联系

认识到游戏在儿童发展中的作用之后，我们首先要考虑为自发游戏提供一个具有丰富可能性的环境。这有别于那些从特殊的科学概念入手，然后再考虑为孩子们提供机会去探索这样的科学课程。教师在计划以游戏中心的课程时，通常以游戏本身的连续统一性作为框架。我们先来看看始于儿童自身兴趣的、由游戏生成的课程。

1. 游戏生成的科学课程

我们怎样才能增加儿童参与科学和工程的机会？我们在什么情况下去干预以及怎样干预？哪些因素最能支持儿童学习科学和工程的实践、概念和内容？这些原则构成了一整套游戏干预策略，其中包括设置游戏环境、指导游戏、教师发起游戏。为了丰富科学课程，我们使用的策略应该回到游戏本身，以及游戏所蕴含的可以进一步促进科学探索的意义。

设置通过自发游戏了解物理世界的环境：以游戏为中心的课程的基础是要有一个具有多种开展自发游戏的可能性的场所。对教育者来说，设置这样一个拥有探索科学的丰富机会的场所是一项极具创意的挑战。它需要仔细地计划，以确保每个孩子都有机会玩各种各样的材料。颜料、黏土、拼贴的材料、不同形状和大小的积木、土壤、沙子、水、攀登工具、植物、动物、一系列人工或天然的工具，这些花样繁多的玩意儿都可以作为以游戏为中心的教育项目的材料。

以游戏为中心的环境是很有弹性的。物理时间和空间都可以根据游戏的具体情况而做出改变。也许这一周以来，孩子们每天到学校就开始用大块积木来搭建复杂的建筑。他们的教师很有可能延长玩积木的时间，并提供更多的空间和道具作为补充材料。有创意的教师和家长经常会寻找免费的材料和再生材料作为道具。当这些小小的工程师需要大块的积木作为桥梁来连接两个高塔时，他们会怎么办？我们观察到有一个班的孩子把大小不一的奶粉罐捆在一起作为搭桥梁的积木。

同样，一个幸运的农村班级也有了新的探索科学的机会。拉塞尔的父亲从附近的河边给幼儿园拉来一车粗沙，家长们用这些粗沙建造的沙石坑为孩子们进行想象力活动提供了开放的舞台。一些孩子玩了好几周的筛沙子、挖洞的游戏，还研究了干沙和湿沙的区别。另外一些孩子则玩起了工程建造的游戏。

鼓励儿童进行更深入的室内外环境探索：最初的环境布置好之后，教师们开始观察儿童在自发游戏中的表现，并根据他们的表现来改变环境布置，这样可以使儿童在游戏中扩展科学探索的深度。就像跳舞一样，教师也会不自觉地卷入这一富有创意的游戏过程。

幼儿园有一些孩子在教室里用积木建高塔。如果在附近放上一套桌面积木，那么或许能更好地让儿童参与到新的工程探索中。杰里和艾丽西亚展示了他们拓展后的对蜗牛的兴趣。

在游戏中与儿童互动：从儿童的视角来看，对他们所实施的科学教育经常以一种无声的方式进行交流。教师以一个微笑去回应儿童投来的疑问的目光，这便构成了一个非语言的交流。儿童在一个积木高塔上搭了很多的积木，试图保持平衡，这种情形便是一种科学的对话——"你要这样做的话，高塔就会倒塌。""是的，我也感到很奇怪。"

在自发游戏中，教师通过扮演艺术家的学徒的角色，努力让儿童集中注意力，这样做游戏区才不至于显得凌乱不堪。在教师指导的游戏中，教师也有可能扮演平行游戏者的角色，与孩子们挨着坐在一起。如果教师真的很享受和孩子们一起探索和游戏的时间，比如玩沙子、搭积木、拼贴材料，那么他们在自发游戏中表现出来的兴趣、好奇和专注就会传递给孩子们。如果教师在游戏中很投入并展现出真正的兴趣，那么就能避免产生一种孩子们可能会模仿的僵化模式。

拓展游戏生成的科学课程：游戏生成的科学课程在自发游戏、教师指导的游戏和教师主导的游戏三者之间来回游走。

当儿童完全沉浸在自发游戏中时，教师可以借助科学资源材料和课程，找到进一步拓展和丰富游戏的办法。在有风的一周，孩子们在院子里一边跑，一边挥舞着丝巾，他们的老师找到了有关天气和风的资源，包括制作风筝和降落伞活动。

教师做出拓展游戏的决定，受孩子的精力和当前的兴趣所驱动，因此时机最为重要。拓展基于游戏的科学课程不是受科学教学框架和教学标准所驱动。这一章中的案例展示了教师怎样以一种社会认可的方式（如科学和工程）支持儿童的自发游戏。

2. 科学课程生成的游戏

在以游戏为中心的课程中，教师会有意地去探索课程促进游戏的方法。科学课程强调深度，要通过整年的和跨年级的探究去促进孩子认知的发展，而不是简单的不相干的日常活动，因此，游戏课程与科学课程之间的连接应该是无缝的。对真正问题的探索最有可能在孩子们接下来的自发游戏中显现出来。如果科学课程适宜于儿童的发展阶段和兴趣，那么儿童在活动中就会重现他们正在学习的内容。

三、以游戏为中心的艺术课程

有效的艺术课程既会利用艺术来支持儿童游戏，也会利用儿童游戏来支持艺术因为游戏贯穿于整个幼儿教学活动中，当然也包括艺术活动。尽管传统意义上我们认为游戏服务于艺术（应该发现浅绿色里含有绿色），但是同样重要的是，在幼儿教育机构中要确保艺术服务于游戏。为了达到这一目标，教师必须时常走进幼儿的游戏世界，并将实施艺术活动的基础材料和道具带入其中。

（一）进入幼儿的自发游戏世界

当游戏进行不下去的时候，教师可以通过介绍一种新的材料、游戏道具或者改变游戏环境，进入幼儿的游戏世界。有时候教师可能是自发的，有时候也可能是出于幼儿的需要或请求。有时候教师可以直接介绍或者示范新的道具和材料，有时候教师可以不这么做。在什么环境下这些变量会出现呢？且又是什么从根本上推动教师进入幼儿的游戏世界呢？

自发游戏往往具有"假装"的性质（"我是妈妈，你是宝宝。""看！我是一只小狗！"）。教师可能会有所顾虑，认为只有具备戏剧表演技巧，才能进入幼儿的游戏，而对于这些技巧，他们还没有准备好。对儿童游戏做过细致观察的教师知道，即使是一些简单的道具和环境的变化，也可以激发幼儿更为复杂的假装游戏。她也许会拿起一个玩具电话，用游戏的口吻打给"急救人员"。她也许会在急救臂章的小道具上加上一个红十字，在肩章上写上"警察"，或者需要少量的雪纺围巾或透明的窗帘。在这种情况下，幼儿很少说出需求，而是会及时抓住一些间接的线索生成新的情节，将那些道具整合到不断发展的游戏之中。英国戏剧教育家多萝西·赫斯克特（Dorothy Heathcote）曾使用这种间接生成情境的方法，为戏剧或戏剧游戏提供了新的、详细的方法。

为了刺激幼儿参与游戏并将注意力集中在图形艺术上，教师可以引入新奇的绘画工具。比如，海绵可以激发幼儿对形式和质地进行创造。滚筒可以让幼儿对纸的整个表面进行涂画，而不仅仅是局限在中间某个地方。通过演示如何用刷子给海绵和滚筒上色，而不是直接用这些工具蘸颜料，教师可以帮助幼儿更好地掌控自己的作品。通过利用这些精妙的辅助材料和技术，教师可以帮助幼儿创造一个新的假装的世界。

在戏剧表演游戏中，教师帮助儿童用纸制作自己的超级英雄斗篷，而不是直接用他3岁时穿过的斗篷。把建构艺术引入表演游戏中，教师就可能再次进入幼儿的游戏世界。教师要确保为幼儿提供的绘画、裁剪和涂鸦工具方便拿取，这样这些材料就可以辅助表演性游戏和想象游戏更快地开展。

有时候幼儿在表演游戏中会寻求教师的帮助，也许是要一些新的道具——"我们需要可以把我们藏起来的东西"。这时教师就可以提供毯子、旧床单、地垫、大块和小块的积木。也许有时他们需要技术支持，比如用沙子建造一个网状的隧道。事实上，一个幼儿的技术需求会变得非常精妙。"这个沙坑里有宝藏，我们需要一个藏宝图"，这或许要求教师成为一个"艺术家的学徒"，帮助幼儿建构一个由湖、人行道、桥梁、高速公路组成的交通网，或者设计相关的图标，比如骷髅头和交叉骨形的标志、"危险""绕行"和其他提示标志。

（二）使用艺术品

在教室环境中把艺术品融入游戏并不难。例如，在明亮的、晴朗的日子里，我们可以将熟石膏和蛋彩画颜料在纸杯里用水混合后制成粉笔（当然，一定记得要将干粉料混入水，这也是出于安全使用粉末的考虑），然后用粗粉笔画出孩子影子的轮廓。之后，当幼儿回来看午后自己的影子时，他们可能会十分好奇：为什么画他们影子的粉笔线跟之前不一样了？

遇上其他天气（雨天）无法形成影子的时候，这些粗粉笔还能用吗？他们可以用这种粉笔在湿的柏油路上创造出美丽的红色、蓝色和紫色的"表现主义"绘画。或许这一天诺厄发现了制作浅绿色需要的所有颜色，此时他开始建构关于颜色的知识。幸运的话，教师或许能够通过引导诺厄观察人行道上许许多多的浅绿色，分享这种对颜色的感悟。

如果幼儿大量接触二维形象艺术，例如绘画、涂鸦、拼贴，那么这可以刺激他们通过游戏进行自发的艺术探索。这些媒介不仅激发了幼儿的想象游戏，而且对于培养幼儿的艺术素养和小肌肉动作的发展起到重要的作用。

追踪游戏质量和面临的挑战：触觉和感知艺术教师们都知道，对于幼儿来说，玩水、手指画、玩面团等触觉、感知游戏具有普遍的吸引力。幼儿能够全神贯注地沉浸在触觉、感知游戏中，通过自由操作材料获得与这些材料的物理特性相关的经验。手指画和玩面团可以让动手操作变得有舒适感，这种舒适感使得此类活动成为想象游戏和功能游戏的有益辅助手段。幼儿常常在玩这些材料的时候，创编一首歌曲或一个故事。接下来的案例说明了以简单的触觉、感知游戏开始，如何为艺术活动带来更大的挑战。在教师的引导下，它变得更为深入和复杂，能够促进幼儿获得艺术制作的全部技能，并对其所学进行思考。

通过艺术活动巩固全部课程领域的知识

当孩子们为十月份过万圣节准备鬼屋里的骨骼模型时，艺术、科学、数学和游戏等领域便融为一体了。幼儿可以从学校百科全书里得到科学且精确的有关骨骼的内容。孩子们开始了解他们的身体：身体是什么样子的？它是如何工作的？身体里都有什么？在他们的艺术创作活动中，儿童使用的资源来自语言艺术和数学领域，这些都是州共同核心课程标准中所强调的信息化的读写内容。

我们是否可以在雨后的一天，用手中的一张黑色的纸、一个塑料罐为生活在潮湿泥土中的虫子建造一个家？在一个界限模糊的世界，教师也许会疑惑什么时候结束艺术活动，什么时候开始科学活动？

使用积木的建构游戏涉及艺术与数学内容，并且常常会复制建筑物，其跨学科领域知识的丰富性使它获得了"艺术女王"的称号。积木是假装游戏的一种主要的辅助材料，能够在个体、同伴和小组中创造出丰富的假想内容。在游戏的延伸与拓展中，积木发挥了重要的辅助作用。小夹子变成玩偶居住在用废旧织物、壁纸、废旧窗帘装饰的"鞋盒房子"里；积木一块接一块地连起来，变成了城市里的"主干道"，弧形的积木块可以作为一个小公园，也可以满足其他结构的需求。在这里，我们看到教师引导的一些游戏项目开始与幼儿自发的积木游戏相结合，进一步验证了游戏生成的课程。

从教师对这样一个积木区的观察、笔记、照片或者录音中，我们可以洞察幼儿的智力水平、技能水平和社会性发展的价值。教师希望通过幼儿艺术活动中的其他作品对幼儿的发展情况进行可靠的评价。那么他们应该寻找什么？我们可以从洛温费尔德（Lowenfeld，1947）、古德诺（Goodnow，1977）和凯洛格（Kellogg，1969）的经典著作中找到许多关于幼儿绘画模式发展的普遍特征的信息。

特殊需要：我们能够获得的关于有情感、认知发展障碍或者发育残疾的幼儿的绘画发展水平的信息十分有限。萨拉是一名在幼儿园评价小组工作的艺术治疗师，她指出幼儿绘画中反映出的某种特征是早期"危险信号"的标志。他们中的一些幼儿突然回到了涂鸦期（scribbling stage）的绘画水平。在表现某些绘画特征的时候，他们运用较少的绘画技能，过分地重复一个绘画主题，或者所画的线条都朝同一个方向（与S. Wasserman的个人交流，2005）。在和艺术治疗师讨论期间，一名教师提到了这样一个带有警示意义的案例：一名个子矮于平均儿童的幼儿总是将画画在画板上纸的底部，教师认为这名幼儿可能存在感知方面的问题。他鼓励这名幼儿，让他站在画架前画的一块大积木上画，这样可以提高视线，于是，他的绘画内容开始充满整个图画空间（pictorial space）。

（三）以游戏为中心的艺术课程中的音乐和律动

教师可以把音乐和律动作为指导性或引导性经验呈现给儿童，成为艺术课程和每日常规的一部分。新的和传统的律动、音乐材料、民族歌曲以及韵律都可以用这种方式引入（Edwards，2013）。一名教师发现，当他在律动课上用"男孩/女孩–男孩/女孩"的方式安排座位时，参与律动的孩子会更加团结和包容。这为那些跨性别舞蹈的可能性提供了一种选择，即在日常民族舞的排练中，可以将男孩和女孩搭配分组。

分享来自孩子们自己文化中的歌曲是支持孩子们开展自发游戏（包含音乐在内）的一种有效的方式，也能够促进他们开展跨性别的游戏。当两个4岁的女孩——约兰达和沙妮自发地谈论超人主题的歌曲时，一群正在玩攀爬游戏的4岁男孩子邀请她们加入游戏并在其中扮演角色，先前他们也在一起玩跨性别的游戏。在引导性音乐游戏的框架中，下面就是一些熟悉的可能会发生的事情。

呼叫–应答和即兴节目：在正常情况下，呼叫—应答常规活动、即兴演奏、协同游戏（ensemble playing）和声音都能提高孩子们倾听的技能，以及对于不同音乐模式和节奏的感知力。

下面这个案例会介绍如何将一个孩子的即兴演唱转化为木琴、大鼓、三角铁的合奏及歌唱。教师会将纸质的面包师帽子戴在小朋友的头上，并以此来选择即兴表演的小朋友。在选择的过程中，其他小朋友会一边唱一边表演：

> 面包师的帽子，刚好适合你，
> 戴在你的头上时，你就来即兴表演。

类似这样用乐器即兴表演和歌唱的方式，还可以用在具有较强的节奏和旋律简单的传统音乐中，如"诺亚方舟"。或许我们能够在孩子们无伴奏演唱的基础上，尝试改变声音或加入一些乐器：

> 谁制造了方舟，诺亚，诺亚，
> 谁制造了方舟，诺亚，诺亚。

之后继续将乐器的旋律和演唱的声音合起来：

> 动物们都来了，成双成对的。
> 如果我在那里，我也想一起去。

如果用像奥尔夫·柯达伊课程中使用的不同类型的打击乐器进行伴奏，那么效果就会特别好。如果教师拥有一架钢琴并能够为孩子们伴奏，那么便能够帮助他们更好地把握节奏和音准。在简单的模仿常规活动中，我们可以用手掌、手指、膝盖等其他部位拍打出简单的节奏模式，也可以在有/无节奏乐器的配合下进行律动或舞蹈，这些都会成为非常令人满意的活动。

在教师指导的游戏中，应该为两个或更多孩子提供一个存有各种录音唱片的、组织良好的倾听角。这些唱片包括一些写有关于这个音乐的重要信息的卡片，这样，

指导教师就可以看着这些卡片，向孩子们介绍与音乐有关的内容。对于已经开始阅读的年龄更大的孩子来说，这些卡片可以被投放到区角中直接使用。正如许多教师了解到的那样，孩子们可以在游戏中自发地创作一些歌曲和舞蹈，这些歌曲应当被记录下来并在倾听角中欣赏。

对于儿童的思维和审美意识的发展来说，音乐具有很重要的作用。因此，音乐应当融入艺术课程之中。

节奏模式和声调的识别：就像奥尔夫·柯达伊那样，我们可以将熟悉的歌曲与游戏整合到更系统的和教师指导的游戏框架之中。这种方法的主要目的在于改善感知觉，这样，孩子就能获得关于音乐的各个方面的知识和鉴赏力，比如节奏模式和声调的识别。而且，由于这种方法强调在小组活动中创作和享受音乐，而不是进行个人演出，因此，它弱化了竞争，具有积极的社会价值。

在小组中玩音乐、享受音乐而不强调竞争，这具有十分积极的社会价值。

如果有计数系统对乐曲的强弱拍进行标记，那么计数与制作模式技能就可以在音乐活动中得到很好的发展。一位一年级的教师鼓励孩子们用这种方式创作自己的歌曲。接着，每个儿童作曲家在黑板上标示出简单的快、慢、暂停等节奏，然后齐声"读出"或用手拍出这些节奏。

音乐中有韵律的歌词和段落可以促进儿童的听觉辨别能力和音素意识的发展。参与到音乐活动中，孩子们的抽象思维能力会得到锻炼，这对于数学能力的发展非常重要。音乐同样有助于提升孩子们的社会能力，当然，它还能够舒缓压力，让过度环节变得轻松。

（四）不同的音乐传统丰富教室文化

教师可以选择不同语言和文化背景下的音乐唱片来为儿童的舞蹈和律动伴奏。家长为这种多样性提供了丰富的资源。在一个班级中，一位中国家长与孩子们分享了一首在当代中国流行的儿歌，引人入胜的优美旋律立刻引起了孩子们的兴趣。同样是在这个班级中，一位热爱舞蹈的俄罗斯家长为孩子们提供了一些用丝带和亮片装饰的、适宜他们佩戴的、具有弹性的发带和腰带。孩子们并不需要教师帮助他们创造舞蹈服装，他们只需要简单地将一些颜色鲜艳的围巾裹在发带和腰带上。这位母亲帮助她说俄语

的女儿在舞蹈和律动中，与班里的其他孩子建立了初步的交流。如果类似的活动在一组孩子中间开展起来，那么教师就可以退后，在稍远的地方观察孩子们。这种方式可以确保这种自我主导的音乐和律动经验能够被不断强化并以音乐游戏的形式进行下去，而不是变成一种闲谈或打闹游戏。

音乐能够强化环境的情感基调，然而那些仅用于分心或娱乐作用的音乐活动，虽然也能起到"管理策略"的作用，但是不能被视为发展性课程。在艺术课程的教师指导的游戏中，要注意避免过分强调技能技巧，忽视了儿童的特殊需要。如果表演受孩子喜欢，也能引起儿童的兴趣，但它们被归于教师指导的游戏之列，那么在这样的情况下，应为孩子们留出一些自由创作音乐的机会，以此来实现它们之间的平衡。

除此之外，在高质量的课程中，教师主导的游戏或教师计划的集体活动都不应该仅仅是为其他活动做准备，这一点非常重要。对材料的介绍也是十分重要的，但是在幼儿艺术课程中不应该只是简单的"排练"，也就是说反复排练一些节目。在孩子们的学校生活中，每一个独立的艺术活动都应该是有意义的，活动中的每一步在本质上都应该是有趣的。

第四章
学前教育环境创设

第一节 学前教育环境的解读

当我们谈论幼儿园环境时，我们一般指的是脱离于幼儿园整个生态系统下的某个具体的"空间"场景。如果我们采用镜头切入的方式来描述幼儿园环境，通常会是这样的切换：

首先是幼儿园的整体建筑，即其风格、色彩所呈现出来的信息。比如有些幼儿园是城堡式的建筑风格，有些幼儿园是改造之后的建筑，有些幼儿园是新建的小区式幼儿园建筑。不同的建筑风格，会使你对幼儿园环境产生不同的第一印象。

接下来进入到幼儿园内，你会关注到大堂、走廊、楼道等公共区域，顶上悬挂了些什么物品，墙上展示了些什么东西？地面上是否有些其他的元素？这些会在你的大脑中形成一个大体印象，在一些细节当中，你可以侧面了解幼儿园的教育理念。

之后你进入到班级中，教室桌椅的摆放、色彩搭配、三维空间环境创设传递的教育信息，这些细节让你对班级的教师团队以及幼儿园的课程有了个大概的了解。

从班级出来，你会经过幼儿园户外的场地，地面的色彩、大型体育器械的摆放、种植区的规划等等。这些让你了解幼儿园对于室内教学以外的空间环境的利用情况。

此外，伴随着幼儿园管理者的介绍，你对幼儿园的整体环境和细节有了个大致的、初步的印象和了解。自此，镜头切换完毕。

这是我们在谈论幼儿园环境时的惯性思维，在这种思维之下，环境是一个相对独立的空间，它由各个区域组成，呈现出的是一种冰冷的物质环境，看不到"人"的因素。

第二节 学前教育班级环境创设

一、教室环境创设要点

作为早期教育工作者和教育环境设计者，我们必须首先认真思考如何能够激发儿童的最大潜能，然后才能决定哪种类型的环境可以最有效地支持儿童的发展。对教室环境创设的基本认识是教室环境创设的重要组成部分，有助于儿童充分发挥其最大潜能。

要点之一：尊重儿童。尊重是一个重要的词语，它与尊敬、共情、接纳和耐心相关。以尊重儿童为前提设计的教室，是一种让儿童享有多种选择，获得有意义的经验，进行相互尊重的互动、沟通及合作的环境。在这里，儿童被视为重要的、有能力的贡献者。他们的声音都能被听到，想法都能被重视，工作都能得到尊重，并且会被自豪、完整、精心地加以展示。在充满尊重的教室环境中，每一名儿童的语言和文化都会受到尊重，身份得到认同，可以有尊严地活着，其家人也会受到欢迎。最重要的是，尊重儿童意味着给他们机会，让他们成为自己想要成为的人，实现自己的梦想，完成自己的旅程❶。

要点之二：珍视儿童的空间。很多早期教育者兢兢业业地培育儿童、支持儿童的成长，但是往往没有考虑如何将这种热忱延伸到教室环境中，而且他们培育儿童的热忱要比创设空间的热忱来得更自然一些。如果我们真的相信能够通过环境来尊重儿童，那么我们就必须珍视教室里的活动空间。这意味着通过创设环境来保护儿童的本真特质：快乐、追根究底、好奇、嬉闹、天真和愉悦——他们不仅这样看待周围的世界，也这样看待自己。在这样的活动空间里，儿童可以唱歌、跳舞、建造、绘画和分享故事。

要点之三：推崇空间的灵气。所有儿童都十分需要特别的空间。你还记得儿时最喜欢的地方吗？作为幼儿，这些地方令我们感到好奇，让我们着迷。不管这些特别的地方是指用车库里找到的零碎木料搭建的一座堡垒、后院灌木丛下的秘密会面地点，还是指幼儿园教室里的游戏乐园，我们都会一次又一次地想回到这些特别的地方。

我们清楚地记得这些特别的地方中的小细节——场景、气味和质地。拉丁语"genius loci"的意思是"地方的精灵"。安妮塔·鲁伊·奥尔兹在《儿童保育中心设计指南》一书中主张："作为设计者，我们的目标是创造充满自由和快乐的地方，在那里，童年的魅力和神秘可以得到充分地展现。有灵气的地方可以令儿童的灵魂得到满足。"

充满灵气的幼儿园教室的本质是什么？它尊重和鼓励儿童想要发现

---

❶ [美]桑德拉·邓肯（SandraDuncan），[美]乔迪·马丁（JodyMartin），[美]萨莉·豪伊（SallyHaughey）. 儿童视角的幼儿园班级环境创设[M]. 马燕，马希武译. 北京：中国轻工业出版社，2020.

周围世界的内在动力。这样的空间充满了为促进感官探索而设计的有趣物品，指引着儿童去探究、操作以及与他人进行合作。

要点之四：创造承载平衡与美的岛屿。你是否曾在有水的地方——池塘、小溪、湖泊或者大海——度过一天？是否留意过那里微风吹拂的感觉、水拍打岸边的声音、空气中弥漫着的泥土气味？自然界有一种内在的美和平衡，这深深地打动着我们。美能够带给我们一种安宁和愉悦的感觉，它是我们生活中不可缺少的力量。对美的渴求不局限于成人，作家、教育家露丝·威尔逊（Ruth Wilson）认为，幼儿也需要美，并不断地探寻美。

实际上，儿童不仅需要美，也值得拥有美。儿童应该拥有的不只是教室的墙壁、门、天花板和地板，也不只是有着硬邦邦的地面和布置得千篇一律的房间，以及在市场上购买的塑料玩具和设备。幼儿园教室应该有自然的光线、新鲜的空气、生机盎然的绿植和鲜花。儿童应该得到自然物品，以探索和研究大自然的美好馈赠。富有自然之美的教室可以培养儿童对美的敏感性，让他们更加深入地接触生命的奥妙。

二、教室环境的力量

教室环境具有强大的影响力，能够给儿童的行为带来积极或消极的影响。教室环境也同样具有促进（或者压制）幼儿的成长和发展的力量。环境明显地影响着儿童与儿童及儿童与成人之间的社交质量。环境如此重要，所以瑞吉欧教育体系的倡导者莱拉·甘迪尼（Lella Gandini）称之为"第三位教师"。教室里可以利用的各类材料（包括家具在内）及其布置方式，都会影响儿童的行动、反应、学习和成长。普拉卡什·奈尔（Prakash Nair）、兰德尔·菲尔丁（Randall Fielding）、杰弗里·拉克尼（Jeffery Lackney）认为，影响儿童发展的力量不仅在于教室环境的布置和材料。在《学校设计的语言：21世纪学校的设计模式》（The Language of School Design：Design Patterns for 21st Century Schools）一书中，他们阐释了如何融合设计者、教师及建筑师的思想，并建议在设计校舍时，要附带套间和工作室，这样小组儿童可以聚集在一起合作和创造；创设灵活的教室环境，以便能够快速地重新布置空间，用以支持学习者不断萌发的兴趣；打通墙壁，让阳光照射进来。

环境有力地影响着我们的感觉、行动以及对世界的反应。不断发展的神经建筑学已经证实，经过周密规划的环境对一个人的幸福感至关重要。有关人的身体和大脑如何对不同的摆放方式、家具、光线及颜色等做出反应的研究已经证实，我们的整体健康和幸福感受到个人空间布局的直接影响。美国哈佛大学设计研究生院教授萨拉·威廉斯·戈德哈根（Sarah Williams Goldhagen）对我们的大脑如何认知周围的环境这一问题进行了研究。在《欢迎来到你的世界：建筑如何塑造我们的情感、认知和幸福》（Welcome to Your World： How the Built Environment ShapesOur Lives）一书中，戈德哈根把这个概念称为"具身认知"（embodiedcognition）。她认为，环境可以塑造我们的生活，并促使我们以一定的方式思考、行事和感受。其他的研究者，例如，赖卡德·库勒（RikardKuller）、塞费丁·贝莱（Seifeddin Bailai）、索比约恩·莱克（ThorbjornLaike）和布赖恩·迈克尔德斯（Bryan Mikelldes），在关于光线和颜色对成人的情绪的影响的研究中也涉及了具身认知。他们发现，参与者的情绪与他们感知到的光的强度显著相关。当参与者感到光线太暗的时候，他们的情绪就会处于最低点；当他们感到光线恰好时，情绪则处于最高点。然而，当参与者感到光线太强时，他们的积极情绪会有所减退。

同样，美国斯坦福大学资深教授彼得·巴雷特（Peter Barrett）和他的同事也通过研究积极空间的潜在影响，揭示了空间与儿童幸福感之间的关系。许多幼儿还不善于表达自己的感情或者调节自己的身体，因此，创设可以积极影响幼儿的教室环境的责任，便落到了早期教育工作者的肩上。

三、教师环境创设

美国特殊儿童理事会早期教育分会（Division for Early Childhood ofthe Council for Exceptional Children）指出，环境创设涉及空间内的所有因素，包括教师有意地投放、创造、改变或者调整的用以支持儿童学习的各种设备、材料、常规及活动。早在1969年，西比尔·克里奇夫斯基（Sybil Kritchevsky）、伊丽莎白·普雷斯科特（Elizabeth Prescott）和李·沃林（Lee Walling）就分析过儿童保育环境，他们认为，教室环境创设会影响儿童和教师的行为及社交互动，并对物理空间的布置和儿童如何在教室中走动、操作材料、与同伴互动进行了观察。克里奇夫斯基、普雷斯科特和沃林的研究阐明了，精心设计的教室环境如何积极地影响儿童的行为，以及布置不当的环境如何消极地影响儿童的行为和社交互动。

通过改变教室空间，教师既可以实现儿童的学习目标，又可以解决儿童存在的社交和情绪问题。例如，克里奇夫斯基、普雷斯科特和沃林发现，大型游戏设备和过多的家具造成的拥挤会限制儿童在教室里自由走动。教室狭窄导致合作行为和合作性游戏减少，这将阻碍儿童使用学习材料进行学习。挪走不必要的家具和减少置物架的数量可以促进儿童与环境的互动以及与他人形成积极的关系。这项研究揭示了，调整教室空间以适应保教机构中幼儿的需求、能力发展水平及经验的重要性❶。

当代早期教育专家和研究人员已经证实了克里奇夫斯基、普雷斯科特和沃林的研究结果。例如，埃伦·内夫（Ellen Nafe）的研究发现，从统计学的角度来看，儿童的积极行为与适宜的教室环境创设之间具有显著的相关性。《保育空间，学习的地方：有效的环境》（Caring Space, Learning Places： Children's Environments That Work）的作者吉姆·格林曼（Jim Greenman）宣称，儿童在幼年阶段应该享有为满足其需要和激发其学习而有目的地设计的环境。其他研究者，包括斯蒂芬·拉什顿（Stephen Rushton）和伊丽莎白·拉金（Elizabeth Larkin）主张，我们最重要的任务一定是创设教室环境，以促进有意义的交流和社交行为，因为这两个因素是幼儿学习的真正基础。在《空间体验：以一种新的方式看待和应对我们急剧变化的城市和乡村》（The Experience of Place： A New Way of Looking at and Dealing With Our Radically Changing Cities and Countryside）一书中，作者托尼·希斯（Tony Hiss）说，我们都会有意识或无意识地对生活中的各种地方做出反应。根据希斯的说法，我们花时间停留的地方，对于我们当前的人生状态和未来的人生走向都有着深远的影响。

由于儿童需要在幼儿园教室里度过大量的时光，因此我们必须从不同的视角出发，辩证地思考教室环境创设问题。虽然现在大家普遍认为，教室里家具的布置和学习材料的选择对儿童的成长和发展具有深远的影响，但是我们也常常发现自己过分重视教育管理部门对家具的认证和许可标准，而不太关注教室对幼儿的情感所产生的影响等更重要的因素。

唐·诺曼（Don Norman）是认知科学和设计领域的著名学者，他提出了"反思性设计"（reflective design）这一概念。在他的《好用型设计》（The Design of Everyday Things）一书中，诺曼描述了设计的三个层面：

· 本能层面（Visceral）：事物的外观；

· 行为层面（Behavioral）：人们在设计中所发挥的作用；

· 反思层面（Reflective）：设计的情感影响。

当代艺术家和室内设计专家苏西·弗雷泽（Susie Frazer）运用"反思"的方法设计家居空间，她在房间中营造平衡和安静的氛围，以帮助儿童和成人展现出良好的自我状态。她通过融入可以激发幸福感的自然元素来实现这一目的，例如，树枝、绿植、中性色调以及流水等。作为早期教

---

❶ 袁爱玲，廖莉，吴舒莹等.幼儿园环境创设理论与实操[M].上海：华东师范大学出版社，2017.

育工作者，我们如果遵从反思性设计的理念，就不能只注重家具的功能，而要更重视家具在教室里的布置和摆放。在反思性设计实践中，同样重要的是，要致力于设计出美观、对幼儿有积极情感影响的教室空间。

（一）有吸引力的教室门口

尽管我们不会对门非常关注，但是它确实是生活的重要组成部分。有些门会引起人们的焦虑，比如，通往牙医办公室的门。而当你走近你所喜欢的餐馆的门时，你会感到快乐，口水直流。无论在什么情况下，门都是重要的，因为它可以引导人们从一个地方进入另一个地方，并且影响人们的情绪状态。

教室的门是儿童生活中最有影响力的门之一。教室的门是儿童教育的起点——是动力、好奇心、激励、专注参与、学习和新的友谊开始的地方。在引领儿童从外面的世界进入教室里的世界时，教室的门起到如此重要的作用，所以一定要认真审视从门口可以看到的教室内的场景。从直接站在入口通道的中间开始，目光直视前方，向左看，再向右看，记录你所看到的一切。现在，蹲下来，让你的身体高度与教室里儿童的身高一致，重复刚才环视教室的过程。分别以成人的身高和以儿童的身高看到的结果有何不同？你的成人视野很有可能与儿童视野非常不同。作为成人，你可以看到整个教室中的大部分区域。然而，儿童的视野非常狭窄。把你的双手做成双筒望远镜的样子，架到你的眼前，回到教室门口，再蹲下，通过你的"望远镜"来观看，你看到了什么？这就是儿童进门的时候看到的场景。从这个角度，你可能会看到桌子腿、橱柜的背面、婴儿床、储物柜，以及更多的桌子腿。

现在重新思考一下，你从儿童的角度看到的入口通道。有哪些吸引儿童的场景？在教室的门的另一侧有没有许多充满趣味的和令人惊奇的东西？儿童一进教室时就能看到这些有趣的东西吗？

如果儿童在入口处就可以看到吸引人的场景，儿童就会渴望跨过教室的门槛。为了让儿童很容易地进到教室里，就必须要有一个让他们进去的充分理由。以下是可供参考的策略和需要避免的误区。

1. 设置奇趣桌

在通往教室的通道附近放一张小桌子，把桌子放在从门口就能看到的位置，这样儿童在进门的时候就可以看清楚上面的物品。

奇趣桌用于吸引儿童进入教室，让他们积极参与，有所发现。布置奇趣桌的目的是激发儿童的兴趣，引起他们对桌上的有趣物品的好奇，以及刺激他们的身心，从而让他们渴望融入教室环境。

设置奇趣桌的时候可以参考以下建议。

·有目的、有意义地收集、排列和展示材料。不要在桌子上摆满乱七八糟的东西，而是只选择几样材料，有目的地摆放在桌子上的合适位置。使用画架、吸引人的容器以及盘子，巧妙地展示所选择的材料。

·有目的地选择那些可以令儿童愉悦并且激发其好奇心的材料。选择真实的材料，不要选用塑料仿真制品。提供可进行探索和研究的实物，让儿童获得更多有意义的经验。

·投放感官探索材料。众所周知，儿童通过动手操作和互动体验来学习，所以奇趣桌要提供能够吸引儿童进行探索活动的材料，这一点非常重要。可以提供诸如树皮、天然海绵、漂流木、毛茸茸的柳芽和柔软的青苔之类的材料。

投放新颖别致的材料。儿童持续专注的时间较短。研究显示，如果能够提供新颖的材料，儿童大脑的接受性和专注力会变强。但大脑如果习惯了某个材料、活动或者空间，就会不再注意它的存在，所以人们往往更加关注新的、不一样的想法、信息和物品。神经学家保罗·西尔维亚（Paul Silvia）的重大研究结果表明，要想让材料有趣，就必须保证其新颖性。这些材料可以是儿童以前从未遇到过的，也可以是需要儿童从不同的角度重新审视的熟悉的材料。澳大利亚研究者凯特·里德（KateReid）与保罗·西尔维亚的意见一致，她认为，随着时间的推移，有些材料对儿童的吸引力可能会减弱，新颖的材料往往会让儿童持续不断地产生兴趣。例如，探索门把手就是该理论的一个很好的示例。尽管大多数学前儿童经常会遇到并且确实使用过门把手，但是很少有儿童遇到过不安装在门上的把手。为儿童提供一个或多个门把手来摆弄，有助于儿童体验他们所熟悉的材料的另一面。

·投放自然材料。儿童天生就对自然界感到好奇。自然材料很奇妙，是开放性材料，可以被自由地触摸和操作，而且数量繁多，教师可以很容易地为儿童的探索活动收集到无数的自然材料。

2. 橱柜正面朝前放置

为了让教室的入口处呈现更好的视觉效果，要尽量让橱柜的正面朝前——橱柜里的架子必须与儿童的平视高度保持一致。当看到橱柜的正面时，儿童可以很容易地看到架子上的材料，从而更愿意进入教室。

在右侧的第一张图片上，你可以在教室的入口处看到三个橱柜的背面。尽管教师用海报装饰了橱柜的背面，但是仍然没有任何视觉线索可以表明这些橱柜里放了什么材料，以及这些材料对于儿童来说是否有趣。

3. 挪开教室门口的桌子

为了开展进餐活动和美术活动，教师通常会在瓷砖地面上放置大桌子，因为瓷砖地面易于清理。大多数情况下，教室的入口处使用瓷砖地面，以减少在地毯上留下鞋上的尘土，因此，在教室的入口处摆放大桌子似乎是合理的。然而，在入口处集中摆放桌子会造成令人拘束的环境氛围，无法给儿童或者儿童的家人传递积极的信息。

在入口处集中摆放桌子的另一个问题在于，儿童一进教室看到的是大量的桌子腿和桌面，这些不会令儿童感到兴奋或者感兴趣，也不能展现出对儿童的欢迎，或者让儿童愿意从自己的世界过渡到教室中。教室门口应该发出的是邀请的信息："欢迎来到这里！这是为你创设的环境，绝对是你喜欢的地方。"

那么，如果瓷砖地面空间有限，但是你又需要在易于清洗的表面上摆放桌子，该怎么办呢？可以在需求量最大的时段，比如，午餐或者吃点心的时候，确定儿童座位（以及成人座位）的数量后，再估算一下所需的桌子占用的空间。你就会发现，使用此方法能够减少桌子腿的影响。例如，把两张长方形桌子放在一起，摆成正方形，也可以把两张桌子摆成"T"字形或"L"形，还可以把三张桌子摆成"H""I"或"Z"字形。试一试，找到你觉得最实用的摆放方式。

4. 利用置物架间隔桌子

为了减少桌子腿带来的杂乱，尝试使用小型置物架间隔桌子，或者如果空间足够，可以把两个置物架背靠背地放置，这可以让置物架应用于两张单独使用的桌子。例如，第一张桌子（与相邻的置物架）既可以作为操作台使用，又可以用作餐桌；第二张桌子（与相邻的置物架）既可以用于美术活动，又可以作为第二张餐桌来使用。

5. 利用舒适的家具遮挡桌子

是否可以利用某种更具人性化特征的家具来遮挡桌子腿呢？例如，也许需要在教室一进门的地方放置置物架，使之直接朝向教室的里面，但因为不想让橱柜的背面朝着儿童，所以可以把奇趣桌和两把椅子紧挨着橱柜背面放置。或者，也可以紧挨着橱柜背面放一张小型的、稳固的长凳，同时添加几个靠枕和一篮子书，为儿童及其家人提供一个一进入教室就可以坐下来交谈的地方，这也是帮助儿童从外面的世界过渡到教室里来的有效方法。最重要的是，桌子腿被隐藏起来了，并为儿童和成人创造了更加私密的、舒适的学习环境。

在这间教室的入口处，一张舒服的沙发以一定的角度被摆放在门口，一块东方风格的地毯与沙发一起构成了一个一进教室就可以看见的视觉焦点。一组置物架和一张大桌子被摆放在沙发后面，朝向教室的里面。置物架上的操作材料可以在大桌子上使用，这张桌子也可以作为餐桌使用。沙发起到了遮挡的作用，这样从门口就看不到桌子腿了。儿童喜欢在这里舒舒服服地坐着、读书或者与家人和教师交谈。在这间教室里，儿童的档案袋被放在边沿较浅的悬浮式壁架上，壁架则挂在门口的右侧。教师们说，因为舒适的大沙发为儿童创设了一个可以展示并与他人分享其工作的空间，儿童及其家人对档案袋的兴趣大大提高。

（二）创设舒适的空间

不管是否用于遮挡置物架或者桌子，以为了让儿童及家长有一个可以坐下来交谈的地方为目的设计的小沙发或者长凳都有助于儿童在入园时比较容易地过渡，因为儿童及其家人在分别之前或许需要更多的依偎和拥抱。就座空间也可以在离园时使用，例如，家长及其孩子浏览一下孩子的档案袋，或者一起读一本小小的故事书，这些对有些家庭非常重要。

如果没有一张舒服的沙发可用呢？也可以利用其他方法创设舒适的空间，例如，可以选用、豆袋、长凳、搁脚凳、树墩、软垫、带靠枕的摇椅、蒲团、带靠垫的板条箱、躺椅等物品。

在教室进门的通道上还有足够的空间再摆放一件家具吗？如果有的话，试试放一块小黑板，用以展示欢迎信息或者当天的活动信息。你也许还想展示儿童在教室里玩游戏的照片。把黑板放在门口附近，这样儿童的家人在进门或者离开的时候就可以看见它。与奇趣桌一样，要确保黑板上的信息和图片新颖、及时。例如，室外下雪的时候，黑板上不能还放着秋叶！

除此之外，下列一些措施也可以增添空间的舒适性。

1.谨慎地布置为了履行照管责任而投放的家具

儿童及其家人在进入教室时的感受，很大程度上与教室的布局有关。看到纯粹用于照管儿童的家具，例如，置物柜或者尿布台，并不能引起他们太多的兴奋感。但是，如果感官探索桌被放置在教室一进门的地方，里面装满了浮木、沙和小树枝，那看起来就有趣多了，儿童会因此感到兴奋。

许多教室都有一个在早上入园和下午离园时让家长为儿童签到/签退的地方，这是幼儿园在执行照管任务。通常，为了方便儿童的父母，签到/签退板被放在紧靠教室门口的置物架上。但是，有时候这样做对某些家长来说就有些过于便利了。例如，我们都见过有的妈妈迅速为儿童签退的情形。她推开教室的门，用身体撑着门，为儿童签退，同时呼唤儿童抓紧时间准备离开。在他们一起推门离开之前，你几乎没有时间问声"你好"。你们之间没有时间交谈，没有时间说"再见"。当然，妈妈也没有时间看一看教室里正在进行的令人兴奋的活动。更重要的是，她的孩子也没有时间介绍当天的活动，没有时间讲故事，或者分享当天的收获。为了鼓励儿童的家人在教室里停留，可以考虑把签到/签退的区域改到教室的中间甚至后面区域。这样，家长就不得不穿过教室，在这个过程中，他们也许会看到和听到儿童精彩的活动。

2. 避免高的家具

在靠近教室入口处的地方放置高的家具会妨碍儿童观看教室的内部。如果儿童看不到教室里的场景和材料，他们就没有进入教室看一看的理由，被高高的置物架等家具围在中间的学习区域便不会受到儿童的欢迎。教室，特别是在入口处，应该为儿童提供开阔的视野。为了在入口处呈现开阔的效果，一般会把最矮的家具放在教室中间，高一些的家具放在教室的外围，最高的家具靠墙摆放。

3. 不要额外开辟通道

幼儿教师在布置家具的时候习惯于开辟通道，但是这样做无意间就阻挡了儿童的视线。就其定义来讲，通道是指被开辟出来让人从一个地方通往另一个地方的过道。幼儿园的教室不需要专门用于行走的通道，然而，教室里需要有为儿童开展活动和进行工作而设计的区域。通道会占用宝贵的面积，减少可供儿童使用的空间。环顾一下你的教室，尤其是从门口放眼去看，教师是否无意间创设了阻碍视线的通道？有没有专门用于行走的地方？如果有，试着消除这样的通道或者把它们融进学习区域，把浪费的空间变成活动中心。

4. 铺设学习区域里的地毯

教室里至少有一个学习区域里铺设着地毯，这是司空见惯的布置方式。有些教师认识到了这些地毯的重要性，也有许多教师并没有充分思考过在教室里的学习区域铺设地毯的目的，这也很常见。要发挥其实际效用，教室里铺设的所有地毯必须至少满足以下功能之一：

· 界定区域

· 定位家具

· 营造舒适感

在为学习区域选择地毯的时候，需要考虑地毯的大小、设计风格、形状，及其在教室中铺设的位置。因为区域中的地毯主要作用是界定空间，所以铺设的地毯太大或者太小，传达给儿童的视觉线索会令其疑惑。就像《金发女孩与三只熊》的故事中所说的道理一样，地毯的尺寸要恰到好处。如果是为阅读而创设安静、舒适的区域，那么地毯就应该小一点儿，让儿童在这个区域中坐下来，安静地阅读或者浏览一本故事书。一大块带有明快的图案和鲜艳的颜色的地毯向儿童传递的是活泼的信息。虽然活泼好动是儿童生活的主旋律，但是在一个为安静阅读而设计的区域中鼓励儿童活泼多动，并不适宜。

一般而言，要有目的地选择与某一特定区域相匹配的地毯。有图案装饰的地毯适合铺在娃娃家；有几何图形、花的图案或者东方特色图案的地毯铺适合在厨房区，可以营造家庭气氛；竹席或者有关植物主题的地毯是科学区的极佳选择。

有图案的地毯会干扰儿童的建构活动和创造力。例如，一块印着公路图案的地毯向儿童传递的信息是，在这块地毯上进行的活动应该是在公路上开车。图案繁杂的地毯会干扰儿童的视线。如果把建构桌放在没有图案的表面上，儿童更容易看清桌子上的物品。

针对建构区，应该选择一块单色地毯，上面放一个低矮的木墩。这样一来，儿童就可以轻松地搭建高塔和楼房，不会因为地毯表面凹凸不平而导致他们的建构作品左右摇晃甚至倒塌。

在判断地毯的形状是否合适的时候，应该遵循以下指导准则：

· 把长方形地毯铺在角落里。

· 把长方形地毯铺在正方形或者长方形桌子的下面。

· 把圆形地毯铺在圆形桌子下面。

· 把长方形地毯铺在置物架或者橱柜的前面效果最佳，并且地毯的长边要与橱柜或者置物架平行。

在教室里的学习区域铺设地毯的时候，有几个视觉设计技巧可供参考。教师往往习惯于把地毯铺在角落里，让地毯的两条边紧贴住墙。其实，把地毯的两边都拉出1或2英尺，看起来会显得更宽敞。在墙和地毯之间留出一定的空隙，有助于儿童了解学习区域的起止点。

与其把家具直接放在地毯上，不如试一试让家具距离地毯的边沿1或2英尺那么远。让地毯的边沿和家具之间留出一定的间隙，可以让整个区域看起来更宽敞，同时也提供了另一条进入该区域的通道。铺设长方形地毯时，让地毯与墙角形成一定的角度，可以让这个空间显得更大，只要确保地毯附近的家具以相同的角度摆放即可。

（三）设计教师里的学习桌

设计是一种强大的工具。家具设计师可以教给我们大量关于样式和形状的知识，因为他们懂得设计心理学对人的行为的影响。例如，科学研究已经表明，人们对家具的各种设计元素会做出不同的反应。

1. 圆形令人平静

当你去市场为家里的起居室选购家具时，你是会被边线圆润、令人感到放松的家具吸引，还是会被棱角分明的直线型家具吸引呢？莫希·巴尔（Moshe Bar）和梅塔·妮塔（Maital Neta）以及保罗·西尔维亚和克里斯托弗·巴罗纳（Christopher Barona）等人的研究展现了，人们对圆形及带棱角的家具和房间布局的不同反应。例如，如果两种形状（弯曲的和带棱角的）的分布都是平衡、对称的，那么更圆润一些的形状要比带棱角的受欢迎。西尔维亚和巴罗纳的有趣研究说明，自由流动的曲线更符合人的思维。根据上述研究，曲线或圆形线条可以让眼睛得到放松，并平衡直线和折线给人的生硬感。而且，与直线（棱角锐利）相比，曲线及圆形线条会对人的情绪和幸福感产生更加积极的影响。以上调查研究的参与者对曲线型家具的风格及布局的反应更强烈，当处于柔和、平滑的曲线环境中时，参与者感到更快乐、平静及放松等。

西尔维亚和巴罗纳的研究的另一个有趣结果显示，相比直线环境和方正的家具，该研究的参与者更愿意接近曲线环境和家具（而且频率较高），而且，处于曲线环境中的参与者更加专注，有更多的相互交谈、积极的肢体语言和更近的社交距离。该研究得出结论，身处曲线环境的参与者心情更加愉悦，社交互动更加频繁。

塞达·戴茨科（Seda Dazkir））和玛丽莲·里德（Marilyn Read）发现，家具的形状和样式对人的情绪具有重要影响，从而证实了西尔维亚和巴罗纳的研究。研究人员模拟了截然不同的室内设计风格：在其中两个环境中放置曲线型（圆润的）家具，在另外两个环境中放置直线型（棱角锐利的）家具。戴茨科和里德发现，圆润型家具环境中的参与者的情绪更加积极愉快，而且更加放松、平和。参与者接近曲线型家具的频率远远高于他们接近棱角分明的家具的频率。研究者认为，当我们身处室内环境时，家具的样式和布局对我们的情绪和反应都有显著的影响。

对幼儿园教室来说，这意味着什么呢？为了创设既有益于儿童的健康又能促进他们社交互动的教室环境，务必要在家具及家具的布局中融入曲线元素。根据设计专家安妮塔·鲁伊·奥尔兹的观点，弧线弯曲度大于90°的环境会吸引我们"在这里安顿下来；然而，尖锐的角看起来冷冰冰的，拒人于千里之外"。

2. 桌子的形状和大小

仔细观察每一间幼儿园教室，你会发现不计其数的棱角分明的家具和材料：储物柜、桌子、窗户、画架、布告栏、墙壁及置物架。其中，桌子是幼儿园教室里最具棱角特征的家具。

幼儿园教室里的桌子的形状和大小非常重要。长方形是教室里桌子的常见形状，特别是在用餐区。长方形桌子之所以受欢迎，或许是因为它可以让多名儿童同时舒适地围坐在桌子旁边，又或许是因为大多数教室面积不大，长方形桌子能更好地利用那些可利用的空间。无论如何，桌子是教室里非常重要的——有时又会被忽略的——元素，影响着儿童的健康和社交发展。

请想一想你教室里的桌子。长方形桌子比圆桌多吗？大桌比小桌多吗？或许答案是肯定的。因为把好好的长方形桌子换成圆桌，既不实际又很浪费，所以，可以考虑以其他方式把曲线和柔和的圆形融入教室环境。

曲线可以伴随其他家具融入教室环境，例如，凳子、椅子、置物架及地毯。以下建议可供参考。

·找一个小凳子放在阅读区。小凳子既可以增加教室环境中的柔和曲线，也不会占用太多空间，还可以提供一个别致的座位。

·添置一个圆形的搁脚凳。通常，你可以去家居用品商店购买。搁脚凳比较便宜，尤其是人造革材质的不仅易于清洁，还很耐用。

·运用椭圆形或者圆形的地毯增加教室环境中的曲线。在娃娃家的桌子下面铺设圆形地毯或者用圆形地毯在教室中央的位置安置家具。使用半圆形的地毯也是一种在教室中融入曲线的方法，因为半圆形的地毯通常面积不大，把它们铺在置物架前面、小号摇椅下面或者娃娃家的厨房水池前面等位置，都会有不错的效果。

·在教室里添置圆形靠枕，不要使用常见的正方形或长方形的靠枕。

（四）设计墙纸线条

墙纸设计师非常清楚线条的重要性。线条影响人们感知空间的方式，有的线条可以引导人们向上看，有的可以表现动感和方向。线条能够使空间充满使人平静或躁动的力量。一条线可以和另一条线或者更多条线组合，构成简单或复杂的图案。弯弯曲曲的线条传递出混乱或者失控的感觉；波浪线可以表示自由或者连续性，例如，拍打着海岸的海浪；紧致细密的线条则传递出约束感。线条最重要的特性是它的方向，即水平、垂直、弯曲或者倾斜，因为线条的指向性会牵引视线，从而制造视觉焦点。在创设教室环境时，要有意识地关注水平和垂直的线条，不管这些线条是空间中本来就有的，还是后来设置的。

1. 水平线

水平线给人以祥和、安静、悠闲和平稳的感觉，象征宁静的状态。水平线让人感到放松、随意，并且这些线条象征宽度，所以能够从视觉上拓展空间。

运用同等高度的水平线设计的教室环境给人以宽敞、开放的感觉。这些线条可以引导视线，再由眼睛将信息传递给大脑，从而给人一种在无障碍的空间中自由活动的感觉。如果全部储物柜的高度不完全相同，那么可以把部分高度相同的储物柜组合起来，放在特定的空间或学习区域中。

2. 垂直线

垂直线表示向上延伸，象征着力量及稳定性。垂直线就像地上的一根木桩，可以保持重心不变，所以它们能够使人产生平稳的感觉。最重要的是，垂直线在我们的视线范围内可以无限延长，创造出视觉上的高度感，从而在视觉上增加了教室的高度。

3. 斜线

斜线给人以动感和方向感，象征成长。斜线是不平衡的，所以能够给人以躁动不安的感觉，创造不可控制的活力、张力以及兴奋感。斜线也能表现稳定、静止，仿佛在托举着东西或者倚靠在一个垂直的平面上。连接起来的斜线如果指向下方，会给人正在支撑起空间的感觉，使区域显得更明亮，更令人兴奋；斜线指向上方则具有相反的效果，令该区域显得更安静和昏暗。基于以上原因，斜线比水平线或者垂直线更能吸引人们的注意力。在上面的图片中，你可以看到，顶篷上的斜线指向上方，营造了舒适、温馨的氛围。

对幼儿园教室来说，这意味着什么呢？线条的作用的确十分强大，给人以不同的视觉感受。垂直线显得清醒、警觉、严谨、坚定且平稳；水平线显得安定、平静；斜线显得不稳定、活泼。把水平线和垂直线组合起来，得到的是安定和平衡的感觉。在充分利用各种线条的优势创设教室环境时，可以借鉴以下技巧。

·运用垂直线创造空间的高度感。

·把具有等高水平面的家具相邻摆放，有助于拓展空间，营造和谐的氛围。请记住，水平线会让视线下移。

·使用顶端相连的斜线，令空间看起来更舒适，更小巧。

·使用底端相连的斜线，令空间显得更加明亮，使人感到更加快乐。

·使水平线连接垂直线，创设更加平衡、安静的空间。

（五）设计教师的色彩

室内设计师擅长配色，他们了解充分利用色彩的方法，知道色彩如何影响人的情绪和行为。据说，当色彩合适时，人就会有舒畅的心情。例如，色彩心理学家、美国德克萨斯理工大学的克里斯蒂·盖恩斯（Kristi Gaines）和赞恩·柯里（Zane Curry）认为，色彩是教室环境创设的重要元素，因为儿童会在心理和生理两方面对色彩做出回应。色彩的心理作用会令儿童的情绪情感发生重大变化，而色彩的生理作用则会影响儿童的专注程度。

凯茜·恩格尔布雷希特（Kathie Engelbrecht）对色彩的生理作用进行的研究表明，当一个人感知到不同的色彩时，某些荷尔蒙就会被释放到大脑中，从而大大影响人的活力水平、情绪及大脑的灵敏度，例如，红色容易给人过度的刺激，导致心跳加速，血压升高，嗅觉更加灵敏。哈丽·沃尔法思（Harry Wolfarth）与凯瑟琳·萨姆（Catherine Sam）的合作研究发现，环境中色彩的变化，特别是由明亮的色调变成更加柔和、含蓄的色调时，会导致脉搏跳动速度下降，体温降低。普丽蒂·弗吉斯（Preeti Verghese）认为，教室环境设计者应该斟酌室内色彩的使用数量，尤其是三原色——红色、黄色、蓝色——和亮橙色、氖紫色等高强度颜色，因为人脑天生具有建立连接、发现图案、组织视觉信息的功能，儿童学习环境中的色彩过于艳丽会干扰他们的大脑运作。

色彩心理学及色彩对人们的心理影响是一个被广泛研究的课题。相关研究已经表明，色彩可以改变人的情绪、活力水平和关注焦点。亚历山大·肖斯（Alexander Schauss）最早提出，罪犯身穿粉色囚服时，他们的情绪会比较平静，暴力行为会减少。色彩心理学家莫顿·沃克（Morton Walker）在其著作《色彩的力量》（The Power of Color）一书中表达了他对肖斯的观点的认同，并且援引了几个事例来说明色彩对人的情绪和行为的影响，例如，在被漆成蓝色的体育馆中，举重运动员会有更出色的表现；在黄色的房间里，婴儿哭得更频繁；当把少年犯关进漆成粉红色的羁押室时，他们表现出来的负面行为会有所减少。

科学研究已经证实，有注意力缺失障碍或有感觉统合问题的儿童特别容易受到学习环境中的颜色的影响。克里斯蒂·盖恩斯和赞恩·柯里的研究表明，儿童之所以会做出反应，是因为色彩可以与我们的情绪情感和身体对话。

颜色分为两大类：暖色调和冷色调。索玛·凯莉亚（Soma Kalia）关于颜色及其在室内环境中的效应的研究综述指出，这两类颜色旗鼓相当。它们在环境中具有不同的情感效应，红色、黄色及橙色是暖色，能够令人兴奋；蓝色、绿色及紫色是冷色，使人感到放松和平静。

在观察事物时，颜色是我们首先注意到的要素。每种颜色都有特定的波长，从而影响人的感觉。例如，看到令人平静的颜色，心率会降低；看到令人兴奋的颜色，心率会加快。有感觉统合问题的儿童看到冷色，会感觉更舒服一些。罗·洛格里波（Ro Logrippo）在《在我的世界里：为儿童创设生活和学习环境》（In My World: Designing Living andLearning Environments for The Young）一书中指出，活泼好动的儿童遇到冷色时，心情会更放松；不太积极主动的儿童更喜欢暖色。此外，儿童似乎有明显的颜色偏好。克丽丝·博亚特齐斯（Chris Boyatzis）和里努·瓦格赫塞（Reenu Varghese）对儿童的情绪与颜色的关系展开了调查。他们分别询问了年龄在5—6.5岁的30名女孩和30名男孩。他们向儿童展示了9种颜色，每次出示一种，并且问他们："看到这种颜色，你有什么感觉？"无论年龄大小，儿童都能够用语言表达个人的喜好，把特定的颜色与积极或消极的情绪联系起来。总体来说，当呈现深一些的颜色——黑色和棕色时，儿童表达出消极情绪，而对粉红色和蓝色等明亮的颜色做出积极的反应。换句话说，儿童对颜色有所偏好，他们的这种偏好与积极或消极情绪密切相关。

对幼儿园教室来说，这意味着什么呢？为了把教室打造得更具吸引力，色彩起到至关重要的作用。不仅如此，色彩还有其他功用，例如，吸收或反射光线，改变人们对房间大小的看法，以及影响人们的心情。儿童早期教育专家索尼·瓦桑达尼（Sony Vasandani）认为，色彩可以引发积极或消极情绪，相应地也会影响儿童的行为、心情，最终影响他们的学习。在粉刷教室墙面时，以下建议可供参考。

· 明亮的颜色通常给予人过度的刺激。

· 深颜色令面积不大的房间看上去显得更小。

· 家具的中性色调有助于营造自然、宁静的氛围。· 纯白色能够反射光线，有时可能很刺眼。

· 蓝绿色和蓝紫色都是令人感到舒服、放松的颜色。

· 柔和的黄色被视为欢快的颜色，众所周知，它还可以刺激大脑的活动。

· 红色使人心率加快，增强兴奋感，提高活动水平。

· 亮橙色令人感到苦恼、沮丧。

那么，基本色（三原色）的家具怎么办呢？许多教室里配备了此类家具。尽管中性色调有助于营造更加自然、宁静的氛围，但大多数人都没有足够的财力再去购买全新的橡木色或者浅色家具。怎样做才能使教室环境看起来更加素净呢？请参考以下建议。

· 如果教室里的椅子颜色不同，就把颜色相近的椅子放在一起。例如，把红色椅子都放在一张桌子下面，把黄色椅子都放在另一张桌子下面。

· 如果地毯是彩色的，试试把它反过来铺。地毯的反面是中性色调的吗？把它铺在娃娃家是否会让儿童感到舒服呢？

· 把颜色相近的置物架摆放在同一个学习区域。例如，可以把绿色置物架摆在科学区，把黄色置物架摆在戏剧表演游戏区。

· 在教室里摆放绿植，往往可以令教室中的基本色显得柔和一些。

· 如果娃娃家的桌子是基本色的，那么用一张中性色调的桌布把桌面盖住。至于基本色的椅子，则可以用中性色调的沙发套把椅背罩起来，有时候也可以用枕套来套椅背。

·如果教室里有基本色的靠枕，请缝制中性色调的新枕套（或者找人替你缝制）。你也可以到家居用品商店购买中性色调的靠枕套。靠枕套是不错的选择，当它们脏了时，把它们扔进洗衣机清洗就好了。

（六）设计教师的自然元素

园艺师运用科学知识种植和培育更多的植物，尤其是那些高品质且美丽的植物，他们的大部分工作都在温室中进行。幼儿教师可以在教室中摆放与大自然相关的元素，创设温室型教室，学习园艺师的成功经验。

在《林间最后的小孩——拯救自然缺失症儿童》（Last Child in the Woods：Saving Our Children From Nature-Deficit Disorder）这本书中，理查德·洛夫（Richard Louv）将幼儿生活中自然的缺失与幼儿发展中出现的许多令人不安的趋势联系在一起，如肥胖症、抑郁症及注意力缺失障碍等问题的增多。他首创"自然缺失症"这一词语来解释儿童与大自然之间严重疏离的现象，他认为，自然缺失症将童年置于危险境地。自然缺失症包括应激障碍和注意力缺失障碍，美国心理学会将自然缺失症视作需要受到首要关注的儿童健康问题。麦柯迪（McCurdy）、温特布奥（Winterboom）、梅塔（Mehta）、罗伯茨（Roberts）的研究证实，许多儿童久坐不动的室内生活方式是导致糖尿病、哮喘、高血压及维生素D缺乏症等慢性疾病增加的主要因素。

罗杰·乌尔里奇（Roger Ulrich）与弗吉尼娅·洛尔（Virginia Lohr）在各自的研究中都发现，与那些在没有绿植的室内环境中工作的人相比，在有绿植的环境中工作的人，其工作效率更高。此外，他们还发现，绿植有助于降低血压，减轻压力。1984年，罗杰·乌尔里奇在对医院进行的一次研究中发现，与那些只能看到一堵砖墙的外科病人相比，可以看到绿树的外科病人不需要很多的止痛药，其康复速度也更快一些，而且可以看到绿树的病人，其应激水平也有很大不同。绿植不只对成人有益，例如，在一项针对注意力缺失障碍儿童所做的研究中，安德烈亚·费博·泰勒（Andrea Fabor Taylor）和弗朗西斯·郭（Francis Kuo）发现，在公园里散步以后，儿童的注意力水平有所提高。

自然缺失症的解决方法相对简单，包含两方面内容，即把儿童领到室外和把大自然请进室内。亲近自然的倡导者玛丽·里夫金（Mary Rivkin）在其著作《了不起的户外活动：倡导为幼儿提供自然空间》The Great Outdoors：Advocating for Natural Spaces for Young Children）中主张，将户外游戏视为人类的一般活动，"我们生于自然，进化并没有让我们超越自然，我们与自然密不可分……要想成为一个完整的人，我们必须要与大自然建立联系"。在《自然游乐园：户外游戏环境创设》（Natural Playscapes： Creating Outdoor Play Environments for the Soul）一书中，拉斯泰·基勒（Rusty Keeler）建议教师带领儿童到户外，创设自然游乐环境，让儿童自由玩耍。他认为，可供儿童游戏的完美场所不是日常的普通游乐场地，即配备了常见的固定设施、金属或PVC（polyvinylchloride，即聚氯乙烯）材质的玩具及安全降落区的场地。基勒所倡导的"游乐园"应该具有可供儿童运用全部感官进行体验的自然元素，属于户外活动空间，鼓励儿童全身心地投入周围世界的活动中。当儿童在户外体验大自然带给他们的美好、快乐及奇妙的感受时，游乐园与儿童之间就会产生心灵上的沟通。亲近自然的倡导者、自然探索项目的执行官南希·罗斯诺（Nancy Rosenow）认为，很多自然活动对儿童的户外生活质量有积极影响，例如，爬树、搭建城堡和窝棚、种植、在小溪里蹚水以及在酥脆的落叶上打滚。

除了去户外活动，把大自然请进教室也是有助于减少儿童自然缺失症的有效措施。在将大自然请进教室时，可以参考桑德拉·邓肯和乔迪·马丁在其著作《把外面的世界请进来》（Bring the Outside In）中提出的建议。

· 在你想不到存在自然元素的地方寻找大自然。你很快就会发现，大自然无处不在，如停车场、小巷中、公园里、人行道上及邻居家的院子里。

· 使用自然材料进行美术创作。儿童非常乐意发现自然材料的质地、颜色、图案之美，也喜欢把自然作为他们的美术作品的主题。

· 把自然融进教室的每一个角落。考虑一下，让自然或自然元素融入每一个空间，而不仅限于科学区。例如，把葫芦或南瓜摆放在娃娃家的桌子上；在美术区把树枝当作书写工具或者画笔；在数学区，用贝壳或者鹅卵石进行计算；在操作区，用线把带孔的贝壳串起来。

· 让活的动植物进入教室，例如，甘薯藤或者其他草本植物、金鱼、盆栽、寄居蟹、甲虫等。

对幼儿园教室来说，这意味着什么呢？幼儿园教室通常缺少自然情境和自然元素。尽管我们总是在教室里精心地摆放一定数量和类型的图书，确保有足够的积木、拼图及美术材料，但我们常常忽略自然情境和自然元素。这些元素可以提高儿童的注意力，特别是年龄较小的儿童或者有注意力缺失障碍的儿童。许多调查研究都充分证实了将自然请进教室的益处。推动实施美国北卡罗来纳州立大学自然学习计划项目的自然活动家罗宾·穆尔（Robin Moore）和艾伦·库珀（Allen Cooper）指出，儿童经常接触大自然，可以提升认知水平，增加积极行为，提高学习成绩及解决问题的能力，增强创造力和注意力。另外，调查研究还表明，基于自然的学习可以减轻注意力缺失障碍的症状。例如，达纳·L. 米勒（Dana L. Miller）

认为，儿童经常接触大自然，体验大自然，可以提高注意力和观察能力，变得更加自信。但是，基于自然的学习不只发生在户外。无论是在户外，还是在教室里，儿童都可以通过自然进行学习。以下建议可供参考。

·珍视可以看到户外的窗户。如果有幸拥有可以看到户外的窗户，请不要用彩色美术纸等不透明材料将自然光挡住。把照进教室的自然光当作学习的工具，用棱镜、反光物体及半透明物体来捕捉反射光和光影。

·添置鱼缸，喂养彩色的鱼。在教室里添置一个玻璃鱼缸或者生态鱼缸，在里面养金鱼等彩色的鱼。根据儿童的平视高度摆放鱼缸，让他们看到鱼在水中游来游去的样子和进食的情况。针对年龄稍大一些的儿童，可以把鱼缸放在美术区、安静的区域或餐桌，激发儿童的灵感，促使他们讨论与鱼有关的话题。

·在教室里至少摆放4种不同的绿叶植物。选择不同质地、气味和大小的植物，如波士顿蕨、非洲堇、迷迭香、仙人掌。无论什么植物，都必须确保无毒。

·把自然元素融入教室的每一个区域。在数学区，用石子计数或者玩游戏；在娃娃家，把松果当鸡汤面，把浮木当作汤勺；在科学区，对不同大小和形状的贝壳进行称重和比较是非常有趣的事情；在美术区，把桦树皮或大的树叶当作独特的画纸，在上面画画。请注意，不要扒活树的皮，这样做会严重破坏树木。

·录下大自然的声音，在午睡或者玩游戏时播放录音。也可以从网站上搜寻已经录好的大自然的声音。

·在教室里播放有关大自然的视频。下载有关海浪、溪流、蝴蝶、小鸟及其他动物的视频，存储在便携式袖珍高清多媒体接口的旅行投影仪上。只需要连接投影仪和你的手机，你就可以在宽敞的墙上放映视频。

·在周围的社区里拍摄自然景观。拍摄不同的树、花、农贸市场、水和天空。找一家洗相片的公司放大照片，把它们贴在油画布上，然后挂在教室里。另外，建议让儿童拍照，你一定会得到一个新颖的视角！如果你不擅长摄影，可以去旧货商店购买带相框的风景画。注入自然元素。寻找并在教室里添置柳条筐、木质餐垫或竹餐垫，粗麻布和软木塞也是不错的选择；采一些野花，把它们插到一个花瓶（或者多个花瓶）中，然后把花瓶摆在餐桌或娃娃家的桌子中央；在水边采漂亮的棕色香蒲，一采下来就把它插进没有水的花瓶中，这样可以一直保持原样。给香蒲喷上丙烯涂料（当儿童不在场时），有助于延长其展示时间；在花盆中养喜光的绿植，如果没有花盆，可以使用廉价或者免费的容器，如水桶、锡铁盒、儿童的鞋子和靴子，或者顶部被切掉的苏打水瓶。

·鼓励儿童用麻绳或者钓鱼线将贝壳串起来，然后把它们挂在阳光能够照射到的地方。如果有机会去海边玩，捡一些有孔的贝壳带回来。与儿童一起用贝壳、麻绳和小木棍制作风铃，这是训练问题解决能力、批判性思维能力和创造力的很好时机。找一个特别的地方挂风铃，不仅可以令教室看起来更漂亮，还可以让儿童有主人翁意识，因为风铃是他们自己做的。你所照看的儿童如果还在穿纸尿裤，那么可以把风铃挂在尿布台上方。要确保风铃挂得足够低，这样儿童抬头就可以看到它。轻轻地推动风铃，可以刺激儿童的视觉和听觉，使他们对风铃产生兴趣。

1. 绿植和鲜花

绿植和鲜花可以为幼儿园教室增添美好的氛围。绿植不仅可以令空间更加明亮、美丽，还可以改善空气质量。绿植可以提高室内的氧气含量。对学生和工人所做的大量研究表明，在室内摆放绿植对空气质量和人的健康都有极大的影响。研究者 B. C. 沃尔弗顿（B. C. Wolverton）发现，把吊兰摆放在密闭的空间内24小时之后，空气中的甲醛含量可以降低95%。甲醛的气味会刺激呼吸道黏膜，甲醛主要来自刨花板、油漆以及最令人担心的、大多数教室里都会有的吊顶板。研究阐述了这些毒素被植物叶子吸收，然后在土壤中被中和的过程。美国密歇根大学的一项研究发现，环境中的绿植有助于提高注意力、记忆力及劳动效率。在植物的影响下，成人的记忆力可以提高20%。好好思考一下教室里的植物对儿童的影响吧！

可以考虑在教室里添置一些植物，例如，虎尾兰、非洲堇、鸟巢蕨、秋海棠、银线龙血树、吊兰、棕竹、万年青、仙人掌及多肉植物。有些教师会因为仙人掌多刺而避之不选，但是只要选择没有细刺的仙人掌，就不会对儿童造成伤害。也可以选择一些无刺的多肉植物，例如，象牙莲、金玲（又名冰叶日中花）、铭月（又名水宝宝景天）。

吊兰可以在教室里种植，是一种非常有趣的植物。因为它们的生长速度很快，所以儿童会对冒出来的新芽很感兴趣。把长出来的新芽摘下来，插进土中，浇上水，很快就会长成一棵新的吊兰！在教室中种植绿植的益处绝不只是改善空气质量这么简单，学习照料和培育植物，可以增强儿童的自信心和责任感，让儿童受益匪浅。当儿童被赋予照顾教室里的植物的权利时，他们会注意到植物的许多变化，例如，长出了新芽、新叶或者开花了，进而强烈地意识到周围世界的存在。对于大多数儿童来说，这种意识可以促使他们产生关爱地球的责任感和使命感。

2. 干花和干绿植

夏季的户外到处都是五颜六色的鲜花和各式各样的绿植。把鲜花晾干，让它们保持美丽的样子，冬天的时候再把它们展示出来。有多种让鲜花变干或者压平鲜花的方法，最简单的办法是把花夹在杂志或者书里。把一两朵花夹在一本厚重的精装书里，然后在书上压上重物，例如，平底锅或砖头。要把花夹在书里至少两周，或许需要更长的时间。你也许希望把干花放在花瓶中展示，让每个人都能欣赏它的美丽，但因为干花非常脆弱，所以要把它放在一个不容易被撞到的地方。另一个办法是把花压在层压板之间，制成书签、画（镶在相框里）或者装饰物（可以挂起来）。

人造花也可以为教室环境增添美好、宁静的气氛。从旧货商店里或者旧物义卖会上都可以买到许多廉价的人造花，供你布置教室。购置一些带绿叶的人造花，因为绿色是最自然的颜色。

3. 交易站

儿童觉得自然材料非常有趣，他们喜欢近距离地研究这些有趣的材料，看一看，摸一摸，有时候还会听一听。可以在教室里增添一个自然材料交易站，鼓励儿童把小的自然材料带到学校。如果他们愿意，可以让他们用自己的"宝物"去换别人的"宝物"。

交易站的规模将决定材料的大小，所以在开始交易之前，讨论并确定材料的大小，这一点非常重要。鼓励儿童公平交易，如果只带了一件材料，那么就只能从交易站换走一件材料。在学习公平和信任的同时，儿童也可以很好地锻炼自己的计算能力、责任感和自控能力。

第三节　学前教育户外环境创设

一、幼儿园户外环境创设要点

创设美观大方、符合幼儿心理和发展特点的户外环境，可以为幼儿提供丰富的，适宜的物质材料，为幼儿的发展与活动的参与提供足够的支持，做到真正满足幼儿的需要、兴趣，真正促进幼儿的发展。

（一）国内幼儿园户外环境创设中存在的问题与不足

随着我国现代幼儿教育事业的发展，幼儿园的数量不断增加、规模不断扩大，办园质量也在逐步提高。户外环境往往能给走进幼儿园的人最直观的印象。因此，幼儿园户外环境创设越来越受到家长，幼教机构、开发建筑单位的重视。然而，从国内幼儿园现阶段的情况来看，幼儿园常常作为住宅小区内的配套设施而存在，幼儿园建造中普遍存在发展速度快、设计营建周期短、空间狭小，设计与使用相脱节，建筑特征不明显、建筑同质化等问题，幼儿园在设计上投入的精力略显不足。总的来说，目前幼儿园户外环境创设的不足具体表现为：

（1）建筑布局不合理、户外生均面积不足

任何一项建筑设计都是为人安排一种符合生活秩序和行为的舒适环境，城市中部分幼儿园建筑不能根据幼儿的特性来设计布局，例如活动室光照不足，厨房的噪声气味对幼儿活动区造成不利影响，幼儿园周边经常交通拥挤等等❶。

幼儿园户外生均面积不足，这是普遍存在的问题。许多幼儿园不能达到户外活动场地生均4m2的最低要求。尤其是城市中将商业用房用作幼儿园园舍场地的，从规划部门到开发部门，再到建筑规划设计，都没有充分意识到幼儿园户外场地的重要性。

（2）户外环境设计粗糙，部分幼儿园缺乏必要的户外设施设备

幼儿园户外环境的塑造将赋予幼儿园建筑区别于其他建筑的“可识别性”，很容易获得幼儿的青睐。因此，幼儿园户外环境需要创设者发挥创作才能，精心推敲每一个细节，如线角、色彩、装饰等，尽量做到建筑造型小巧，充满乐园特质。许多幼儿园建筑缺乏特色，甚至设计粗糙、形象不佳。而且，幼儿园许多户外设施的材料并不环保，大多以塑料为主，很少采用木质及天然材料，不但缺乏真实感，而且淘汰的破损器械无法被回收利用，不符合节能环保的原则。

户外设施方面，当前许多幼儿园户外游戏设施很陈旧单调，只有一些滑梯、秋千之类的大型组合器械，甚至有幼儿园仅有一组大型组合器械，导致班级所有的孩子集中在这个游戏器械上游戏或在周围等待，幼儿之间没有沟通和合作，容易产生厌倦感。

（二）幼儿同户外环境创设的基本要求

户外环境是幼儿的天地，也是幼儿学习和发展的活动空间。设计良好的户外环境，能给幼儿提供选择和探索的机会，让幼儿在安全的环境下自由地玩耍，全面促进其身体生长和性格发展，成为幼儿园课程的一部分。

参考各学者对良好户外环境的见解，结合国内幼儿园的实际情况，我们总结并提出创设良好的户外环境的三大原则：安全性与合理性、美观性与和谐性、发展性与挑战性。具体内容如下：

（1）安全性与合理性

无论是室内环境还是户外环境，幼儿园安全问题始终是重中之重，必

---

❶ 康琳. 幼儿园环境创设与利用[M]. 武汉：华中科技大学出版社，2017.

须予以高度重视。幼儿有锻炼大肌肉的发展需要，经常在户外环境中进行奔跑、追赶、跳跃，摇晃等活动，相互之间身体的冲击性大，稍有失意容易酿成大祸。

创设安全的户外环境，不仅能降低意外发生的机率，还能减少幼儿的冒险性活动，从而进行更多的创造性游戏。提高幼儿园户外环境的安全性，可以从设计或投入安全性高的设施设备，加强日常安全隐患的排查和整改等方面人手。

设施设备投入方面，对每个细节都要充分考虑，避免一切不安全因素。如幼儿活动的户外区域应便于教师观察；在转弯和坡度大的地方应无障碍物遮挡视线，否则应考虑加入一些辅助措施；幼儿园的出人口等容易出现安全问题的地方必须采取相应措施以应对意外事件；幼儿园四周的围栏要高于1.2 m，无尖角、无突起，防止幼儿自行离开幼儿园；户外活动场地要有塑胶软底和草坪；窗台上，特别是活动室、午睡室和走廊的窗台，要安装防护栏；硬质墙体可使用软木、软包进行处理；秋千，滑梯等要在进出的活动方向预留安全距离，滑梯、攀爬架等在其下方设置沙坑、草坪或者塑胶软垫等。

安全隐患排查方面，建立日常的巡查制度，定期检查户外设施设备，一旦发现安全隐患要立刻进行维修。如定期检查游戏器材是否有尖细缺口，沙坑有无定期翻松,塑胶软垫有无弹性，若出现破损、硬化或者移位有否立即修补等。

（2）美观性与和谐性

该原则要求幼儿园户外环境布局合理，贴近自然。幼儿园户外建筑不但要将动静区分隔开，也要增强空间的连贯性，保证空间的合理分配。

美观性与和谐性还要求创设幼儿园户外环境做到色彩协调，美观和谐。色彩能够直接刺激幼儿的感官，给其留下深刻印象，并激发其好奇心与探索欲。德国心理学家发现，幼儿生活在蓝色.鹅黄色、绿色，橘红色等颜色的环境里情绪会变得更积极，而在灰色，棕色、黑色、白色的环境里容易产生疲劳、不安的情绪。具体到创设方面，可以选择以对比色为主色调，比如墙面是深蓝色的，椅子是姜黄色的。也可以使用协调色、主配色搭配的方法进行布置，如以绿色为主色，搭配黄色、白色，或以白色为主色，配蓝、绿色等。

该原则还要求户外环境彰显特色，提升内涵。幼儿园环境是展现园所文化、教育内涵的主要窗口，是幼儿活动与表现的最佳场所，户外环境创设在一定程度上体现了一所幼儿园的办学理念及办园特色，传达出了幼儿园的管理理念，也是幼儿、家长.教师和管理者共同创造的精神成果。幼儿园户外环境创设犹如一面会说话的墙,能表现幼儿园的独特性，承载着幼儿园之间的区别特征。如有的幼儿园在建筑中设置涂画墙，或者在门厅、走廊等处设置大块壁画，显示出该幼儿园的独特性。

（3）发展性与挑战性

幼儿是发展中的个体，有认知发展、身体发展、社会性发展等需要，规划户外环境时，应该考虑为幼儿提供锻炼肌肉运动技能、促使其学习与社会性发展等机会。以往的环境创设强调适应性，而现在强调适应性的同时还强调挑战性，即所提供的户外环境以及各种信息都要适当超越幼儿的现有发展水平，不是尾随幼儿的发展，也不是平行于幼儿的发展。这样，幼儿在与环境相互作用的过程中才能有新的收获，取得新的进步。

社会性发展方面，帕顿（Parten，1932）指出，学前阶段的幼儿园社会游戏可分为以下几种类型：（1）漫游游戏或非游戏；（2）单独游戏（一个人游戏）；（3）旁观者游戏（看别人游戏）；（4）平行游戏或其他幼儿肩靠肩游戏；（5）关联游戏在平行游戏和合作之间变换；（6）合作游戏，加入其他幼儿的游戏中。随着幼儿社会性的发展，3岁幼儿多为单独游戏或者旁观者游戏，4岁开始进行平行游戏，5岁后为关联游戏和合作游戏。幼儿在与人、环境的互动过程中，逐渐学会合作、分享、协商等社会交往技能。为此，良好的户外环境应为幼儿社会性发展提供条件。如幼儿在游戏过程中能提供充分的沙、水，秋千.滑梯、球、大型建构玩具等器具；创设园亭、草坪，走廊等可供幼儿休憩、谈话、交流等场所；为幼儿提供可独处或与好友密谈的小空间，如小木屋，阁楼、小树屋等。

认知发展，幼儿园处处皆教育，幼儿认知活动不仅发生在活动室、区角里，也发生在幼儿园户外环境中。幼儿园户外环境设计要素的选择，如颜色，质地、形状的选择，能为幼儿提供一系列视觉、嗅觉、听觉、触觉等的感官体验。在户外，春华秋实，让幼儿感知四季的交替；一花一草，让幼儿丰富对植物的认识；攀爬架、滑梯，学习高和低的概念，感知空间的变化……为此，在创设幼儿园户外环境时，除了美观性外，应当充分发挥环境作为隐性课程的教育价值。

二、幼儿园建筑室间规划

近年来，幼儿教育观念的革新带动了幼儿园建筑风格的革变，我们在关注幼儿的个体，鼓励幼儿发展自主性的同时，应创设能鼓励幼儿积极与他人、环境建立互动交流、和谐的环境，培养其自由思考探索、提问等能力。这便意味着，传统模式下的幼儿园建筑造型设计不再符合教育观念的发展。于是，一些以幼儿为中心，人文因素与当代生态设计相结合的建筑造型的创新设计开始呈现在人们的眼前。

（一）空间布局

合理布局规划幼儿园建筑空间，首先要遵循建筑主次与先后的关系。幼儿园的建筑主体是幼儿园生活用地，配体是服务用地。因此，在规划的时候，按照设计规范，先确认幼儿生活用地的位置，这部分空间一旦确定，幼儿园的空间布局就初具雏形了。基本确定幼儿的生活用地后，进一步确定其他辅助设施的位置，必要时再做适当调整。目前，我国幼儿园建筑布局类型主要包括串联阶梯型、围合型、L型、I型和锯齿型等[1]。

（二）建筑造型

由朱·科特尼克（Jure Kotnik）编著的《幼儿园建筑手册》[1]一书中，展示了来自全球35个幼儿园建筑的典型案例。就外形而言，这些幼儿园的外形各式各样，有封闭的椭圆形，圆形，多个圆形连环在一起，六边形等。此外，也有生态化趋势下采用节能环保的建筑材料。以下介绍几个国内外有代表性的建筑造型实例。

（1）德国柏林童话世界幼儿园（Taka Tuka-Land）

德国柏林童话世界幼儿园[2]的设计者是 Baupiloten，设计灵感来自孩子们的构想。幼儿园的名字"Taka-Tuka-Land"取自阿斯特丽德·林格伦的《长袜子皮皮》童话故事中那个精灵古怪的小姑娘皮皮的名字。设计者在不改变原有建筑物结构的前提下，让幼儿参与设计，如会唱歌的小木屋与桥，由花瓣制成的旋转木马以及贝壳王冠等，都来自幼儿各式各样的奇思妙想。

幼儿园最初的临时构造，而今演变成一座经久耐用的"流淌"着柠檬汁的橡树建筑。"柠檬汁"间有七处间隔，可供孩子们享受其中。由于大型玻璃窗上裱有结晶状物质，午后的阳光能把整间屋子照耀得闪闪发亮，让这里黄色成为主导色彩。

《长袜子皮皮》童话故事在这里获得了很好的演绎，故事中的旧橡树，演变成一座具有互动性空间的建筑，攀爬架让孩子们有充分的空间来玩躲猫猫的游戏。除此之外，设计者还强调，该幼儿园的建筑使用了可再生材料，以及对受损建筑残余物质实现了再利用。

（2）日本美浓市托儿所和东京富士幼儿园

简朴是日本幼儿园的重要特点之一，木材是他们在建筑中常用的材

---

[1] 赵海燕.幼儿园环境创设案例与分析[M].杭州：浙江大学出版社，2019.

料。不论是公立的幼儿园（由政府创办，教师可以享受公务员的待遇），还是私立的（由教会寺庙创办），他们的课室极为简朴，看不到一点"豪华"和"现代化"。这里以东京富士幼儿园为例进行介绍，供幼儿教育者学习和参考。

日本东京富士幼儿园是由一对日本夫妻建筑师设计的，与传统建筑不一样的是，幼儿园采用弧形设计，可以有效规避一些安全视角，为幼儿打造一个没有死角的自由活动空间。该幼儿园建筑最大的特色在于屋顶，幼儿园看起来像是一座屋顶上的学校，而屋顶本身就是个游乐场，可以让幼儿自由奔跑和玩耍。

斜坡式的屋顶设计，即使有孩子站在屋顶的最后面，教师也能找得到他的身影。屋檐朝向庭院的天花板的高度仅为2.1米，低的屋檐也能保证教师能看到孩子们在屋顶上的一举一动。屋顶上共设置四个滴水嘴处，下雨时，孩子们可以聚集在滴水嘴的下方观察如瀑布般的水流。

幼儿园地面和房间内部几乎在同一平面上，室内和室外连接起来，建筑本身像一条室外长廊，幼儿园内部没有墙，采用一对对泡桐木块作软分隔，整个空间显得非常流畅。为了防止噪音影响，幼儿园的天花板巧妙地采用吸音材料，有效解决班级间声音相互打扰的问题。

（3）珠海市容闳国际幼儿园

珠海市容闳国际幼儿园从设计到装修的整个过程的定位是高贵典雅的，建筑以欧式风格为主。中古堡式的建筑巧妙地把童趣与欧洲风情融为一体，犹如安徒生童话中的意境。此外，还提供了一般幼儿园难以见到的与社会生活接轨的游戏场所的设置，如擦鞋铺.育婴室、建筑工地，甚至是可以种菜的农场，让孩子从小培养爱心和社会参与感。

（三）绿化

（1）花草树木的栽植

绿化率方面，根据《深圳市等级幼儿园评估指引》，幼儿园绿化覆盖率应为50%以上。计算方法：已绿化面积=草地面积（含用于幼儿活动的草地）＋灌木绿化面积（如花坛、篱笆式绿化带）＋乔木（大树）垂直投影面积＋垂直绿化面积（垂直立面面积）＋种植园地面积＋天台绿化面积。其中，可绿化面积=已绿化面积＋可绿化但未绿化面积。绿化覆盖率=已绿化面积/可绿化面积×100%。

树的布局方面，在常绿树和落叶树的数量比例上，常绿树最好多于落叶树，这样一年四季都能给人一种生机盎然的感觉。幼儿园进门处，最好对称地种植高大、雄伟，树型优美的雪松、黑松，再配上对称的雌雄银杏树、挺拔的水杉，营造一种奋发向上的气氛。高大树种不宜种植在教室附近，以免影响室内采光，也不能离教室太远，以便于夏季幼儿在树荫下游戏。绿化区域应与园内其他建筑配合，种植无毒、无刺的植物，注意高低、大小，疏密协调，兼顾欣赏性与教育性。

（2）小径与长廊

小径与长廊是园舍建筑与建筑之间，园景设施与设施之间的联系动脉。小径与长廊的路面，依照不同的功能，可铺设不同的路面，如水泥、柏油、鹅卵石、青砖、红砖、方砖，大理石，木材等。例如在图6-18中，左图为某幼儿园在通往种植园的一条小径，用大理石进行铺设。右图为南京市第一幼儿园。这条小径用鹅卵石铺设而成，孩子们非常喜欢脱了鞋子，踩在地上，享受足部按摩的感觉。

小径与长廊除了承担交通和分区等职能之外，通过巧妙设计小径与长廊，能大大提升幼儿园整体环境的绿化与美化功能。此外，也是师幼休憩、交流的场所。

一条小径用木板铺设在几棵大树下,路边绿茵葱葱，营造出幽深曼妙的意境，是极佳的休闲场所，另一条小径比较狭长，每次只能横排通过一名幼儿，幼儿走过这条小径时具有一定的挑战性，大大锻炼了幼儿的平衡能力。

（四）户外铺面

铺地实际上在户外场地中占地面积最大，与活动质量密切相关。铺地的类型较为多样，包括水泥、塑料、木材、草坪等。最传统的幼儿园是水泥铺地，但是水泥铺地质硬，幼儿在游戏中摔跤与地面冲击后容易受伤，为此，现代大多数的城市幼儿园都选择大面积使用塑胶铺地。塑胶铺地防滑、防摔性能良好，相对于水泥铺地来说，综合性能较强。出于安全因素的考虑，有些幼儿园是塑胶铺地"全覆盖"。然而，近来频发的"毒跑道"事件令人堪忧，可见，水泥、满铺塑胶地并不是最理想的幼儿园户外铺地材料。

随着安吉游戏的兴起，人们开始关注到选用木材、草坪等自然材质。木材因造价过高，不建议在幼儿园铺地中大面积使用，可以在部分走廊、小径小面积地采用木材铺地。最好的地面材料应该是草坪，事实上，这种原生态的地面，在欧美发达国家的幼儿园很普遍。与国内幼儿园建筑不同的是，国外幼儿园较少使用塑胶跑道类的人造铺地，大多是天然的泥地、草地和沙地，他们普遍重视户外环境与大自然的契合。

不同的铺面可以对户外空间进行区隔，如有小山丘的草坪区适合让幼儿奔跑、翻滚、爬行、跳舞和跳跃等等，硬质的铺面可以让幼儿骑玩具车。幼儿园可以结合实际分层次地利用铺面。

三、户外游戏场的设置

户外是幼儿进行自发自主游戏的重要场所，在户外场地的功能及大型玩具的设置上，幼儿园从单一的跷跷板、秋千、滑梯等传统游戏场，发展到组合式的大型玩具，由各种钻筒、蹦床、绳桥的现代游戏场，再到现在备受瞩目的利用自然环境如土坡、草坪，沟渠和多种建材油桶、轮胎、木板等创设的游戏场。在游戏场里，幼儿可以挑战自我，发展体能，进行想象，创造和社会交往。

（一）游戏场分区

对游戏场进行合理的分区，大大提高空间的利用率，有利于空间的组织，为幼儿提供更高质量的户外活动。每个幼儿园的户外场地大不相同，考虑选用近便、适合不同游戏类型的区域，如体能区，就可以安排一个可以跑的开放空间，同时辅以平衡和攀爬的设施。

户外游戏场的分区，可依活动量分为静态游戏区（如园艺，阅读、自然研究）和动态游戏区（如攀爬、摆荡、奔跑、骑乘）；依场地功能区分为游戏区，跌落区、转换区、服务区，通道区；依使用人数分为大团体区，小团体区、独处区；依游戏器具区分为器具游戏区、沙游戏区，水游戏区、装扮游戏区、规则游戏区。依活动性质还可以分为运动区和社会性游戏区。游戏区域是为幼儿开展各种社会游戏提供的场所或设置的区域，可根据游戏主题设置特定场所，如根据主题建设"迷你小社会"，设置"小银行"、"小医院"."娃娃家""跳蚤市场"等❶。

（二）游戏场的使用

1. 从户外体育游戏场转变为户外综合台游戏场

户外具有更广阔的活动空间和变化性的地形地貌，能支持师幼开展更为丰富的游戏活动。为此，户外游戏场不应仅仅是功能单一的户外体育场所，应该承载更多的教育功能，扩大幼儿的综合游戏活动中心。具体来说，可以将原先在室内开展的游戏适当地移到户外开展。

由于体育活动对器材、地面和运动空间有较高的要求，因此，户外综合游戏场仍要以体育活动场地为主，为幼儿的体育活动提供充足的空间。

---

❶ [美]桑德拉·邓肯（Sandra Duncan），[美]乔迪·马丁（Jody Martin），[美]萨莉·豪伊（Sally Haughey）．儿童视角的幼儿园班级环境创设[M]. 马燕，马希武译. 北京：中国轻工业出版社，2020.

将操场安排为体育游戏场，在操场上开展各种各样丰富的体育健康活动。

针对户外的非体育活动，可利用幼儿园场地的边缘地带或较零碎的场地安排一部分综合游戏。

2. 打造集游乐、运动、益智等功能于一体的大型玩具区

一般来说，必要的户外游戏设施包括秋千，滑梯、攀爬架、车轮玩具等。幼儿园可以根据户外场地和资金投入等实际情况，选购或建造户外大型玩具设备。目前市场上有根据幼儿特征设计的，通过科学的立体组合形成的一个集游乐，运动、益智，健身等功能为一体的大型户外设施。它是针对幼儿的钻、爬、滑、滚、晃、荡、跳、摇等动作发展进行设计的。幼儿园可以结合实际需要，安排一组或多组的大型玩具设施。

需要注意的是，各类设备设施要符合安全的标准，如秋千的安全距离为60 m，秋千和支架之间的距离为90 cm，滑梯的斜度不能大于37°，滑槽宽度不能小于35 cm，滑梯滑出段高于地面的高度介于22—42 cm之间等。

大型玩具区设置应考虑拓展多层游戏空间，将大型玩具和其他游戏区进行空间组合。因地制宜地对户外环境做多层的立体设计，可三维拓展户外空间，节省占地面积。

第五章
学前儿童社会教育

第一节　学前儿童社会性发展概述

一、学前儿童社会性发展的概念

学前儿童社会性发展是指随着年龄的增长，婴幼儿的社会心理和行为的发展变化过程，是学前儿童掌握社会生活技能、学习与人交往，并掌握社会价值与规范，从而得以指导自己的社会行为的过程。学前儿童社会性发展是一个非常广阔的研究领域，与婴幼儿自身、他人及社会有关的心理现象，包括社会性认知、社会性情感和社会性行为的发展都属于社会性发展研究的内容。

二、学前儿童社会性发展的特点与影响因素

（一）学前儿童社会性发展的特点

1. 自我意识

婴幼儿的自我意识是指对自我以及自我与周围关系的意识，这种自我意识反映了婴幼儿对自己在社会中的地位的理解。概括来说，婴幼儿的自我意识包括自我认识和自我调节。

（1）自我认识。自我认知包括自我认知、自我评价、自我归因等。

（2）自我调节。自我调节包括主动性、独立性、自制力，坚持性、自我延迟满足。面临两难情境时的果断性、克服困难的能力，自我服务能力等。

2. 情绪情感

情绪情感是指婴幼儿在社会生活和交往中的情感体验，包括积极情绪体验（如自尊心、自我价值感、成就感、进取心、自信心、同情心、好奇心、依恋父母等），一般情绪状态、情绪情感的表达与控制（依恋感、愉快感、羞耻感、责任感等），特殊情况下的情绪状态，以及与同伴交往时的情绪状态等。婴幼儿在情绪社会化的基础上逐渐形成了集体荣誉感、归属感等高级社会性情感，但情绪情感仍然处于萌芽状态，在发展之中，这些初步形成的高级情感虽然可以为情绪情感教育提供可能，但对于学前儿童来说，对其进行情感的交流才是最重要的方面，在这种情感的交流中，婴幼儿可以获得情感方面的极大满足，对其身心发展极为有利。

3. 个性

婴幼儿人格的形成与发展过程就是其个性。在婴幼儿时期，个体出现了不同的兴趣爱好，在一些方面的能力也表现出了明显的差异，出现了对一些人、事、物的比较稳定的态度和明显的心理倾向，这表明婴幼儿个性的形成。在这一阶段，应重视对婴幼儿自信、自强、独立性等个性品质的培养，对于婴幼儿在个性发展过程中出现的一些问题一定要加以引导，因为婴幼儿在这一阶段具有较大的可塑性❶。

4. 道德品质

道德品质是指婴幼儿内化了的道德规范和良好的道德行为习惯，是社会道德现象在婴幼儿身上的反映。它包括移情、互惠、分享、利他心、关心他人、诚实、助人、有礼貌、守纪律、遵守群体规范、遵守规则等优良品德，以及良好的道德认识、道德情感、道德行为等。个体在进入幼儿期之后，道德认知、道德情感、道德行为等都会得到相应的发展，虽然他们的道德认知还具有一定的局限性，但已经具备了认识的倾向。在道德情感方面，同情心、互助心理等已经有明显的发展，这就为更为更层次的道德情感的发展提供了基础。另外，在现实生活中对人们道德行为的评价也能在一定程度上激起幼儿情感上的共鸣，对其道德行为的发展具有重要的指导意义。需要注意的是，幼儿的道德行为动机往往受到当前刺激的制约，而且往往会按照成人的指示去做，所以持久性不长，这就需要成人进行合理引导。随着年龄的增长，到了幼儿晚期时，他们的道德行为才开始逐渐具有独立性和主动性，也才能对一些道德行为原则有自己的了解。

5. 社会行为技能

社会行为技能是指婴幼儿在与人交往和参与活动时所表现出来的社会行为技能等。由于交往是婴幼儿社会性发展的基础，发展婴幼儿社会交往技能实质上构成了其他社会性发展的必要条件，因此幼儿园社会教育侧重于交往意识、交往动机、交往方法等社会交往技能的培养，交往范围越扩大，交往方式越多样化，交往策略越灵活，婴幼儿的个性、情感及认知越容易发生质的变化。

6. 社会适应

社会适应是指婴幼儿适应矛盾冲突的能力，包括适应新环境的能力、对陌生人的适应能力，对同伴的适应能力，以及独立处理社会问题的能力等。

---

❶ 王子恩，张正贤.幼儿园社会教育活动及设计[M].长春：东北师范大学出版社，2019.

（二）学前儿童社会性发展的影响因素

1. 内部因素

（1）生理成熟程度的影响。生理成熟是婴幼儿社会性发展的基础，当教育者提出的教育要求与婴幼儿生理发展水平相匹配时，他们才能够积极地适应社会化的要求。

（2）不同气质的影响。气质是个性和社会性发展的生物基础，是一个人所特有的心理活动的动力特征，影响幼儿社会性发展程度，婴儿刚出生时即表现出了气质上的个别差异，如有的属于容易抚育的婴儿，有的属于抚育困难的婴儿等，学前儿童自身的气质特征在社会化的过程中起着不可忽视的作用。

（3）认知发展水平的影响。学前儿童的认知发展水平对其认识社会现象、遵守社会规则等会产生直接的影响，例如，家长或者教师在要求学前儿童要和别的小朋友团结友爱时，只有学前儿童理解了团结友爱的意义，才能在和小朋友相处的过程中真正克服以自我为中心而和其他的小朋友和谐相处。而如果学前儿童没有真正了解团结友爱的意义，那么他们很有可能做出事与愿违、言行不一致的事情。

（4）个体主观能动性的影响。学前儿童只有主动参与环境，积极参加各种社会活动，才能可能得到更多的来自环境方面的回应，也才能受到更多的环境因素的影响，从而能够使得环境的影响进入学前儿童的主观世界。

2. 外部因素

（1）家庭环境。家庭是儿童最初的生活场所，儿童的社会性发展首先是在家庭中开始的。在家庭的诸要素中，家庭结构、父母的教养方式、家庭气氛等都对儿童社会性的发展起着很大的作用。

①家庭结构。我国学者吴凤岗的研究结果表明，两代人家庭幼儿在独立性、自制力、合群性、敢为性、聪慧性、自尊心、文明礼貌及行为习惯等方面均好于三代人家庭的幼儿；陈会昌等人的研究表明：与完整家庭子女相比，离异家庭子女与同伴关系，父母关系较差，自我评价过高，自我控制能力较低，在情绪、品德、性格，学习等方面表现出问题的人数比例较高。

②教养方式。心理学家把父母教养方式分为权威型、专制型、溺爱型和忽视型四种（表5-1）。

③家庭气氛。在一个家庭里，成员间相互尊重爱护，以诚相待，会为儿童提供良好的模仿榜样，有益于儿童社会性的发展。反之，如果家庭成员间经常争吵不断，会使子女的内心产生严重的焦虑与矛盾、悲观、多疑，甚至导致心理变态与反社会行为。由此可见，家庭气氛在学前儿童社会性发展过程中起着重要的作用，作为家长，一定要注意为幼儿提供良好的家庭氛围。

表5-1　父母教养方式的类型特点对孩子的影响

父母教养方式的类型	特点	对孩子的影响
权威型	权威型父母对儿童的态度积极肯定，尊重儿童的意见和观点，鼓励他们表达自己的想法并参与讨论；他们对儿童提出明确的要求，并坚定地实施规则，鼓励儿童获得成就、独立和探索的行为	这种教养方式下的儿童多数独立性较强，善于自我控制和解决问题，自尊感和自信心较强，喜欢与人交往，对人友好，有很强的认知能力和社会能力
专制型	这种类型的父母对儿童时常表现出缺乏热情的、否定的情感反应，很少考虑儿童自身的愿望和要求；父母往往要求儿童无条件地遵循有关的规则，但又缺少对规则的解释，他们常常对儿童违反规则的行为表示愤怒，甚至采用严厉的惩罚措施	这种教养方式下的儿童大多缺乏主动性，容易胆小、怯懦、畏缩、抑郁，有自卑感，自信心较低，容易情绪化，不善与人交往
溺爱型	溺爱型父母对儿童充满积极肯定的情感，但是缺乏控制。他们甚至不对儿童提出任何的要求，对儿童违反要求的做法采取忽视或接受的态度，很少发怒或训斥、纠正儿童	这种教养方式下的儿童往往具有较高的冲动性和攻击性，缺乏责任感，不太顺从，行为缺乏自制，自信心较低
忽视型	忽视型父母对儿童既缺乏爱的情感和积极反应，又缺乏行为的要求和控制。亲子间交往很少，父母对儿童缺乏基本的关注，对儿童的任何行为反应都缺乏反馈，且容易流露厌烦、不愿理睬的态度	这种教养方式下的儿童也容易具有较强的冲动性和攻击性，不顺从，且很少替别人考虑，对人缺乏热情与关心，这类儿童在青少年时期更有可能出现行为问题

（2）幼儿园环境。幼儿园对学前儿童的影响是最直接的，也是最大的。我们应当通过营造良好的幼儿园环境，促进幼儿社会性发展。

在幼儿园中，除了师幼之间的交往之外，发生最多的就是同伴之间的交往。同伴交往在促进学前儿童社会性发展方面具有独特的作用。主要表现在以下几方面。

第一，同伴交往影响学前儿童的社会认知和社会行为。在社会化过程中，学前儿童除了从成人那里学习和了解各种社会知识、经验以外，也从同伴那里学习到更多的经验。通过与同伴的交往，儿童可以逐渐了解自己、认识他人，并学习如何与他人相处，逐渐克服自己的不当行为，学会自我控制，并站在他人的角度上思考问题等。例如，幼儿园的玩具是大家一起玩的，如果哪个儿童还像在家里一样自己独霸玩具，就会招致同伴的反对，失去同伴的交往。在多次失去同伴的经历以后，他就会知道其他孩子也有玩玩具的权利，如果不让别人玩，小朋友就不跟自己玩了。于是，为了得到同伴的友谊，他就会把玩具分给大家玩，并逐渐懂得与人分享、互相尊重等社会规则的含义，从而逐渐摆脱自我中心。儿童在同伴交往中，为了某项活动的顺利进行，为了获得同伴的友谊，会不断地控制、调整自己的不当行为，学着和同伴互相交流、达成共识。如果发生了冲突，儿童会学习自己处理，并不断地积累经验。

第二，满足学前儿童的社会性需要。随着认识能力、语言表达能力的逐渐增强，学前儿童产生了更高层次的社会性需要，他们希望得到认可和尊重，获得友谊和情感。而同伴交往则为他们提供了满足这些社会性需要的机会。儿童与同伴一起玩耍，从中可以体验友谊、体验尊重，会使儿童感到满足和喜悦。因此，同伴满足了儿童对于情感、尊重等方面的需要。

第三，同伴交往有利于学前儿童重新协调与成人的关系。儿童与成人交往时，总是处于服从地位，在成人面前，他们永远经常事事听从大人的安排，自己很难有独立活动和独立表达的机会。但是，儿童与同伴之间的交往是自由的、平等的，在这样的交往中，儿童能够学会在平等的基础上协调各种关系，并且发挥自己的作用和优势，与同伴齐心协力完成任务。因此，这种交往有助于儿童正确认识自己，提高自信心和自尊心。随着与同伴的交往增多，他们对同伴的依从性增强了，他们更喜欢与同伴在一起，而对父母和教师的依赖减少了，对成人单方面的顺从态度也得到了改善。儿童之间甚至会成为彼此的榜样，互相模仿、互相学习。他们对父母和其他成人的情感，也得到了重新的定位。

（3）大众传媒。随着电视、广播、报纸、杂志、书籍、电子游戏机、互联网等大众传播媒介的普及，使用和享受大众传媒已经成为儿童生活的重要内容。大众传媒在社会教育中的重要作用，其影响力之大，范围之广是任何其他社会机构所不能企及的。

电视对儿童的影响是多方面的。电视节目中有很多教育意义的卡通片与故事片，为学前儿童提供各种社会角色的形象范例。但也不可否认，电视对学前儿童社会化的发展也有不可忽视的消极作用。这主要表现在以下几方面。

第一，部分学前儿童由于迷恋电视而变得懒惰，减少了与同伴交往的机会以及亲人之间情感交流的机会，淡化了人际关系，从而变得冷漠、孤僻、不善交际。

第二，电视中播放的暴力内容易强化学前儿童的攻击性行为。一是教给儿童一些攻击性行为方式，使儿童放松了对暴力行为的抑制，错误地认为社会允许攻击性行为，使暴力合法化。二是降低了儿童对暴力的敏感性，并习以为常。

三、学前儿童社会教育的原则

（一）正面教育原则

正面教育原则是指教师在学前儿童社会教育中要从正面进行引导。贯彻正面教育原则，要求教师必须做到以下几方面。

1. 为幼儿创设良好积极的发展环境

心理学的研究表明，良好、积极的环境容易诱发、维持、巩固并强化人们积极、健康的社会行为，反之则亦然。幼儿园的环境包括物质环境和精神环境，它们都会影响儿童社会性的发展。学前儿童心理活动的无意性明显、自控能力较差、易受暗示，教师将社会教育的目标蕴涵在儿童的生活环境中，为儿童提供了具有倾向性暗示的环境，让儿童在不知不觉中养成了不乱扔垃圾的良好习惯。幼儿园的精神环境是指幼儿园的人际关系以及精神氛围、文化氛围。教师应为儿童创设良好、积极的活动环境，让儿童有一个宽松、融洽的心理环境，使儿童在和谐的氛围中得到全面的发展。需要指出的是，教师应善待学前儿童的错误行为，允许儿童犯错误。因为学前儿童就是在不断尝试错误的过程中成长起来的，错误对于儿童来说也是学习的机会。教师面对儿童的错误，不应过于严厉地指责或批评，而应注意保护儿童参与实践的积极性，以温和的态度提醒儿童以后应如何做才能避免再犯同样的错误❶。

2. 为幼儿选择正向积极的教育内容

考虑到幼儿尚未形成自我的评价标准，年龄越小越易受到外在环境和教育的影响，教育者应直接为幼儿呈现正面的教育案例，使幼儿直接学习和接触到正面的观点和行为方式。同时，还要为幼儿创设积极的环境，以此来诱发、维持和强化幼儿的积极行为。

3. 为幼儿树立正确的榜样

第一，教师和家长本身要成为幼儿社会化过程中正面积极的榜样，严格要求自己，提高自己的品行修养，使幼儿从小接触到的都是正面的言行

---

❶ 许妮娜. 幼儿园社会教育活动指导[M]. 北京：北京邮电大学出版社，2014.

举止和情感思维。

第二，教育者要为幼儿选择正面的同伴榜样。由于同伴之间年龄相似性的影响，同伴榜样对幼儿产生更大的意义和作用。

4. 正面提出对学前儿童的要求

根据学前儿童心理发展的特点，教师对学前儿童提出要求时要尽量使用正面语言，用清晰明了的语言直接告诉儿童具体做什么和如何做，而不是告诉他不要做什么。避免使用命令禁止、否定的言语和神情让儿童自己去理解，避免与儿童发生直接的情绪对抗，激起学前儿童的逆反心理。同时，教师经常使用正面、积极的方式对儿童提出建议，可以使教师本人保持乐观、愉快的心态。试想，如果教师一直处于消极纠正学前儿童的行为或长期与儿童进行消极的情绪对抗，那样既不会取得满意的教育效果，也不利于教师本人的身心健康。

5. 采用正面的教育方式

例如，对幼儿提出要求时，直接告诉幼儿教育者希望他们"这样做"和"做什么"，而非相反的"不要做"和"不要做什么"。这主要是考虑到年幼的孩子常常将反话正过来理解的心理特点。此外，评价幼儿时以鼓励和表扬为主当然，表扬必须实事求是、适度适量，否则表扬便会失去其激励作用。另外，评价幼儿时还要考虑幼儿本身的气质特点，恰到好处的批评能让幼儿认识到自己的错误，激发其改正错误的决心。

6. 充分发挥榜样的教育作用

教师可以通过为学前儿童树立同伴榜样、成人榜样以及文学、影视作品中的象征榜样等多方面的榜样，促进学前儿童社会性的良好发展。

（二）实践性原则

实践性原则是指在学前儿童的社会教育中，教师提供各种实践机会，让学前儿童参与其中。贯彻实践性原则，要求教师必须做到以下几方面。

1. 教会幼儿参与社会生活实践的具体方式和技能

幼儿由于年龄小，生活经验少，很多时候因为不会做或做不好，主动或被动地失去很多实践的机会。因此，教师要有意识地教导幼儿参与生活实践的知识和技能，教给幼儿具体的行为方式，由此，幼儿才能从成功的行动中树立对自己的自信心和自豪感，为以后在实际生活中的社会行为实践打下良好的基础。

2. 为学前儿童创造实践的机会

学前儿童是在实际的生活、活动过程中学习社会知识经验和规则的，社会规则转化为儿童的实际行动也是在实践活动中实现的。因此，教师除了组织专门的社会教育活动之外，还要在日常生活中给学前儿童提供实践练习的时间和机会。凡是儿童能够参与的社会活动，教师都应尽可能创造机会让他们参与。例如，建立"值日生"的制度，鼓励儿童在日常生活中做些力所能及的劳动，以此来巩固和强化儿童为他人服务的意识。

3. 对学前儿童的活动和一日生活提出明确要求，教给儿童正确的行为方式

教师为学前儿童提供实践机会的同时必须加强对学前儿童进行社会行为的指导。没有规矩，不成方圆，学前儿童的社会教育必须有据可循，教师对儿童一日生活中的各项行为应提出恰当的要求，即为儿童定好规矩。然后抓住现实生活中的每一个机会，让儿童的社会行为在实践中反复练习，并得到发展。由于学前儿童年龄较小，缺乏足够的社会行为经验，在刚开始学习社会行为时，需要教师正确地示范具体的行为方式，明确具体地交代清楚"怎么做"。例如，怎样使用文明礼貌的语言提出要求加入其他小朋友正在玩的游戏，洗手时应学会耐心排队等候等等，这些社会行为的习得在初学时都需要教师耐心细致的示范与讲解。

4. 要允许儿童犯错误

"试误学习"本就是幼儿重要的学习途径，幼儿正是在不断的犯错误过程中逐渐积累经验，提高能力。因此，成人要教育幼儿自己的问题自己解决，多给幼儿根据自己的经验和策略来解决问题的实践机会，幼儿长大以后才不会遇到问题就束手无策。

（三）生活教育原则

生活教育原则是指教师要在真实的社会生活中开展儿童社会教育活动。贯彻生活教育原则，要求教师做到以下几方面。

1. 重视生活中广泛的渗透教育

学前儿童社会教育不能完全依靠专门性的社会教育活动，教师必须善于抓住生活的教育细节，成人应为幼儿提供人与人之间相互交往和共同活动的机会和条件。同时，为了更好地发挥生活教育的作用，教育者还应注意环境中育人因素的渗透，为幼儿创设良好的生活环境，提供宽敞、干净物质环境和充足、多样的活动材料；创设温暖、宽松、接纳、愉悦的精神环境。

2. 长期一贯地坚持

生活是长期性的，幼儿良好社会行为的养成也有赖于有始有终的练习和坚持。因此，教师必须对幼儿的社会教育做长期计划，借助日常生活的重复性来加以形成和巩固幼儿良好的行为习惯。例如，从幼儿小班入园开始，便坚持引导幼儿形成自己吃饭、穿脱衣服和整理玩具的习惯，在前期教师要注意耐心等待并说明，经过漫长的积累和练习过程，直至幼儿形成

自觉行为。

（四）一致性原则

一致性原则是指教育者在学前儿童社会教育中要有目的、有计划地对来自各方面的教育影响加以组织和协调，使其相互配合、协调一致，使幼儿的社会性品质朝着既定的目标健康发展。贯彻一致性原则要注意以下三点。

1. 幼儿园内部多种教育力量要保持一致。

幼儿生活在幼儿园这一个环境之中，园内的所有人员都在潜移默化地影响着幼儿。因此，幼儿园的领导、教师及其他工作人员在对幼儿社会性的培养观念、态度和行为上必须保持上下一致。同时，幼儿园制定的与儿童社会性相关的整体发展方针、目标规划必须准确落实到各班教师的教育计划和工作安排上。不能出现领导重视，教师不重视；大班重视，小班不重视的情况，这会影响到整个幼儿园全体幼儿社会性的发展水平与状况。

2. 教师自身教育态度要保持一致

教师是学前儿童在幼儿园主要模仿和学习的对象，因此教师自身一定要表里如一，呈现给儿童的观点、行为以及情感要保持内外统一，坚决不能说一套做一套，因为儿童不仅在听教师怎样说，更主要的是在看教师如何做。另外，教师对儿童提出的合理有益的教育要求要坚持执行，不能此一时、彼一时，做到始终一贯、持之以恒。

3. 家庭、幼儿园和社会要保持一致

如果各方面的要求各有差异，甚至矛盾，如教育重点不一，教育方法不协调，则教育效果便会相互抵消，造成儿童思想上的混乱和行为上的矛盾，幼儿会不知所措，无法形成稳定的思想品德与行为习惯。例如，教师一般要求幼儿在发生冲突矛盾时，要学会运用语言来沟通协商，但一些家长却灌输给孩子"谁欺负你，你就欺负回去"的观念。这种家园不一致的现象会在很大程度上削弱教师对幼儿进行社会教育的努力，使幼儿园的教育达不到应有的效果。

（五）渗透性原则

渗透性原则是指在儿童一日生活的各个环节渗透社会教育和在其他领域中渗透社会教育的原则。

1. 在儿童一日生活的各个环节渗透社会教育

学前儿童的社会教育渗透在其一日生活的各个环节，例如，在来园、离园时渗透着向老师、同伴问好，和家人再见等礼貌教育；进餐时渗透着尊重他人劳动成果、爱惜粮食、文明进餐等习惯的培养；盥洗时渗透着讲究卫生、节约用水、排队意识的教育；游戏时渗透着分享、合作、协商等品质的培养和儿童的人际交往能力的提高；睡眠时渗透着安静睡眠等习惯的培养。总之，在学前儿童一日生活中，时时处处都充满着社会教育的机会，教师应该提高渗透教育的意识，在生活中应注意观察儿童、了解儿童的发展水平，利用一切机会对学前儿童进行社会教育，促使儿童良好社会性的发展。

2. 在其他领域中渗透社会教育

综观幼儿园各领域的教育活动，其中都蕴涵着非常丰富的社会教育契机，社会教育应充分渗透在其他领域的教育中，，使社会教育与其他各领域有机结合。例如，在语言教育活动中，通过让儿童欣赏文学作品，引导幼儿从作品中体会美与丑、善与恶，提高儿童的是非判断能力；在健康教育活动中，培养儿童勇敢、坚持、不怕困难等良好的个性品质；在艺术教育活动中，培养儿童的审美意识和积极向上的健康情绪。社会教育是综合性很强的教育，教师必须认识到渗透性是学前儿童社会教育的首要原则，只有处理好了渗透在各个活动中的社会教育和专门的社会教育活动之间的关系，才能真正有效地促进儿童良好的社会性和个性的发展。

四、我国现阶段学前儿童社会教育的发展趋势

（一）学前儿童社会教育方法的灵活化

学前儿童社会教育主要以情感渗透为主要方式，所以在进行教育时，必须注意教育方法的灵活性，贴近生活，以情动人，相对于语言教育、科学教育等其他教育类型来说，学前儿童社会教育较多地用情境创设法、榜样法、游戏法、练习法、角色扮演法等各种方法结合进行教育。

（二）学前儿童社会教育内容的全面化

学前儿童社会教育的内容从关注自我意识、个性特征、社会情感、社会交往、品德等方面，开始向更深入全面的教育内容转变。内容涉及社会学、伦理学、地理学、经济学、文化学、心理学和历史学等。

（三）学前儿童社会教育从边缘化向专门化的转变

我国学前儿童社会教育曾一度无形中被边缘化，在早期教育与幼儿教育中，教育者往往容易忽视社会教育而更加关注认知和技能的教育，一些幼儿园甚至不专门开设社会教育课程，仅仅在生活中少量渗透以达到社会教育的目的。随着社会各界对于学前儿童社会发展重要性的认识，学前儿童社会教育发展逐渐走上专门化的研究与教育之路。

（四）学前儿童社会教育从重社会认知、社会行为向关注社会情感转变

我国社会教育的发展经历了漫长的探索之路，其中曾走过重社会认知、社会行为而轻社会情感的弯路，对学前儿童讲道理时，未意识到学前

儿童教育应从情感渗透入手。情感体验是学前儿童社会教育的基础，片面关注知识的传递和技能的练习，很难对幼儿产生积极的教育效果。随着教育者对社会教育研究的不断深化，学前儿童社会情感的教育与体验被关注并不断提倡。

第二节　学前儿童社会教育的途径研究

一、幼儿园正规的教育活动

幼儿园正规的教育活动是指教师依据教育目的和幼儿园教育纲要，根据各年龄段学前儿童社会性发展的特点，有目的、有计划地对学前儿童进行社会教育的活动。作为正规教育机构，幼儿园最大的特点和优势是教育的目的性、计划性和针对性，这是其他教育途径所不能比的。因此，幼儿园正规的社会教育活动也就成为社会教育的一条重要途径。比如，针对学前儿童只知道对父母撒娇、提要求，不懂得关心父母、爱父母的情况，教师可以在"三八妇女节""父亲节"组织专门的爱妈妈、爱爸爸的主题活动，通过了解爸爸妈妈的工作和生活、讲讲爸爸妈妈对自己的关爱表现、画画可爱的爸爸妈妈、给爸爸妈妈送一份小礼物等活动培养学前儿童对父母的关爱之情。幼儿园的社会教育活动形式多样，因而具有多途径的特点，主要有以下几种形式。

（一）综合教育活动

综合教育活动是教师组织儿童围绕一个主题，综合运用上课、游戏、参观、劳动等教育形式，发挥各种教育手段的作用，促进儿童社会性发展的一种教育形式。为使教学效果达到最佳，教学活动是需要进行精心设计的。首先要有明确的教学目标，然后根据目标选择合适的方法，精心设计教学过程，环环相扣，逻辑层次分明，以保证目标的实现❶。这些是其他途径所难以达到的。综合教育活动往往将游戏、情境表演、谈话、欣赏等多种活动形式结合起来运用，使儿童对某一主题的认识更加系统、更加全面，教育效果也比较好。大班儿童正处于自我意识迅速发展时期，选择自我意识方面的内容适合大班儿童的年龄特点。围绕自我意识，这个活动目

---

❶ 王子恩. 幼儿园社会教育活动及设计[M]. 长春：东北师范大学出版社，2014.

标非常明确，从认知和情感两方面提出：一是从外形和能力上感知自己的成长，二是在感知的过程中增强自我认识和自信心。为使儿童充分感知自己的成长，教师选用了观察照片、测量、自我展示、谈话等多种合适的方法。在活动设计中，教师特别注重层次上的递进，注重学前儿童主体性的发挥。学前儿童在积极参与整个活动中最终达到教学目标。可以说这是一个非常好的教学活动设计。

（二）专门教育活动

幼儿在幼儿园中有机会接受全面、系统的教育，包括社会教育。幼儿园的社会教育是建立在对不同年龄幼儿发展特点科学分析的基础上，根据国家制定的教育目标，由幼儿园教师执行的教育活动。幼儿园教育最大的特点在于教育的目的性、计划性、针对性，因此，幼儿园的专门教育也就成了社会教育的重要途径。

1. 集体教学活动

集体教学活动是指教师有目的、有计划地围绕某个社会内容。灵活采用教育方法对幼儿进行社会性教育的活动，即社会领域的教学活动。它是幼儿园实施社会教育的主要手段，也是幼儿获得社会知识、社会技能、社会情感态度的重要途径。集体教学活动有很多优点，主要表现在以下几方面。

第一，每一节社会性教育活动都有明确的目标来指导活动的开展。活动成功的标准在于目标是否实现。

第二，教师有清晰的设计思路有条理的组织。社会性活动怎么开展怎么组织，教师根据幼儿的年龄特点以及已有知识经验提前预设和准备，从而能有条不紊地开展。

第三，集体教学活动中教师能直接控制，明确地传递教育意图。如教育活动目标、教育活动内容是教师精心选择和设计，教育活动实施是教师严格控制，以保证活动顺利进行。

2. 游戏活动

通过游戏，不仅可以满足儿童参加成人生活的愿望，而且可以获得幼儿身心发展要求的快乐，发挥幼儿积极性、主动性和创造性、使幼儿语言、动作、个性等得到发展。最重要的是，可以使幼儿在游戏中体验成功与失败，思考行为和结果的关系，使自身认知和行为上改进和提升。

游戏的方式很多，参照系不同，游戏的种类就不同。如根据学前教育机构游戏的特点可将游戏分为创造性游戏和有规则游戏两类。

3. 区域活动

区域活动是指教师在一定时间内设置各种区域，让幼儿根据自己的兴趣和需要选择内容和方式的活动。它是幼儿最喜欢的活动之一，体现了自主选择、自主游戏的原生态。幼儿园的活动区域可以是活动室、睡眠室走廊等，教师在这些区域投放材料和设施供幼儿活动使用。区域活动为幼儿营造了一种宽松、自然的活动氛围，使幼儿学会自己来选择安排自己的活动内容，学习如何与同伴交往并在交往中满足自我发展的需要；同时，区域活动能促进幼儿"去自我中心"的发展，活动区城有很多，幼儿在活动中自由分组. 交流，从而认识到自己和集体的关系，增强幼儿集体荣誉感和责任感，培养幼儿团结合作的良好社会品质。

教师要重视区域活动的创设和指导，要根据幼儿园的具体情况和幼儿的实际需要创设丰富多彩的活动区域，利用各班的活动空间开辟一个个有利于幼儿发展的活动区域，如小的空间为幼儿个别活动设立，大的空间为幼儿小组活动设立，空间的材料要注重教育的暗示性。

同时，在区域活动中，教师要引导幼儿建立规则意识。可以用标识控制进区人数，避免拥挤而影响活动；还可以用约定俗成的活动规则，如"借材料必须获得对方允许才可取走"等。注意规则要顾及实用与实效，避免约束太多，规则是为幼儿的活动提供方便的，而不是为方便控制幼儿活动的。

二、幼儿园随机的教育活动

幼儿的日常生活中蕴含了许多社会教育的因素，渗透着社会教育的机会。

（一）早晨来

向老师、同伴问好，和家人再见等，培养幼儿讲礼貌的习惯。

（二）晨间劳动

让幼儿擦桌椅、浇花草、给小动物喂食等，培养幼儿爱劳动的习惯，做事认真. 有责任心的品质。

（三）盥洗

第一，培养幼儿讲卫生，知道饭前便后要洗手。

第二，不拥挤，养成排队意识。

第三，不玩水，养成节约用水的习惯。

（四）值日生劳动

值日生在摆碗筷、擦桌子时，养成做事认真. 有条理，增强公正、服务他人的意识。

（五）进餐

引导幼儿尊重他人的劳动，爱惜粮食. 养成不偏食、不暴饮暴食及饭前洗手饭后漱口的习惯。

（六）如厕

教幼儿学习自己独立脱提裤子，大小便如厕，培养幼儿生活自理能力，文明如厕的意识。

（七）午睡

培养幼儿穿脱衣服的正确方法和顺序，引导幼儿正确的睡姿，不打扰别人。

要想在幼儿园的随机教育活动中取得较好的效果，就要求老师要具备一定的能力，具体包括以下几方面。

第一，把握随机教育契机的能力。学前儿童一天生活中发生的事情太多，有的可以忽略，有的则可以成为教育契机，教师应能透过现象看本质，做到见微知著。

第二，分析问题的能力。教师应考虑利用这个机会我可以教什么，幼儿可以从这个事件中学到什么，要着眼儿童的长远的发展利益。

第三，处理问题的能力。教师需要具备情理相容的说服能力，灵活快捷的应变能力以及伶俐干练的引导能力。

三、幼儿园与家庭和社区的合作教育

（一）幼儿园与家庭的合作

幼儿园与家庭合作需要注意以下几个问题。

1. 要取得家长的信任

要做到这一点，幼儿园要把自己看成是与家长同样关心、爱护学前儿童的教养者。当幼儿园和家长一样，把"为了孩子的将来"作为教育的出发点和归宿，设身处地为家长着想，为家长解决教养过程中的困难时，就能取得家长的信任。只有家长信任幼儿园，幼儿园所要采取的一些合作措施家长才会接受❶。

2. 要保持家长与幼儿园之间教育观念、教育态度上的一致

幼儿园要通过各种途径向家长宣传现代学前儿童教育的理念，促使家长形成正确的儿童观，使幼儿园与家庭在教育理念上一致，努力为学前儿

---

❶ 刘吉祥，刘志宏. 幼儿园社会教育活动设计与指导[M]. 长沙：湖南大学出版社，2013.

童提供良好的榜样，创造民主、和谐的家庭氛围，采取民主的教养方式，促进学前儿童社会性朝着良好的方向发展。

3. 要及时有效地与家长沟通

幼儿园可以采取多种方式与家长联系与沟通，现在借助网络的交流方式更为便捷、畅通，在家长工作压力大、交流时间少的情况下，可以大大提高交流的效率。不过这些方式也需要根据幼儿园的具体情况合理加以选择，只有最适合自己的才是最好的。此外，家园沟通的核心与要点是幼儿的成长，如果沟通不能实现这一目的，仅仅成为一种取悦家长的手段，那它就背离了合作的本意。

4. 要争取让家长参与幼儿园的决策

这是幼儿园与家长合作的实质性层面。在这样的背景下，家长将有权对幼儿园的硬件建设、课程设置、管理等各方面提出建议，双方共同讨论，达成一致意见。但是，由于我国民主化水平还不是很高，真正能让家长参与决策的幼儿园很少。

（二）幼儿园与社区的合作

幼儿社会教育的另一种途径就是利用社区教育。社区资源既包括物质资源，也包括文化资源。物质资源有社区中的工厂、邮局、医院超市、娱乐广场，以及一些公共设施等，通过这些物质资源，幼儿不仅可以拥有更大的活动空间和丰富的教育内容，还有可能在活动中学习如何与别人交往，如参观社区消防队，看消防员表演，在消防员的指导下进行消防演习；去社区文化广场放风筝，进行爱护环境的教育等。文化资源有各种文化与传统习俗、展览馆科技馆、少年官、大中小学校图书馆等文化设施，通过这些文化资源，可以让幼儿萌生对社区文化、本土文化乃至祖国文化的自豪感。通过社区资源培养幼儿良好的社会适应能力的同时，也可以引导和激发幼儿为社区服务的意识和行为。孩子们在参与活动中逐渐萌发保护环境的意识，在具体活动中形成良好的品德及行为习惯。可以看出，充分利用社区资源，在社区活动中培养幼儿的社会性是直接的、现实的，它不是教师强加给幼儿的，而是教师进行有目的、有引导，是幼儿感兴趣、主动的行为过程。它使幼儿在不知不觉中潜移默化地得到了社会性的发展。

幼儿园与社区合作是双向的：一方面要充分利用社区资源；另一方面幼儿园也要积极参与社区活动，为丰富社区生活提供服务，还要积极组织学前儿童参加社区服务，这是培养学前儿童公民意识的一个良好途径。

（1）充分利用社区资源，这一点主要可以从参观活动中体现。幼儿园利用社区资源能提高社区对自身在教育过程中的作用的认识，使其积极主动地参与到幼儿园教育过程中来。另外，社区中从事不同服务工作的人，也可以成为学前儿童了解社会劳动者的一个重要角色榜样。

（2）幼儿园作为社区成员，也要尽力为社区提供服务，共同提高社区的文明水平。比如，幼儿园为散居儿童家长提供上门指导，在双休日幼儿园向社区学前儿童开放，举办双休日亲子乐园等。这些服务能提高本社区家长的教育水平，为学前儿童营造一个更和谐的成长环境，促进学前儿童的健康发展。

（3）积极引导孩子参与社区服务，培养其公民意识。幼儿园还可以定期或不定期地带领学前儿童参与社区节日庆祝活动，并尝试建立与社区老人的经常性联系。可以请老人到幼儿园讲讲故事，也可以让学前儿童经常将自己学唱的歌曲表演给他们听，增进学前儿童的敬老行为，同时，也培养他们的一种社会责任心。

第三节　学前儿童社会教育活动设计

一、设计步骤

（一）学前儿童社会教育活动设计的准备

1. 研读与学前儿童社会教育相关的理论资料

教师在设计学前儿童社会教育活动前，一定要认真研读《幼儿园教育指导纲要（试行》和《3～6岁儿童学习与发展指南》，真正理解这两个文件中所设目标的初衷和目的，领会其中的精神实质。

2. 学习并掌握学前儿童的心理发展特点

学前儿童的社会性发展和教育有其自身的特性，因此教师在设计幼儿社会教育的活动时，必须全面掌握学前儿童的心理特点，尤其是学前儿童社会性发展的特点，同时要了解本班幼儿的年龄特征、本班的群体特点和班级中个别幼儿的个性特点，这样，在设计社会教育活动时才能够真正做到因材施教，真正起到发展学前儿童社会性的作用。

3. 必须考虑实际情况

学前儿童社会教育活动的设计必须根据本地、本园、本班幼儿的实际情况进行。因此，需要教师全面了解当地的特色。设计的社会教育活动理应与这些实际结合起来方能起到良好的教育作用。

（二）学前儿童社会教育活动设计的程序

虽然不同类型的社会教育活动有不同的设计方法，不同的教师有不同的设计思路，但社会领域教育活动有着共同的目标和指导原则，是有一定的规律可循的。学前儿童社会教育活动设计的程序通常包括以下一些步骤：①选择并确定社会教育活动的名称；②选择活动内容；③设计活动过程；④设计活动的方式、方法；⑤确立活动目标。

1.选择并确定社会教育活动的名称

社会教育活动的名称，即幼儿园社会教育活动教案的题目，它是对社会教育活动的内容和目标的反映。活动的名称必须明确，能够一目了然地表达出活动的内容、活动的类型、活动的形式，反映出此活动适合哪个班使用，具体的活动过程、程序等。

2.确立活动目标

确定活动目标是教育活动设计方案中的重要内容。由于学前儿童社会教育内容丰富、广泛，所以在确定教育活动的目标方面须非常明确。一般情况下，幼儿园教育活动的目标设计都需要包括三大方面的目标。

（1）认知目标。即通过教育活动，使幼儿掌握的基本的知识。

（2）情感目标。即通过教育活动，使幼儿在情感上与所学习的内容产生共鸣。

（3）技能目标。即通过教育活动，能够使幼儿学会各种技能。

为了确保活动目标的导向作用，教师在确定活动目标时应当注意以下几方面。

第一，应着眼于学前儿童的社会性发展，以学前儿童的现有发展水平为立足点。

第二，具体活动的目标应该与幼儿园社会领域教育的总目标、各年龄阶段目标相一致，即具体活动的目标由总目标逐级分解而来，目标由大到小，由概括到具体。

3.选择活动内容

活动内容是社会教育活动目标的具体化，是实现教育目标的手段。在幼儿园中，社会领域教育没有统一的教材，教育内容完全由教师选择。可将下列两个方面作为选择活动内容的依据。

第一，根据活动的目标来选择内容，比如为了激发学前儿童热爱家乡的情感，可以将家乡的特产、家乡的美、家乡的变化等作为教学内容。

第二，根据学前儿童社会性发展的已有水平以及存在的问题选择活动内容，同时注意内容的生活化，即所选择的活动内容要符合儿童的生活经验，既要以已有经验为基础，又要扮演新旧经验之间桥梁的角色。

需要注意的是，对于具体的社会教育活动而言，活动的目标与内容并没有明确的先后关系，两者是相互依存的。只要有明确的年龄阶段目标或学期目标，有时可以先有具体活动内容，然后再确定具体教育活动目标，有时可以先有具体活动目标，再寻找相应的活动内容。

4.设计活动的方式、方法

在设计学前儿童社会教育的活动时，运用什么样的方式和方法确实没有一定之规，也没有什么方法最好的说法。在设计学前儿童社会教育活动时，我们遵循的是"适合"的原则，即，选择和设计社会教育的方式、方法，要依据学前儿童不同的年龄特点和不同的社会教育内容等来进行。

5.设计活动过程

在设计社会教育活动过程时，需要考虑以下几个方面。

（1）运用不同的活动方式。活动方式既要适应不同类型社会教育活动的特点，又要引起儿童对学习内容的浓厚兴趣，从而使学前儿童积极主动地参与活动。学前儿童社会教育的活动方式主要是根据教材内容的性质、学前儿童特点及发展现状来决定。如果活动内容涉及认知成分较多，就更多使用讲解、讨论、谈话、演示等方法。如果活动内容偏向社会情感体验，则要多使用角色扮演、参观、调查、访问等；如果活动内容偏重社会行为，则要多使用行为训练、行为评定、角色扮演、观察学习等方法。总之，在设计活动方式时，要最大限度地发挥这些方式的教育功效。

（2）精心设计活动环节。对社会教育活动的各个环节必须精心地设计，比如通过何种方式将学前儿童引入活动中来；再如分为哪几个步骤开展活动，包括学习新内容、练习巩固等。活动的流程要自然连贯，步骤要清晰明了，并为具体实施留有余地。

（3）设计出幼儿喜爱的、能够接受的问题情境。问题情境是师幼互动最为有效的机会和平台。问题情境就是教师提出一些能够引起幼儿兴趣和求知欲的问题，它直接关系到社会教育活动的效果和质量，因此，如何设计出高质量的问题情境是考验教师水平的重要内容。问题情境的设计主要是根据社会教育活动的目标和幼儿社会性发展的实际水平来决定，同时，必须突出幼儿在这一环节中所要学习内容的重点和难点。另外，教师设计的问题情境必须能够引发幼儿积极的思考，使幼儿之间能够进行充分的讨论，并使幼儿的直接经验和间接经验自然地结合起来。使学习的内容、教师、幼儿与社会环境处于一种互动的状态之中，使幼儿在积极的思考中，通过自身的体验、感受等建构起幼儿自己的世界观、人生观和价值观。需要提醒教师的是，对于问题的设计，要充分考虑其层次性、导向性、议论性和评价性，充分启发幼儿的思考，调动幼儿已有的经验和感受，以此达到社会教育活动目标的实现。

（4）对社会教育活动进行评价。对社会教育活动效果的评价，也应该是活动设计的一个方面。通过评价，可以使教师了解社会教育活动的目标、计划、内容、方法以及环节材料等，是否适合学前儿童的发展水平，是否促进学前儿童的社会性发展，是否实现预定的目标，起到反馈、诊断和增效的作用。因此，教师在设计社会教育活动时，要将活动效果的评价标准和评价方式考虑进来，增强活动的科学性和有效性。例如，预先确定学前儿童应该达到什么样的目标，采用什么方法收集评价资料，由哪些人来评价，以及活动质量的评价指标等。

（5）规划社会教育活动的延伸部分。活动的延伸主要是指在教师组织的活动结束后，或者是幼儿集体活动结束后，再或者是幼儿从幼儿园回到家里之后，教师预计用什么样的方式，使得幼儿在本次活动中获得的体验和感悟能够得到强化。一般情况下，教师设计的活动都有规定的时限，教育活动延伸部分就是希望打破这个时限，因为幼儿良好社会认知、行为技能的形成和掌握，绝对不是靠一两次活动就能够实现的，它需要幼儿不断地体验、感受，因此教师必须设计好集体活动之外、有组织的活动之外、幼儿园活动之外的后续体验、感受等活动。社会教育活动的延伸形式是多种多样的，既可以通过在园的户内、户外游戏活动、区域活动来进行，也可以通过以家长指导的家庭生活活动进行，或者还可以利用社区各种活动来实现。总之，社会教育活动延伸的目的，就是帮助幼儿继续学习、巩固社会知识和行为技能等。

二、指导策略

（一）为学前儿童创设良好的学习环境

教师应该给予幼儿无条件的关爱，无论幼儿长相怎样或表现怎样。如果教师给幼儿持之以恒的关心和体贴，幼儿也会从中学会关心和体贴他人。如果教师和幼儿之间不能有良好的情感沟通，幼儿长大后就不容易对周围的人表现出慈爱、温情[1]。

（二）建立亲密友好、积极有效的师幼关系

教师要与幼儿建立起友好的关系，让孩子们能感受到自己是被关心、被爱、被尊重的，这有利于幼儿形成积极的自我概念。如果用严厉、苛刻的态度对待幼儿，只能使对幼儿的教育变得徒劳。

---

[1] 唐淑，孔起英.幼儿园艺术、健康和社会教育[M].南京：南京师范大学出版社，2010.

（三）利用多种社会资源对学前儿童进行社会教育

除了幼儿园自身的资源，要充分考虑幼儿的家庭可利用的教育资源、社区可利用的教育资源，并充分挖掘当地具有本土特色的教育资源，以及当地可利用的自然环境资源。成人要充分利用各种资源环境对幼儿的熏陶作用。

三、学前儿童教学活动设计原理与实例分析

（一）社会认知类教学活动设计

学前儿童社会认知的学习应结合儿童的生活与身心特点，提供恰当的帮助。具体说来社会认知活动的设计要注意以下几个问题。

1. 注重前期经验的积累

学前儿童的认知发展遵循了从具体到抽象的发展过程，新的知识总是在已有认知中同化而来的。因此，教师在社会认知活动设计中应注重利用学前儿童的固有经验，在恰当的时候还应引导学前儿童进行认知的归纳和概括，从而提升认知效果。例如想让学前儿童认识什么是"规则"，首先应该让学前儿童回忆饭前要洗手、用完物品要收拾等具体的行为规范，再总结出"遵守规则"这个概念，使儿童的认知结构更系统、完整。

2. 有效地结合生活

学前儿童社会认知的很大一部分内容是对社会规范、道理、原则这些陈述性知识的理解和掌握，这些知识对学前儿童很有用，但对学前儿童来说比较枯燥和难以理解，因此教师在设计时应该多以生活中的相关事件举例，使学前儿童能真实地感受和掌握相关的规则和原理❶。

3. 注重过程设计的形象化

把社会认知的内容形象化、简单化、浅显化是教师在活动设计中应注意的问题。有些学前儿童社会教育内容比较深奥，因此在设计中，教师应注意使认知的内容形象化、简单化，以便于学前儿童理解。如让学前儿童认知10月1日是国庆节，如果教师告诉学前儿童国庆节是中华人民共和国成立的日子，儿童比较难理解。如果教师说，"10月1日是祖国妈妈的生日"，儿童就很能接受。

4. 注重在活动或情景中理解

他们是通过与他人的社会交流、相互交往的过程认知社会的。因此，

---

❶ 于冬青. 幼儿园社会教育活动及设计[M]. 长春：东北师范大学出版社，2012.

教师应该把要认知的知识放在具体真实的情境中，使知识产生实际意义，从而便于学前儿童更好地理解掌握。如认识"交通规则"最好的办法是带学前儿童到真实的马路上去看一看交通信号灯，从人行横道线上过一次马路。如果没有条件，可以在幼儿园的走道上模拟马路场景，请警察叔叔来进行讲解也是一种好的方法。

（二）社会情感类教学活动设计

社会性情绪情感的发生和复杂的人际关系、社会交往有着直接关系。学前儿童的情感具有以下主要特点。

第一，儿童的情感情绪识别能力弱。情绪识别能力是指儿童识别和理解他人情绪情感的能力。由于儿童认知能力差，因此在交往中容易误解他人的情感态度和反应。

第二，儿童的情感表达能力弱。儿童难以用语言准确地表达自己的情绪状态和需求，更容易用极端的方式来表现。

第三，儿童的情绪调控能力弱。即儿童比较难从一种情绪状态调节和恢复到原有的情绪状态。

因此，学前儿童情感类活动设计要注意以下几个问题。

1. 激发儿童产生共情

共情是主体将自己在生活实践中的体验转移到客体身上的过程，教师在活动设计中应注意通过拟人化手法进行共情训练，促使儿童亲社会情感的发生。如学前儿童不注意爱护物品，教师可以通过木偶表演、故事等让学前儿童了解玩具或图书"受伤了"，使学前儿童把自己的感受引申到无生命的事物上，从而产生爱护自己以外其他事物的情感。

2. 注重情感的体验

情感是儿童社会性发展的动力基础，这种切身的感受是谁也替代不了的。因此，在教学设计中，教师应该通过创设情境、编排游戏等使学前儿童能体验各种情绪。

3. 帮助儿童表达自己

在活动设计中教师应注重儿童情感表达的能力训练。要让学前儿童明白情绪表达的重要性，还应教学前儿童一些描述性的语言，更要培养学前儿童乐于表达情感的态度。

（三）社会技能类教学活动设计

掌握社会技能的过程是学前儿童通过所受的教育在生理和心理两方面获得发展，形成适应社会的人格并掌握社会认可的行为方式的过程。在社会技能类活动的设计中，教师应该注意以下几点。

1. 提供正面模仿的榜样

模仿对儿童来说是潜移默化的。当某个事物引起儿童注意时，就会给儿童带来很强的影响力，所以模仿常常会在无意识中进行。因此，在教学活动中，教师可以通过图片、录像或现实对象给学前儿童树立模仿的榜样，使其学习正确的行为。

2. 重视直接学习

在直接学习中，儿童的某种行为所产生的积极或消极的结果决定着儿童是否重复这些行为。所以在活动设计中，教师应重视实践环节的设计，通过提供真实的场景让学前儿童直接操作和练习，让学前儿童在直接操作中通过尝试失败或成功来学习合作的方法。

3. 合理运用强化

强化可以有效地促进学前儿童良好的社会性行为的再次发生。因此，在儿童社会技能类学习活动的设计中，教师可以通过设计一些奖励的措施来强化儿童的行为，如口头奖励或者发放一些小奖品等。其中，成功的体验对儿童来说是最好的强化。

第六章
学前儿童的心理健康教育

心理健康技育是学前儿童健康教育的重要组成部分。学前儿童虽然已具有人体的基本结构，但是各器官、各系统尚来发育完善，其解剖、生理和心理特征与年龄较大的学龄儿童及成人相比有着很大的不同。对学前儿童进行心理健康教育，不仅有可能纠正学首儿童的心理障碍和行为问题，更为重要的是，有利于增进他们的心理健康。

第一节　学前儿童心理健康的内涵

一、学前儿童心理健康的概念

学前儿童心理健康是指学前儿童心理方面的良好状态，没有心理和精神疾病的症状，认知能力、情感表达、行为表现等方面达到相应年龄组儿童的正常水平，能够正常对待并适应环境的各种变化。

二、学前儿童心理健康的特点

学前儿童心理健康的特点包括以下几方面。

（一）身心和谐

学前儿童健康应包括身体健康和心理健康两个方面。学前儿童的身体健康以发育健全，并且具备良好的生活自理能力为主要特征，学前儿童的心理健康以其拥有良好的情绪状态和能力很好地适应集体生活为主要特征。学前儿童只有身心和谐，才能既保证身体健康，又保证心理金康。

（二）多样性

幼儿园的健康教育活动的形式是多种多样的，教师应根据不同的教学内容，充分利用周围环境的有利条件，为学前儿童提供充分活动的机会，如体育运动中就可根据学前儿童的实际需要，分为室内和室外运动、徒手和器械运动等。游戏是学前儿童喜闻乐见的形式，在健康教育活动中，可开展各种各样的游戏活动，如结合生活教育的主题，开展一系列的游戏活动，如"我有一双小小手""比-比，看谁穿衣穿得快"等。

（三）生活化

幼儿园健康教育活动具有生活化的特点，主要体现在健康教育的内容都是以满足学前儿童基本生活需要的活动为主线。例如，幼儿入园的晨检活动，就是学前儿童在园生活的一个重要环节，保健医生和迎接幼儿入园的教师，都要对幼儿进行以下几方面的工作。

1. "一摸"

幼儿有无发热现象，可疑者测量体温。

2. "二看"

一般情况下，观察幼儿精神状态、面色等，传染病的早期表现，咽部、皮肤有无皮疹等。

3. "三问"

询问个别幼儿饮食、睡眠、大小便情况。

4. "四查"

检查有无携带不安全的物品，发现问题迅速处理等。

（四）实践性

幼儿园健康教育活动的内容上有其实践性的特点。幼儿期思维以行动性思维和具体形象为主，他们需要在实践活动中习得生活的技能、养成良好的生活卫生习惯。例如，洗手、吃饭、喝水、睡觉，如厕等方面，都需要幼儿亲自参与实践活动之中。另外，在健康教育活动的方法上，也体现了实践性的特点，幼儿教师需要组织幼儿通过积极地参与活动，即通过摆弄物体、做游戏、实际操作练习等，让幼儿在实践活动中学习❶。

三、影响学前儿童心理健康的因素

一般认为，个体的生物学因素、心理因素和外部世界的社会文化因素在共同作用和影响着学前儿童的心理健康。

（一）生物学因素

生物学因素对学前儿童的心理健康有着直接的影响。

1. 孕期的健康状况

一个人漫长的发展过程从受精卵形成的那一刻就开始了，因此胎内环境对胎儿的生长和出生后的发展具有重要的意义。孕妇的身体状况，情绪状态，怀孕时的营养，接触烟酒、噪声及药物的情况都有可能直接或间接影响胎儿的发育，进而影响学前儿童心理健康。

2. 遗传

遗传是指那些先天继承的、与生俱来的机体构造、形态、感官和神经

---

❶ 王萍，万超.学前教育学[M]. 长春：东北师范大学出版社，2018.

系统等通过基因传递的生理解剖特点，是儿童心理发展的物质前提。遗传的不同奠定了儿童心理发展个别差异的最初基础。

3. 机体损伤和疾病

由意外伤害和疾病造成的脑损伤可直接引起学前儿童失语、痴呆等症状，从而对学前儿童的心理健康产生消极影响。此外，意外伤害和疾病造成的残疾、并发症和后遗症等，也会间接影响学前儿童的心理健康。

（二）心理因素

1. 需要

人在活动中不断地产生需要和满足需要。当需要被满足时，会产生积极的情绪，比如喜悦、振奋等；当需要无法得到满足时，就会产生消极的情绪，比如失望、痛苦、悲伤等。

2. 自我意识

自我意识对学前儿童的心理活动和行为起着调节作用，主要包括三种形式：自我认识、自我评价和自我调节。

3. 情绪

情绪包括情感感受力、情感控制力和理解、影响他人情绪的能力。情感感受力正常的儿童在受到别人的爱抚、关爱、照顾时会感到心情愉快，反之则表现出与亲人不亲近、冷漠、紧张、恐惧等。情感控制力正常的儿童能合理宣泄自己的不良情绪。另外，积极的情绪有益健康，消极的情绪有损健康，其中焦虑和恐惧对儿童的心理健康影响明显，经常使儿童产生一些问题行为。

（三）社会文化因素

社会文化因素主要指家庭、社会环境和托幼机构。

1. 家庭

家庭是以血缘为纽带的社会生活基本单位，家庭对孩子的影响是潜移默化的，具有强制性和导向性的特点。家庭结构、家长的素质、父母期望、父母的榜样作用、教养方式以及家庭中重要的生活事件，都会对学前儿童产生不同程度的影响。。

2. 社会环境

学前儿童是在一定的社会环境中成长的，社会环境对学前儿童的影响是十分广泛和复杂的。一定社会的文化背景、社会风气、社区环境、学习生活环境等都会对学前儿童的心理健康产生一定的影响。

3. 托幼机构

托幼机构是学前儿童走出家庭、最早进入的集体，在课程设置、生活常规、健康安全等方面都能结合学前儿童的年龄特征和认知发展规律进行。在托幼机构中，影响学前儿童心理健康的因素主要有物质环境和人文环境两大类。良好的物质环境和人文环境能够培养和锻炼学前儿童的独立生活能力、社会适应能力、学习能力以及人际交往能力等，对学前儿童的心理发展起到极为重要的作用。

第二节　学前儿童心理健康教育的目标与内容研究

一、学前儿童心理健康教育各年龄阶段教育目标（表6–1）

表6–1　学前儿童心理健康教育各年龄阶段教育目标

年龄阶段	教育目标
0~3岁	1. 通过对婴幼儿的护理和照顾，婴幼儿情绪愉快，对周围人产生信任感； 2. 伴随与周围环境接触增多，情感等心理活动逐渐发展，语言能力发展迅速； 3. 经常与婴幼儿交流，促进语言、思维、想象力以及性格的发展
3~4岁	1. 学习用适当的方式表达情绪，初步学会排解不愉快，喜欢与人分享快乐； 2. 愿意与同伴合作玩玩具和游戏，能勇敢地玩一些户外大型玩具； 3. 知道男女在外形上的不同，知道并认同自己的性别角色
4~5岁	1. 喜欢幼儿园集体生活，能与同伴互相合作，团结友爱 2. 能自觉遵守活动的规则和要求，初步形成良好的日常行为习惯 3. 关心周围的人、事、物，学会爱亲人、朋友、老师
5~6岁	1. 学会用积极的心态去理解和帮助别人； 2. 对待挫折、困难，勇敢顽强； 3. 对力所能及的事情有自信心，具有较强的竞争和合作意识

二、学前儿童心理健康教育的内容

学前儿童心理健康教育的内容一方面受学前儿童心理健康教育目标的制约，另一方面也要考虑学前儿童的年龄特征和心理发展水平以及心理健康状况。

（一）帮助学前儿童学会表达情感和调整情绪

帮助学前儿童学会恰当地表达情感。规范学前儿童在不同的场所和氛围中的行为，例如，高度学前儿童在人多的时候不可以大声喧哗，在客人面前不可以随便乱发脾气等。同时，还要为学前儿童提供可以表达其情绪的机会，帮助他们积极进行调节，这样可以有效减轻学前儿童的心理压力，对其身心健康具有重要影响。

（二）帮助学前儿童学习社会交往技能

研究表明，2～6岁是学前儿童社会能力快速发展的时期，学前儿童在这个阶段通过学习而获得的社会交往技能对其一生的社会适应能力具有非常重要的作用。但是，学前儿童并不是生来就知道如何适应社会生活和如何与人相处的，他们必须向他人学习，这就要求成人进行有效教育，使学前儿童学会人际交往。进入托幼机构后，教师可鼓励学前儿童向同伴表露自己的情绪情感，让同伴知道自己的愿望。这种同伴之间的相互表述和讨论有益于他们将自己置身于他人的立场考虑问题。同样地，角色游戏也是让学前儿童感知和理解他人情感的良好途径。另外，在托幼机构中，教师通过设立一些节日庆祝活动，让学前儿童带上自己喜欢的玩具和食品与同伴分享，感受与表达与人分享的快乐。为学前儿童提供与同伴一起工作、共同完成任务的机会，让他们感受通过合作而获取成功的快乐。

（三）帮助学前儿童养成良好的习惯

1. 帮助学前儿童养成养好的生活习惯

学前儿童的日常生活包括按时睡眠、起床、饮食、排便以及室内外的活动等。要在每天固定的时间让儿童按时睡眠，一旦习惯养成，每到睡眠时间，儿童就会自动入睡。使儿童养成按时按量进餐、细嚼慢咽、不吃零食、不暴饮暴食、不挑食不偏食等良好的饮食习惯。一岁半左右，培养儿童每天按时大便的习惯，一般应在起床后5分钟进行❶。

2. 帮助学前儿童养成良好的卫生习惯

良好的个人卫生习惯包括勤剪指甲、勤洗澡、勤换衣服、饭前便后洗手、吃东西前洗手、不抠鼻子、不挖耳朵等。要让学前儿童懂得，个人的清洁卫生不只是自己的事，还关系到是否尊重别人。

3. 帮助学前儿童养成良好的行为习惯

家长和教师应努力让学前儿童懂得行为习惯的重要性，要努力纠正孩子的一些不良习惯，例如暴力行为、神经性尿频等。

（四）对学前儿童进行初步的性教育

1. 学前儿童性健康教育的必要性

（1）是学前儿童未来性心理健康的需要。在学前期对儿童进行性健康

---

❶ 白洋，刘原兵，张继红. 学前教育学[M]. 北京/西安：世界图书出版公司，2019.

教育是确保儿童身心发展的必要前提。弗洛伊德的《幼儿性欲》一文明确提出了性冲动是儿童与生俱来的，这为学前儿童性健康教育的必然性提出了理论依据；哈维格特也明确提出了性心理的成熟和发展是人生发展中不可错过的驿站。儿童的某些性行为如果不能获得成人的正确看待和引导，可能会出现以下后果。

第一，行为本身有可能造成儿童身体损害。

第二，成人的错误看法有可能成为儿童成年后心理问题的诱因。

因此，正确引导儿童看待性行为有利于确保儿童心理健康发展。

（2）是学前儿童性别认同发展的必然需求。学前期是儿童心理发展最为迅速的一个时期，也是性心理发育的重要时期，其中性别意识的孕有尤为重要。弗洛伊德认为学前期是性别发展最重要的时期，因为这一时期奠定了以后性别发展的基础，其他心理学家对这一观点也持肯定态度。先天因素决定一个人的生物学性别角色。社会性别角色需要儿童认同自己的性别角色并采取与之相符的社会行为。因此，在学前期开展学前儿童性健康教育，帮助儿童识别自己的性别角色并自觉采取与社会性别角色期望相一致的行为，有利于帮助学前儿童心理发展。

（3）有利于学前儿童进行自我保护。幼儿园要使学前儿童知道必要的安全保健常识，学会保护自己。目前，儿童性侵害问题普遍存在于世界各国，其危害性越来越引起人们的重视。现有研究已经证明，要使学前儿童免受性侵害，需要做到以下几方面。

第一，成人对学前儿童的保护必不可少。

第二，学前儿童自我保护意识的培养更为重要。

学前儿童性健康教育有利于儿童明确人体性器官的私密性，从而养成自我身体保护和性防卫意识，有效保护儿童自身安全。

2.学前儿童性健康教育应遵循的原则

（1）与学前儿童认知发展特点相一致的教育内容选择原则。学前儿童性健康教育的目的是促进学前儿童发展，因此在选择教学内容时要以学前儿童认知发展为基础，并与之相适应。例如，小班的孩子已经发现男女生小便的姿势不一样，并对性器官产生了兴趣，这时一方面要进行幼儿园男、女分厕教育，另一方面，教师可以结合小便姿势的不同讲授男女生理结构的不同。中、大班的孩子已经知道性器官的差异，对性别有了一定的认识，这时他们最感兴趣的话题是自己是怎么来的此时也是开展性教育的合适时机。总之，学前儿童对性的认识过程是逐步发展的，在对学前儿童进行性健康教育时一定要充分考虑学前儿童各阶段认知水平的差异和学前儿童的需要选择合适的教育内容❶。

（2）符合学前儿童发展需要的教育目标构建原则。在构建学前儿童性健康教育目标时要围绕学前儿童发展需要，涵盖认知、技能、情感三个方面，通过学前儿童能够接受的方式，采取多种方式帮助学前儿童获得与性健康相关的心理健康教育内容。

（3）诚实相告与艺术解释相结合的教学原则。

①诚实相告。诚实相告原则即科学性原则，就是要保证性健康教育的内容真实、客观。

第一，在进行学前儿童性健康教育时教育者所传递的基本知识必须科学，如生殖器官使用科学名称命名，而不是用方言或用"这个、那个"代替。

第二，教育内容的科学体现在案例的真实性和准确性上。

②艺术解释。所谓艺术解释，即受儿童认知发展和情感接受程度的限制，有些科学的知识应以隐喻、生动形象的方式告知。例如，面对儿童"我从哪里来"的问题，一方面，绝不可以采用蒙骗式的"捡来的、买来的"方式；另一方面，在面对儿童追问怎样从肚子里出来时可以采用较隐晦的方式，如"宝宝自己从妈妈肚子里走出来的"，或"医生在妈妈肚子上开了一个口子帮宝宝出来的"方法解释。

（4）正确看待，保护隐私原则。学前儿童因好奇或其他原因，有可能发生与性相关的行为，如触碰、暴露自己的性器官，对异性器官产生好奇心等。当学前儿童发生类似行为时，教师和家长应做到以下几方面。

第一，正确看待儿童的性行为是儿童发展过程中的正常现象。

第二，保护学前儿童隐私，不要发生不必要的讨论。

第三，应帮助学前儿童减少该行为，并正确看待这些行为。

（5）家园合作原则。家园合作对健康教育的重要性不言而喻。当前，一部分家长对于在学前儿童中开展性健康教育的接受程度有限，对于教学内容的选择也有争议。因此，学前教育机构在开展学前儿童性健康教育之前，必须做好家长工作，告知家长学前儿童性健康教育的重要性，教育涉及的内容，需要家长配合的内容等各方面，在充分取得家长共识的情况下开展学前儿童性健康教育一方面可以避免争议，另一方面能够更好地保证学前儿童性健康教育的效果。

---

❶ 王萍，万超. 学前教育学[M]. 长春：东北师范大学出版社，2018.

3.学前儿童性健康教育的内容

第一，初步形成正确的"性别认同"和"社会性别角色"，即初步形成对"性"的理解.知道区分男孩、女孩的不仅是外形特征，即服装、发型的不同，更重要的是身体结构、生理功能不同，了解两性差异，从而形成正确的性别认知。

第二，正确识别生理性别角色，即正确认识男孩、女孩的生殖器官，并能用正确的名称命名。学习如何辨别男女性别。

第三，知道性行为是正常的自然现象，但人类和动物是不同的，即了解"我从哪里来"的问题，知道父母是因为相爱所以组成了家庭，生育了宝宝。

第四，知道生殖器官的重要性，懂得尊重隐私，养成良好的卫生习。

第五，个别儿童可进行性别认同障碍教育。对于某些出现了性别认同异常的儿童，成人要正确教育，帮助儿童形成正确的性别认同。

第三节　学前儿童心理健康教育活动设计

一、专题性学前儿童心理健康教育活动

（一）专题性学前儿童心理健康教育活动设计环节

专题性学前儿童心理健康教育活动的设计环节包括以下几方面：引出话题；讨论评价；正确疏导，巩固行为。

1.引出话题

学前儿童生活中会遇到很多的问题，这些问题每天都会直接或间接地影响到学前儿童的生活质量。教师应该结合学前儿童的表现，找出学前儿童间带有共性的并迫切需要解决的问题，通过适当的方式引起学前儿童的关注。

2.讨论评价

讨论法可以沟通思想和感情，激发学前儿童积极参与的热情。加深认识。教师也应该在学前儿童讨论之前给予适当的引导，确定讨论的主题，通过教师和全体学前儿童的参与达到最好的共识，即明白应该怎样做，不应该怎样做❶。

---

❶ 魏中杰，王正翔.学前教育科研方法[M].长春：东北师范大学出版社，2020.

3. 正确疏导，巩固行为

教师既要从思想观念上对学前儿童进行认识教育，又要从行为方式入手进行行为训练。活动中教师可结合学前儿童的理解进行总结，肯定各种有利于身心健康的行为，并进一步通过游戏或角色扮演等活动巩固其行为，并将这种行为或方法运用到生活当中。

（二）教师在教学中对学前儿童进行心理健康教育

教师在教学中对学前儿童进行心理健康教育应做到以下几点。

1. 走近学前儿童

教师不要高高在上，而应走近学前儿童，在学前儿童有怒、有哀时，会表现出烦躁或独处的现象，教师应该仔细观察，感受到孩子与平时的不一样，并细心疏导，请孩子说出自己内心的烦恼，并帮助其解决问题，这样孩子才能重新找回快乐。这样不仅保证了孩子的心理健康，还促进了师幼之间的关系。

2. 尊重学前儿童

尊重学前儿童是让教师放弃长者的身份，改变学前儿童听命于教师的现象，以宽容之心对待每一位学前儿童。例如，孩子犯错误了，应该实事求是地进行批评，不能侮辱学前儿童的人格，引导其认识到自己的错误并改正错误，给孩子多些宽容。

3. 运用积极的心理暗示

每一位学前儿童都希望自己被关注、被欣赏。因此，教师应毫不吝啬的对学前儿童进行鼓励和表扬。例如，在体育活动中，学前儿童学跳绳，跳了很多次都没有成功，此时教师可以对孩子进行鼓励，孩子听了教师激励的话语，用心练习。最终会在教师的帮助下学会跳绳。

二、非专题性学前儿童心理健康教育活动

非专题性学前儿童心理健康教育活动是指除专题性之外的学前儿童一日生活中的健康教育。根据学前儿童的生活的特征可分为以下两大类。

（一）学前儿童心理健康教育活动在日常生活中的渗透

第一，要掌握、理解一定的心理健康知识技能，也一定要结合日常生活进行，在生活中不断练习而得以巩固。

第二，日常生活中的心理健康教育要比专题性的教育活动来得更及时些。例如，大班学前儿童早上来园时表现情绪不高，教师就可以询问学前儿童不高兴的原因，帮助学前儿童分析并用恰当的方式表达自己的情绪，

学习排解不开心情绪的方法❶。

第三，日常生活中的健康教育使专题性的教育活动得以延伸，有利于学前儿童心理健康行为的巩固。

（二）学前儿童心理健康教育活动在其他领域中的渗透

学前儿童心理健康还可以结合幼儿园的其他领域的活动来实施，使健康内容更加丰富，形式更加多样。多种多样的教育形式可以使心理健康教育更加生动活泼，使学前儿童的学习兴趣更加浓厚。例如，与语言领域的结合，将有关心理健康的知识编成有趣的、朗朗上口的儿歌让学前儿童来念，与艺术领域的结合，将有助于心理健康的歌曲或绘画作品让学前儿童唱唱跳跳、涂涂画画等。与体育活动相结合，不仅能促进学前儿童大脑的发育，还能促进学前儿童合群行为的发展，尤其是培养学前儿童的团队精神、合作能力、人际沟通能力等。

---

❶ 冯永刚，刘浩. 学前教育[M]. 济南：山东大学出版社，2009.

第七章
学前教育教学质量评价

第一节　学前教育教学质量的解读

在过去几十年的研究中，国际学界关于学前教育质量的说法并没有完全统一。在不同的研究中，常见概念有整体质量（overall quality）、机构质量（program quality）、观察质量（observed quality）、班级质量（classroomquality）、环境与过程性质量（environment and process quality）、结构性质量（structural quality）和过程性质量（process quality）等。不同的学前教育质量概念之间存在一些混绢，不同研究的表达方式也不一致（Layzer & Goodson，2006）。与此同时，学前教育环境中对儿童发展预测性较强的一些质量要素，因其宽泛甚至含混不清的质量定义而没有在研究中得到充分的关注与合理的评价。

也有不少学者试图对质量进行明确的界定。20世纪90年代初，有学者（Grisay & Mahlck，1991）提出，教育质量应该包括3个内在相关的维度：为教学提供的人与物质资源的质量（投入）；教学实践的质量（过程）；成果的质量（产出和结果）。也有学者（Love & Schochet，2000）认为，托幼机构的教育质量应从5个方面来考虑：托幼机构的动态特征，如师幼互动、教师行为、教学活动等；托幼机构的静态特征，如物质环境、安全和健康特征、材料等；工作人员的特征，如教师的培训、经验、工资及福利等方面的情况；管理与支持性服务，如工作人员的发展机会、财政情况等；家长的参与，如教师与家长的关系、家长的支持、家园互访等。还有学者（Dunn，1993）指出，传统的对质量的定义包含多方面的近端（proximal）特征（如课程、班级互动）和远端（distal）特征（如机构特征、政策），这些质量特征的重要程度并不相同，这便造成了一些质量的定义过于宽泛、质量对儿童的发展缺少指向性的状况。

总之，对学前教育质量做出精确且可操作的定义较为困难。因为质量概念及其内涵具有多层次性，所以通过某个评估工具来对质量的全部概念及其内涵进行定义与测量往往很困难。以学前教育领域近30年应用最为广泛的质量评估工具幼儿学习环境评量表（Early Childhood Environment Rating Scale，ECERS）为例，虽然该工具从7个维度对托幼机构班级质量进行了定义，但从儿童发展的角度来看，有很多重要的质量要素（如户外学习环境、情感支持和教学性互动）在此工具中没有受到足够的重视。著名学者达尔伯格（Dahlberg，1999）认为，在处理复杂性、价值观性、多样性、主观性、多视角及时空背景的问题时，应采取一种不同的、后现代的方式和立场来理解世界，对于学前教育质量的讨论亦是如此。

综合近几十年学界对质量内涵的理解，对于学前教育质量，可以从结构性质量和过程性质量两个领域来界定；同时，质量还包含第三个领域——结果性质量。此外，对质量也可以从4个角度加以理解：结构性质量、师幼互动质量、整体质量、质量监测系统（政策工具）。从质量提升的角度看，结构性质量、过程性质量和结果性质量的各要素之间存在复杂的、动态的关系。基于以上维度和视角，这里对学前教育质量的定义进行具体介绍。

一、学前教育质量的领域

质量的界定具有复杂性。纵观近40年的学前教育研究文献，国际学界一般将学前教育质量分为两个领域：结构性质量和过程性质量。此外，联合国教科文组织（UNESCO）在《全民教育全球监测报告2005》中指出，教育质量除包括结构性质量和过程性质量外，还包括第三个领域——结果性质量。

（一）结构性质量

结构性质量主要指托幼机构和班级两个层面的可调节的静态质量。托幼机构层面的结构性质量要素有空间设施、师幼比、财政投入与保教费、教师工资与福利、教师培训与进修、人事管理制度与财务制度、家园合作与社区合作制度、管理者领导力等。班级层面的要素包括班级人数，设施与材料，课程方案，教师的学历、资格证、工作经验、专业发展水平，等等。托幼机构的结构性质量通常受到国家和地区的学前教育政策、管理制度（如办园准人制度）、经济发展水平等因素的综合影响。有研究表明，学前教育管理政策对师幼比、教师专业能力等结构性质量的调节，能够影响学前教育整体质量的提升[1]。

（二）过程性质量

过程性质量是指与儿童学习和生活经历直接相关的人际互动的质量（动态质量），包括师幼互动、同伴互动、课程（如发展适宜性的教育活动）、家长参与等质量要素。大量研究结果显示，过程性质量会直接影响儿童的健康、认知、语言、社会性等方面的发展。大量的评估工具基于不

---

[1] 郑三元，邹巧玲，尹小晴.学前教育学基础[M].北京：北京理工大学出版社，2018.

同的理论框架，定义了过程性质量及其评价方式。当前，国际学前教育质量研究中最常见的过程性质量评估量表是班级互动评估系统（Classroom Assessment Scoring System，CLASS）。其他常见的工具，如养育者互动量表（Caregiver Interaction Scale，CIS）等，也从不同的角度定义并评估了过程性质量。

（三）结果性质量

任何学前教育的实施均以儿童发展目标为依据，提升学前教育质量的最终目标是促进儿童发展。儿童发展水平（或称儿童发展结果，child outcome）是检验学前教育质量的重要指标，可被视为学前教育质量中除结构性质量和过程性质量外的第三个领域——结果性质量。当前，世界各国政府、专业组织或学者制定的学前教育质量标准均围绕着儿童早期发展目标，强调提升质量以促进儿童发展的观念，并持续开展大量的儿童发展测评研究，以此来检验学前教育的有效性、教育政策工具（如质量监测系统）的有效性。

然而，国际上一些学者并不建议将儿童发展水平的评估标准纳入学前教育质量标准，因为对儿童发展水平的评估耗时耗力，信度和效度都难以得到保证；对儿童发展水平的评估往往很难准确地反映某一托幼机构的质量，且将儿童发展水平作为托幼机构评价标准有可能导致教育的功利化。我国也有学者认为不宜将幼儿发展结果作为质量评价指标，而应关注教育过程中幼儿园对儿童发展评估的重视程度，如考察幼儿园是否将儿童发展评价作为常规性工作。综合考虑这些背景因素，将儿童发展水平作为标尺来评价某一个托幼机构的质量可能会产生误导性结论。然而，值得注意的是，在选取不同类型的、数量较多的托幼机构作为研究样本时，儿童发展水平依然可以成为检验学前教育有效性和政策工具有效性的标尺。

（四）各质量领域之间的关系

康纳斯（Connors，2016）基于前人大量实证研究的结果，总结了3个质量领域之间关系的质量模型（图7-1）。康纳斯认为，过程性质量与儿童发展有直接且稳定的关系。然而，结构性质量对过程性质量和儿童发展的影响均是较弱或不稳定的。事实上，过程性质量还可以细化为情感支持质量和教学支持质量。其中，情感支持与儿童的社会性情绪和行为控制有密切的关联，而教学支持与儿童的认知与学业发展有紧密的关联。过程性质量的逐步细分，让质量促进儿童各领域发展的逻辑更为清晰。

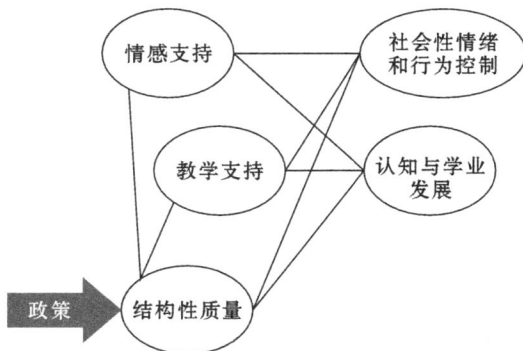

图7-1 3个质量领域之间的关系

其中，托幼机构的结构性质量由具体的、可观察的资源或工作条件构成。这些资源或工作条件既可通过观察或文件查询等方式进行评估，也可通过学前教育政策（如政府出台的政策工具）的颁布与实施进行调节。因此，政策干预可以通过结构性质量的调节（如师幼比和教师学历的调节），来间接调节过程性质量（有针对性地调节班级情感支持和教学支持质量），继而影响儿童的社会性情绪、行为控制以及认知与学业的发展。然而，这种政策干预对儿童发展的影响往往是微弱的、不稳定的，其原因在于政策并没有直接干预过程性质量，而过程性质量要素才是直接促进儿童发展的关键质量要素。

二、学前教育质量的视角

如何对学前教育质量进行定义是困扰学前教育研究者多年的问题，美国教育专家皮亚塔等人发表了专题论文《学前教育课堂质量：定义、差距和系统》，对学前教育质量的定义进行了精辟的、全方位的解释。他们认为可以通过4个视角来看学前教育质量：结构性质量、师幼互动质量、整体质量和质量监测系统（政策工具）。

（一）结构性质量

结构性质量是托幼机构中相对稳定的、可观测且可调节的静态质量，如教师学历、师幼比、班级规模等。政府往往基于结构性质量的调节（如明文规定、财政投入、专项等）来整体地提升托幼机构质量。政府对结构性质量的调节一般参考国家制定的质量标准，或者依据权威专业机构推荐的质量标准。

当前，国内外托幼机构大多存在师资匮乏的情况，因此，在班级师幼比的安排上往往遵循最低标准的原则。在绝大多数国家和地区，营利性托幼机构是学前教育市场的主体。无论是在美国还是在中国，大部分托幼机构都按照国家和地区规定的结构性质量的最低标准来执行，从而满足其最大程度营利的需求。然而，我国很多托幼机构实际的班额和师幼比尚无法达到政府规定的最低标准，农村幼儿园大班的班额往往超过35人，有的班级甚至超过50人。

政府通过调节结构性质量来提升过程性质量，从而实现儿童的全面发展。政府需要思考如何有效地通过质量监测系统来合理设置最低质量要求，如何有效地调配资源来帮助广大托幼机构达到最低标准。政府对教育资源的调配主要体现在：①给予规定期限内达标的幼儿园一定的资金奖励；②对监测不达标的幼儿园，可取缔其经营权；③通过专项资金直接改善幼儿园的结构性质量。政府调节幼儿园结构性质量的最终目的是促进其过程性质量的提升，进而促进儿童的发展。该调节往往需要基于科学的观察和实证研究的决策，其调节的有效性需要实证研究的检验。

（二）师幼互动质量

在托幼机构中，几乎时时刻刻都发生师幼互动。当前，学者一致认为，教师与儿童在班级内的互动深刻地影响儿童各方面的发展，该影响会从学前阶段一直延续到小学阶段，甚至更为长远。来自不同国家的研究者探索了师幼互动对儿童发展的影响，发现师幼互动质量对儿童的认知、语言、社交性情绪能力及执行功能（executive function）的发展有积极的预测作用。高质量的师幼互动有助于儿童认知与语言的发展，能够提高儿童的学业成绩。此外，高质量的师幼互动对处境不利儿童的帮助更大。可以说，师幼互动质量是学前教育质量的核心要素。

不同学者基于不同理论框架，对师幼互动质量的理解与定义有所不同。2007年，皮亚塔及其同事提出了"基于互动的教学理论框架"（teachingthrough interactions framework，TTI），并于2008年提出了当前最具代表性的师幼互动测评工具——CLASS。

个人专业成长的支持等多个方面。目前，该量表广泛应用于世界各国的托幼机构班级整体质量的评价与研究。

（三）质量监测系统（政策工具）

质量监测系统（政策工具）的视角关注政府如何通过大规模的幼儿园质量测评（政策工具），有针对性地、整体性地提升本地区托幼机构的质量。在质量监测系统（政策工具）中，托幼机构能够通过持续的评估与督导以及政策与资金支持，系统地、动态地获得质量的提升。该质量监测系统（政策工具）的有效性、成熟性及托幼机构的参与度，均可被视为学前教育质量的重要组成部分。

　　这里以美国的质量评定与提升系统（Quality Rating and Improvement System，QRIS）为例进行阐释。QRIS是美国以州政府为主体实施的学前教育综合性项目。作为质量提升的政策性工具，其功能是对托幼机构质量进行监测与评级，通过一系列的政策手段来改善机构质量，同时帮助家长更为理智地选择托幼机构。QRIS有5项基本内容：①质量标准（program standards），指由各州制定的清晰的质量定义与评估方式，以及明确的质量标准与指标；②绩效责任测量（accountability measures），包括质量测量与问责制；③技术支持（technical assistance），包括托幼机构质量提升方案与教师专业支持等；④财政激励（financial incentives），包括教师奖学金、财政津贴、分层补贴等；⑤家长教育（consumer education）。可以说，QRIS使用一系列质量标准对托幼机构进行质量测量与评级，并向家长发布评级信息。托幼机构可获得诸如教师培训、分级补贴与特殊儿童补贴、质量提升奖励的技术协助和财政激励等方面的收益，持续提升质量，从而使低质量的托幼机构逐渐减少或退出教育市场。此外，QRIS的运作还可以确保州学前教育政策和财政支出的合理性和有效性。通过持续地整体提升托幼机构的质量（尤其是低质量托幼机构的质量），并将财政补贴有针对性地发放给处境不利儿童，教育公平可获得维护。该系统对政府和家长行为的引导能间接提升托幼机构的教育质量，从而对政府、托幼机构和家长发挥多重作用力，并最终促进儿童的认知、情绪与社会性发展。当前，除QRIS外，很多国家（如英国、澳大利亚、芬兰、中国等）均采用政策工具系统性地评估与提升学前教育质量，该机制可以被视为学前教育质量的重要部分。在近几十年里，针对各国学前教育质量提升系统开展的学前教育质量追踪和干预研究均得出一个深刻的理论模型：政策性干预能调节结构性质量，结构性质量能支持师幼互动质量，师幼互动质量能直接影响儿童的发展。基于该模型，我们可以认为，师幼互动质量是所有质量要素中的核心成分。

　　综上所述，对质量进行精确的定义和测评是提升质量的关键前提。当前国际学界普遍认为，师幼互动是学前教育质量中最关键的质量要素。准确地对师幼互动质量进行评估与调节，是提升学前教育质量的有效途径。

第二节　学前教育班级整体质量

ECERS是当前全球应用较广泛的托幼机构班级整体质量评估工具之一，该量表从7个方面（空间和设施、个人日常照料、语言-推理、活动、互动、课程结构、家长和教师）定义了托幼机构班级整体质量的内容。该工具的第一版诞生于1980年，并于1988年推出了修订版（即 ECERS-R），又于2015年推出了第三版（ECERS-3）。该量表自研发至今，见证了美国主流学前教育界对高品质学前教育质量逐步解析、完善的过程。

该量表研发以来，在世界各国的幼儿园班级整体质量评价研究、质量监测及师资培训中广泛应用。美国开展的大型质量追踪研究"成本，质量与产出"运用了ECERS对托幼机构班级的整体质量进行观察测量；该研究结果表明，得到高质量学前教育的3～4岁幼儿在之后的学业发展中表现得更为优秀。此后，陆续有很多大型追踪和干预研究运用ECERS来测量托幼机构班级整体质量。自美国推广QRIS开始，ECERS成为美国学前教育领域运用最普遍的班级整体质量评价与提升的指导性工具之一。政府投入了大量的人力和物力来培训当地学前教育系统的培训师，大量的培训师运用ECERS 系统性地指导一线幼儿教师提高其教学水平。在此过程中，托幼机构班级整体质量的水平也获得了提高（表现为ECERS得分的提升）。此外，为了更好地对托幼机构班级整体质量进行自评与提升，很多一线教师和托幼机构管理者也参加了ECERS培训。

总之，ECERS是当前描述与定义托幼机构班级整体质量的权威工具，并在全球范围内成为应用广泛的班级整体质量测评工具。ECERS自研发以来经过了大量实证研究检验。由于 ECERS的测评实践及近几十年研究者对ECERS的研究，后人能够对托幼机构班级整体质量获得较为充分的理解。

一、ECERS的理论基础

学前教育的最终目的是促进儿童的健康发展，托幼机构班级整体质量的内容也应基于此目的进行建构[1]。ECERS基于发展适宜性幼儿教育理念，

---

[1] 赵春龙. 幼儿园班级管理[M]. 第4版. 长沙：湖南大学出版社，2016.

描述了一系列丰富的托幼机构结构性质量与过程性质量。从第一版到第三版，此工具所倡导的发展适宜性幼儿教育理念贯穿8个核心质量观，它们分别是：独立性、自由选择性、多样化、计划性、成人角色、积极氛围、监督管理和自由创作。这8个ECERS核心质量观的建构基于皮亚杰与维果茨基的心理发展与教育理论。皮亚杰强调儿童在认知发展中的主动性；维果茨基强调人际互动、社会文化对儿童心理发展的建构，其最近发展区理论为教师教学提供了指导。此外，ECERS也关注人际互动中教师为儿童提供的安全的情绪环境，这些观点深受发展心理学中依恋理论的影响。下面对这些核心质量观的理论基础进行阐释[1]。

（一）独立性

皮亚杰强调的幼儿主动学习的教育理念反映在ECERS中。良好的环境创设能够使幼儿成为独立的学习者。幼儿通过对环境的把控练习自我控制能力，增强自信和自我效能感。当幼儿有良好的自我效能感时，他们更容易在学习中获得成功经验。环境创设的一个重要目的是让幼儿可以自由地决定在哪里玩、与谁一起玩、玩什么和怎么玩，也就是说，幼儿在任何时候都不需要在教师提供的环境中选择游戏内容、同伴和方式。因此，很多ECERS指标涉及诸如"幼儿在一天中有大量的时间可以自由接近和拿取材料"等促进幼儿主动学习与独立学习的环境设置。

此外，幼儿各个领域的知识学习是相辅相成的，所以托幼机构应该为幼儿提供大量的自由游戏经验，同时还应有计划地借助课程设计（如主题教学活动设计）来整合不同领域的游戏活动经验。例如，幼儿在积木游戏中既可以锻炼大小肌肉的活动能力，又可以丰富数学概念类知识，还可以提升问题解决及语言能力。这些内容均反映在ECERS的项目中。

（二）自由选择性与多样化

ECERS倡导通过提供足够的玩教具支持幼儿的发展，并且玩教具的提供应能适应不同幼儿发展的差异及幼儿个体发展的变化。在同一个班级里，不同幼儿的发展水平不一定在同一个层次。例如，在同一个班级里，有的幼儿刚接触数字或刚理解数字的含义，而有的幼儿已经准备好学习加减法了；幼儿的游戏发展水平亦是如此，在同一个班级里，有的幼儿处于独立游戏阶段，有的幼儿主要进行平行游戏，而有的幼儿开始进行合作游戏。可见，通过有效的玩教具准备来满足不同发展水平的幼儿的不同学习兴趣与游戏需要，是对教师教学设计的一大挑战。因此，很多ECERS评

---

❶ 胡碧颖. 学前教育质量评价研究与实践[M]. 北京：北京师范大学出版社，2021.

估项目提出，玩教具的供应应该具备多层次性。例如，ECERS中的指标要求拼图有4块、6块和12块的组合；用于户外游戏的小车除尺寸应适合幼儿外，也应同时具有有轮和无轮两种形式。这样既满足不同年龄阶段幼儿的需求，又能满足幼儿的多重兴趣。总之，ECERS对幼儿园所提供的玩教具的评测强调了材料的丰富性与多样性。

与皮亚杰一样，维果茨基认为游戏可以促进幼儿认知和社会性发展，是幼儿学习的主要形式和途径。因此，教师应该为幼儿提供丰富的游戏材料来鼓励其进行自由游戏。基于此理念，游戏材料的多样性在ECERS的指标中十分常见，如"户外大肌肉活动场所的地面铺设了不同的物料，可以进行不同类型的游戏""有充足的大肌肉活动器材，幼儿使用时不需要花很长时间等待""有许多适合幼儿进行小肌肉活动的各类材料，幼儿在一天中有相当多的时间可以取用"。

此外，维果茨基还强调社会文化的多样性对幼儿学习和发展的影响。ECERS强调环境的创设和使用的游戏材料应不仅适合幼儿的年龄特点、方便幼儿的使用，而且应反映出幼儿及其家庭的文化背景，促进幼儿对文化的理解。因此，ECERS的评估项目要求班级环境的设置纳入幼儿自身、家庭和他们的语言文化方面的重要元素，以反映班级文化环境的多样性。比如，"提供的道具体现出多无识别结界化类型的道具、方便残疾人使用的设备）""为幼儿提供各种类型的音乐（如古典音乐、流行音乐、反映不同文化特色的音乐、以不同语言演唱的歌曲）""幼儿在一天中有相当多的时间可以取用多种多样的图书（图书体现出幻想、知识、人物、动物、自然、科学，也包括反映不同社会文化和适应不同学习能力的幼儿书籍）"。

（三）计划性与成人角色

皮亚杰和维果茨基均认为教师在教学过程中应扮演指导者和观察者的角色。教师应有计划地、有针对性地鼓励幼儿积极主动地尝试和探索，以促进其逻辑思维的发展和社会性发展水平的提升。此外，维果茨基认为成人应根据幼儿的发展水平来创设教学环境并给予发展性支持，提出其著名的最近发展区理论。教师要善于发现每位幼儿的最近发展区，有计划地在这个区域里合理地给幼儿安排活动和学习，给予适当的指导和帮助，FCERS里有大量的项目体现了这些教育理念。例如，"在音乐活动中鼓励幼儿创作""在幼儿解决问题时，教师鼓励幼儿解释为什么要将东西分成不同类别""提问幼儿两张图片有哪些异同"等。

维果茨基在其理论中阐述了角色游戏对幼儿心理发展的重要性，并强调应让幼儿主导游戏。ECERS的活动子量表里专门有一个项目对角色游戏进行评估。该项目强调以下几点内容。首先，只有在幼儿能够随意地、自由地使用材料来进行假装游戏时才可以得分，也就是说，教师分配给幼儿的角色任务应满足真正意义上的角色游戏的要求，而非强制性的扮演。其次，角色游戏的形式必须丰富化，角色游戏应包括家务、各类工作、幻想和休闲等不同种类。如果想在这一项目的测评中得到7分（最高分），班级所提供的游戏与教学材料就要随时变换主题，道具也要体现出多元化和多样性（能够体现出不同种族、文化、年龄和能力幼儿的需要）。再次，为体现游戏活动的便利性，幼儿应能够在户外进行角色游戏，所以托幼机构在进行户外环境创设时也要投放便于幼儿开展角色游戏的器材和道具。最后，教师必须有计划地借助精心准备的书籍和活动来丰富角色游戏。

ECERS还强调幼儿对概念的学习与幼儿的生活经验密切相关，并关注概念学习（高级认知发展）的计划性。ECERS强调将不同的体验与高级认知概念进行有效整合，比如：把美术活动与其他课堂经验联系起来（如在以秋天为话题的谈话活动后，让幼儿结合对秋天的理解进行绘画；或让幼儿在校外活动后绘画）；将日常事件作为学习自然与科学的基础（如探讨天气或季节的变化，观察昆虫或雀鸟，观察雪的融化与冰的凝结）；每天组织促进幼儿学习数学/数字的生活活动（如帮忙摆餐桌、数盘子，爬台阶时数数）。这些ECERS指标强调托幼机构的教学计划应当适应幼儿的年龄及其身心发展规律。

（四）积极氛围与监督管理

维果茨基强调互动过程对幼儿心理发展的重要性。教师应创造一个温馨舒适的互动环境，并让幼儿在这个环境中获得安全感。幼儿在这个环境中将教师视为"安全的堡垒"，在遇到挫折时，幼儿愿意向教师寻求帮助。也就是说，教师应为幼儿创造一个积极的情绪氛围来帮助其成长。如果幼儿有大量的机会主动选择与同伴交流、游戏，并且教师与每个幼儿都有一对一的交流，幼儿与教师的良好关系就会日渐发展与稳固。基于此，ECERS中关于师幼互动的项目评估了教师能否在一天中的大部分时间与幼儿进行一对一的交流，并为幼儿创造一个充满安全感的环境。同时，ECERS强调教师语言的运用主要是为了与幼儿进行社会性交往，而非控制幼儿的行为。在拥有良好的社会性交往的班级里，教师更看重幼儿积极参与的过程，而幼儿更易成为学习过程中的"冒险家"，他们不会在乎答案的正确与错误。在整个量表中，有一个子量表专门评估互动的情况，包括师幼互动和幼幼互动。ECERS-3增加了互动的项目及其比重，如在互动于量表中增加了一个关于个性化教学的项目，反映的是教师与每位幼儿在教学过程中的互动行为。

（五）自由创作

培养幼儿的学习兴趣和自由探索精神是班级教学任务之一。幼儿可以通过许多不同的方式来学习同一种技能，当教师允许并鼓励幼儿通过不同方式进行学习、探索与自由创作时，幼儿的学习方式和兴趣就得到了尊重。同样的道理，幼儿可以通过不同的方式来表达他们习得的知识，如画画、跳舞讲故事等。让幼儿自由地选择他们最擅长的方式来进行表达，可以很大程度地激发他们对学习的热情与持久性。基于此，ECERS中很多高水平的指标反映了教师善于鼓励幼儿运用多种学习方式和表达方式的要求，而非要求幼儿用同样的方式进行游戏和表达。这体现出了教学过程的灵活性，以及幼儿自由创作的意义。

此外，ECERS重视并鼓励幼儿创造力的培养。ECERS 中的很多指标都体现了幼儿创造力培养的重要性。例如，"借助音乐活动鼓励幼儿创新（要求幼儿给歌曲填新词、鼓励个性化的舞蹈）""在美术材料的使用中，幼儿的个性得以充分的发挥（很少有模仿范例的活动，幼儿的作品呈现多样性和个性化""。

总而言之，ECERS系统地、有意识地将儿童发展理论、儿童年龄特点及实践经验进行了整合，并根据不同质量指标的重要性给予不同的分值，从而让每个项目的得分能够客观地、科学地反映托幼机构学习环境的质量水平。

二、ECERS-R对班级整体质量的定义

（一）ECERS-R的基本内容

ECERS-R通过7个子量表对班级整体质量进行了定义这7个子量表包含一系列结构性质量和过程性质量内容，它们是空间和设施、个人日常照料、语言—推理、活动、互动、课程结构、家长和教师。这7个子量表从不同角度定义了内容丰富的班级整体质量：空间和设施子量表评估班级的物理环境；个人日常照料子量表聚焦于班级的卫生、健康与安全；语言—推理子量表关注班级对儿童语言发展的支持；活动子量表评价班级各种教学与游戏活动；互动子量表评估班级师幼互动的信息交换质量；课程结构子量表关注班级课程安排与日程计划；家长和教师子量表评估家园互动、教师间互动合作的情况及教师专业发展等多个方面。每一个子量表有很多质量评价的项目，每一个项目又包含若干指标，这些指标对项目各等级的评分依据给予了解释。

（二）ECERS-R视角下的结构性质量与过程性质量

结构性质量与过程性质量是班级整体质量的两个核心概念。ECERS-R中的7个子量表共包含了43个项目，这43个项目包含一系列丰富的结构性质量和过程性质量内容。虽然量表作者强调ECERS-R侧重评估过程性质量，但也有不少学者认为ECERS-R主要评估了托幼机构的结构性质量。此外，也有研究者质疑将整体质量划分为结构性质量与过程性质量的合理性：把结构性质量与过程性质量结合起来并将之作为幼儿园班级整体质量可能不合适，因为各质量要素的动态协同作用可能大于各要素的简单相加。

为了回答这些有争议性的问题，卡西迪及他的同事们（Cassidy etal.，2005）在一篇题为《学前教育质量中结构性与过程性质量的再探究》的文章中、基于ECERS-R的理论框架，重新定义了过程性质量和结构性质量这两个托幼机构班级整体质量的核心概念。他们在已有文献的基础上重新对ECERS-R中的各项目进行了编码，对比了一致性和差异性，并重新建构了ECERS-R中结构性质量和过程性质量的定义：①ECERS-R中的结构性质量指除人际互动环境外的质量要素，主要包括游戏与教学材料、设备、课程计划、管理规范及一些政策方针（如教师资质、生师比）等；②ECERS-R中与过程性质量有关的项目关注个体之间的关系与互动，包括教师与幼儿在操作材料及参与活动中的互动情况、幼儿之间的同伴互动、师幼互动、教师在互动过程中对幼儿的监管、教师之间的互动及家园互动。该文章对ECERS-R结构性质量和过程性质量的定义更加清晰地阐释了人与人之间的关系和人与物之间的关系：过程性质量体现了人与人之间相互作用的这个特征，而结构性质量则独立于人与人之间的相互作用（如提供材料与设备等）。

（三）ECERS-R各项目中的结构性要素与过程性要素

卡西迪等人（Cassidy et al.，2005）通过多次ECERS-R评分实践及理论分析、将ECERS-R的每一个项目中的指标划分为过程性指标或结构性指标，并计算了过程性指标在每一个项目中的比例。例如，在某个ECERS-R项目中，结构性指标有6个，过程性指标有4个，那么这一项目的过程性指标的占比为40%。在ECERS-R的所有项目中，有9个项目的指标完全是过程性的，13个项目的指标完全是结构性的，剩下的21个项目既包含过程性指标，又包含结构性指标。各项目的过程性指标所占的比例在表2-1中有所体现。从以上研究结果出发，卡西迪等人（Cassidy et al.，2005）对ECERS-R各项目中的结构性要素与过程性要素进行了以下几点讨论。

1. 对ECERS-R项目中的过程性要素和结构性要素很难清晰地区分

在ECERS-R中，很多项目的内容同时包含过程性要素和结构性要素。ECERS-R中与结构性质量有关的项目所关注的重点并非一些政策方针、课程计划或材料的供给，而是材料、设备及幼儿的使用是否达到要求，很多与结构性质量有关的项目涉及教师对材料和设施的使用（例如，教师有效利用材料进行教学）。与过程性质量有关的项目评价了教师与幼儿之间的关系、教师的教学行为及教师对幼儿需要的特别关注，同时也关注了教师在教学过程中对材料的利用。也就是说，在ECERS-R中，教师、幼儿及托幼机构的教育环境不是相互独立的要素，它们彼此联结，共同构成了动态的、过程性的质量环境；在这个环境中，教师、幼儿与材料设施之间有交互作用。

2. 结构性质量和过程性质量之间存在复杂的动态关系

结构性质量和过程性质量之间的关系可能是非线性的（而非简单的线性关系），这种关系可以通过一个比喻进行说明。如果将结构性质量比作一辆汽车，将过程性质量比作司机，将幼儿比作乘客、那么这三者的关系就可以这样理解：家长希望自己的孩子乘坐豪华汽车，但更在意司机的驾驶水平，因为孩子的安全才是第一位的；好司机配好车是锦上添花。但如果好车已上路，决定乘客（孩子）乘车体验的就是司机的驾驶水平，这样看来，汽车只要功能完好、质量过关就行，精益求精的质量要求并非是必须的，所以家长更愿意让孩子乘坐有合格司机的经济型汽车，而不是乘坐被吊销驾照的司机所开的豪华型汽车。同样地，结构质量（如大量的材料和设施、安全和清洁设施）是必要的但过程性质易（加教师的教学或师幼关系）对班级整体质量来说更加重要。从这个校对来看，ECERS-R中与结构性质量有关的项目为班级整体质量水平"基线"（即可接受的最低ECERS-R总分）的评估提供了参考，而与过程性质量有关的项目的分数越高，ECERS-R总分（班级整体质量）也就越高；因此，对结构性和过程性质量之间的相互作用的动态评估可能是更合适的模型。

3. 对班级整体质量需要从更为广阔、系统的视角进行理解

托幼机构班级整体质量与儿童发展水平之间存在某种程度的联系，然而，这种联系呈现出很大的个体差异：很多高质量幼儿园的儿童，其各领域的发展并不是很理想。事实上，每个儿童及其家庭都是复杂地交织在一个动态系统中的。要理解这个系统，研究者需要梳理其中的每一个因素对儿童发展的贡献。只有在特定的背景下结合儿童和教师的个人特点来研究质量的具体方面，才能深入了解质量。

（四）ECERS-3与班级整体质量

与ECERS-R一样，ECERS-3的设计同样围绕班级整体质量的核心概念（结构性质量与过程性质量），同时关注了班级整体质量对儿童多方面（认知、情绪、身体、健康和安全等）发展的促进作用。不过，ECERS-3

与 ECERS-R在评估内容方面有所差异。

首先，相较于ECERS-R，ECECR-3撤掉了家长和教师子量表的评估内容。ECERS-3包含6个子量表，共43个项目，这6个子量表是空间和设施、个人日常照料、语言与词汇、学习活动、互动与项目结构。新增加的项目包括个性化教学、理解书面数字、熟悉绘画等。ECERS-3评估的托幼机构中的儿童由原来的2.5～5岁改为3～5岁。另外，ECERS-R的访谈内容被全部取消，ECERS-3完全基于观察进行评分。这些改变主要基于北卡罗来纳大学的研究团队对这个工具的心理测量学特征的研究。

其次，相比 ECERS-R，ECERS-3更加关注教师在促进儿童认知发展和社会性技能发展中的指导作用。新增加的指标（如"帮助儿童扩展词汇量""鼓励儿童使用书籍""熟悉绘画""日常事件中的数学"），以及一些项目中的7分指标（如项目"角色游戏"中的"教师以对儿童有意义的方式与儿童讨论角色游戏中的绘画和数字"）明显是为了促进儿童的数学与早期语言等高级技能的发展。

再次，ECERS-3关注教师在教学活动中对材料与玩教具的有效利用。ECERS-R非常强调各类活动材料的供应及自由游戏时间中儿童对材料的获取，甚至一些高分指标也与材料的分类有关。例如，"积木"的7分指标都与材料的供应有关（"每天至少有两种积木和多种附属材料叮以供儿童使用""积木和附属材料存放在开放的、贴有标签的架子上"）。而ECERS-3对材料和玩教具的重视明显减少。尽管ECERS-3也评估活动材料的提供情况，但相关项目的高分指标往往与教师如何利用材料进行教学活动有关。例如，项目"小肌肉活动"中的"教师通过发放材料并要求儿童合理地整理归纳材料来促进儿童的问题解决能力"，明确指出了教师应利用材料促进儿童的问题解决能力。

三、中国托幼机构教育质量评价量表（试用版）视角下的中国幼儿园班级整体质量

（一）中国托幼机构教育质量评价量表（试用版）研发的理论基础

2013年，胡碧颖、李克建研究团队在借鉴ECERS的理论架构、测量学特性及中国本土试用研究的基础上，完成了ECERS 的中国本土化修订，编制了中国托幼机构教育质量评价量表（试用版）（Chinese Early Childhood Environment Rating Seale，CECERS）。CECERS坚持并体现了ECERS对托幼机构班级整体质量判定的8个核心质量观：独立性、自由选择性、多样化、计划性、成人角色、积极氛围、监督管理和自由创作。这些理念和标

准反映在整个量表的各个评价项目中。另外，基于中国幼儿教育质量评价的实际需要，CECERS纳入了第9个质量观——均衡性，即在班级质量评价的过程中，既要衡量课程领域之间的均衡、幼儿身心各方面发展的均衡，也要考虑各种活动形态之间的均衡，尤其是成人主导活动与幼儿自主活动之间的均衡，以及集体的、分组的与个别的活动之间的均衡，同时要考虑东西方文化、教育价值观的平衡。纳入该质量观的目的是增强CECERS对中国国情和文化教育情境的适应性。胡碧颖、李克建团队（2013）在开展大量的量表信度和效度研究并确定最佳的评分方案后，使用CECERS对中国幼儿园进行了质量测评，并开展了一系列研究。可以说，CECERS是当前在中国颇具影响力的幼儿园班级整体质量评估工具。

（二）CECERS对中国托幼机构班级整体质量的定义

从量表的总体构架上看，CECERS与ECERS对托幼机构班级整体质量的构成要素的理解是一致的。有所不同的是，CECERS根据中国国情（集体教学的重要地位）增设了一个子量表——集体教学。因此，CECERS包含8个子量表，它们是：①空间和设施；②个人保育；③课程计划与实施；④集体教学；⑤活动；⑥语言-推理；⑦互动；⑧家长和教师。在量表评价指标的呈现方式上，CECERS运用了与ECERS基本相同的架构，保留了ECERS 7点评分的李克特式量表结构，每个项目下的指标被组织到1（不适当）、3（最低要求）5（良好）或7（优秀）的等级序列下。这4个等级是一种递进的关系：1——不要伤害；3——做好最基础性的工作；5——履行发展适宜性实践；7——追求卓越。此外，相较于ECERS，CECERS对每个项目进行了维度的建构。维度是对特定项目进行评价的不同角度或不同层面。比如，空间和设施子量表中的项目"室内空间"由3个维度组成：空间及结构、基本设施、维护与清洁。整体来看，CECERS共包含8个子量表，53个项目，160个评价维度，574个评价指标，814个精细评价指标。

四、ECERS-E对ECERS-R课程评价的补充

正如本书第一章所讲，完整的学前教育课程由课程方案、课程实践、课程评价3个要素构成。其中课程方案包括课程理念、课程目标、课程设置与内容等一系列内容；课程实践主要指师幼互动与教学、家园合作等；课程评价主要指通过儿童发展评价来检验课程方案及课程实践的有效性。尽管ECERS-R评价了班级中教师利用结构性质量要素、通过有效教学设计（如空间和设施、课程结构、活动子量表的内容）来完成教学的一系列过程，但其对课程方案的评价有所缺失。ECERS-E能够有效地弥补这一缺失。

（一）ECERS-E简介

ECERS-R广泛应用于发展适宜性学前教育实践中的班级整体质量评价，然而，英国的一些研究发现，该量表在预测英国儿童学业成绩方面的能力有限。21世纪初，英国发布并执行了一份通过游戏活动促进儿童技能发展的课程指引文件——《早期基础阶段法定框架》。该文件指出，英国托幼机构的课程方案应包括身体发展、创造性发展、个人与社会教育、语言、算术及对世界的理解等多个领域，而ECERS-R不具备评价此种课程的能力。基于此，英国著名的研究项目——提供有效学前教育项目开发了适应新课程的量表，即ECERS-E，来补充ECERS-R，使量表对具备提高或支持作用的学习策略的评价更加敏感有效。

ECERS-E是对ECERS-R的扩展补充，该量表能够评估针对儿童学业发展的一系列课程所定义的质量维度，配合ECERS-R使用。ECERS-E同样强调教师合理安排教学计划、有效利用材料实施教学，并对儿童在各领域发展的教学质量进行了规定，其内容和框架与课程质量标准一致。ECERS-E由4个子量表组成，分别为读写、数学、自然/科学、多样性，共15个项目。具体见表7-1。

表7-1　ECERS-E的子量表与项目

子量表	项目序号		项目名称
读写	项目1		环境中的文字
	项目2		图书及读写区
	项目3		教师与儿童一起阅读
	项目4		文字的发音
	项目5		早期书写（前书写）
	项目6		说话及聆听
数学	项目7		数数及应用
	项目8		阅读及表述简单的数字
	项目9	a	数学活动——形状
		b	数学活动——分类、配对及比较

子量表	项目序号		项目名称
自然/科学	项目10		自然材料
	项目11		自然科学区
	项目12	a	科学活动——非生命
		b	科学活动——生命过程
		c	科学活动——食物的准备
多样性	项目13		符合个别学习需要的计划
	项目14		性别平等及意识
	项目15		种族平等及意识

（二）ECERS-E课程评价的有效性

课程方案的目标是促进儿童的发展。世界各国制定的课程方案标准均与本国出台的早期儿童学习标准一致。

由之前的研究可知，ECERS-R有在儿童社会性行为发展方面更敏感的质量指标，而 ECERS-E则有在儿童认知发展与学业技能方面更为敏感的质量指标。该结论与两个量表的内容架构关系密切。ECERS-R的子量表为空间和设施、个人日常照料、语言—推理、活动、互动、课程结构、家长和教师。语言—推理子量表、活动子量表、互动子量表都与儿童社会性行为发展的评价相关；其中语言-推理子量表包含4个项目，侧重于儿童对语言的运用、即幼儿的"说"，而缺少对儿童读写萌发的评估。然而，ECERS-E专设3个子量表（读写、数学、自然/科学）来评价有关促进儿童读写、数学能力、科学和文化思维发展的教育质量。其中读写子量表包含6个项目，测量得非常细致，并且除语言的运用外，增设了早期书写（前书写）、环境中的文字、文字的发音等项目，侧重于对有意培养儿童早期读写能力的测量。另一个子量表多样性用来评价教师在面对不同性别、不同文化/种族、不同能力水平的儿童时，在实施3个领域的教学中所做出的因材施教的措施。因此，ECERS-E在评价儿童认知发展和学业技能方面更为敏感，这也凸显了ECERS-E在课程设置（方案）质量评价方面的有效性。

ECERS-E作为对ECERS-R的重要补充，其研发受到英国文化背景的影响，但该量表在美国及其他地区也得到了广泛应用。美国对早期读写和数学的重视，对早期自然/科学学习和全纳教育的关注，均受ECERS–E的影响。ECERS–E与ECERS–R相辅相成，相得益彰。它们作为学前儿童教育实践改进的指导工具，为全球各种文化背景下渴望不断发展、完善自身教育实践的托幼机构提供了严谨有效的质量信息收集和反馈的模板。

第三节　学前教育班级师幼互动质量

　　师幼互动既是学前教育课程实施的过程，也是学前儿童在托幼机构班级一日生活中的生活体验、学习体验和情感体验的重要载体。在世界各国政府制定的学前教育质量标准系统中，班级师幼互动质量（即教与学的质量）是课程方面的核心内容。CLASS是评价班级师幼互动质量的观察性评估工具，该评估工具在很多国家得到广泛的应用，展现出良好的文化适用性，并获得学界和一线教育工作者的一致认可。该评估工具基于科学的理论基础，定义了托幼机构班级师幼互动，同时CLASS也可用于指导班级师幼互动质量的提升。

一、师幼互动理论与CLASS

　　美国的3位学者（Pianta，La Paro & Hamre，2008）在基于互动的教学理论框架的基础上，研发了班级师幼互动质量的观察性评估工具CLASS。该工具将积极的师幼互动概括为3个具体的领域：情感支持、班级管理和教学支持。一系列实证研究支持师幼互动的这3个领域与儿童的认知发展及社会性情感发展有积极的相关性。

　　CLASS的核心理论框架——基于互动的教学理论框架——关注成人在与儿童交往过程中对儿童做出的即时、符合当时情境的恰当反应。

　　根据早期依恋理论，成人的反应性在师幼互动过程中主要体现在教师对儿童的积极性管理、引导及符合情境的反应等，这些成人反应对促进儿童的社会性情感及认知发展有重要的意义。

　　根据自主决策理论（self-determination theory），教师需要强调儿童自身的学习动机，关注儿童的知识联结并培养其自主性。有效的师生互动能够激发儿童的动机加工过程，促进师幼间的信息传递，并帮助儿童扩充知识、发展认知能力。因此，有效的师幼互动能够在班级中产生一定程度的认知推动力（cognitive press），即教师有目的地促进儿童学习与思考能力的发展。

　　基于上述理论，CLASS主要关注学前教育质量的3个领域的内容：第一，建立一个温暖安全的情感环境，使儿童在其中有意愿探索学习，即情感支持；第二，教师提供恰当的行为支持，促进儿童自我控制能力和自我管理能力的发展，即班级管理；第三，教师通过有效的提问方式、支架教学、内容反馈、示范模仿等方法促进儿童的认知发展，即教学支持。近年来，CLASS及与之相关的师幼互动理论在世界上近40个国家中得到了推广和研究。一系列关于CLASS的国际研究表明：该评估工具具有良好的跨文化适用性及一系列良好的测量学信度和效度，不仅能够准确地反映情感支持、班级管理及教学支持领域的师幼互动质量，而且所评价的3个领域对儿童的认知、语言、社交情绪、执行功能等方面的发展都有显著的影响。

二、CLASS的基本框架

　　CLASS是评估与提升师幼互动质量的观察性评估工具，该工具由3个领域组成：情感支持、班级管理和教学支持。每个领域下面有3～4个维度，例如，教学支持下面有3个维度——认知发展、反馈质量和语言示范。每个维度均按照1～7来打分，其中1和2为低水平，3～5为中等水平，6和7为高水平。每个维度下面又有不同数量的指标。例如，认知发展维度由4个指标组成——分析和推理、创造力的挖掘、融会贯通、与现实生活相联系。指标的质量等级或水平通过行为描述来辨别，比如，分析和推理指标的判断依据是对几种行为出现的次数、频率和质量的观察，分别为：问题解决、预测/实验、分类/比较和评价、为什么或怎么样的问题。表7-2清晰地呈现了CLASS的整体架构❶。

表7-2　CLASS的整体架构

内容组成	领域		
	情感支持	班级管理	教学支持
维度	积极氛围； 消极氛围； 教师敏感性； 关注儿童的观点	行为管理； 活动安排效率； 教学指导方式	认知发展； 反馈质量； 语言示范

---

❶ 胡碧颖. 学前教育质量评价研究与实践[M]. 北京：北京师范大学出版社，2021.

内容组成	领域		
	情感支持	班级管理	教学支持
指标（示例）	关系； 积极交流； 尊重	清晰的行为期望； 前瞻性； 对不当行为的纠正	分析和推理； 创造力的挖掘； 与现实生活相联系
行为描述（示例）	身体上的亲近； 分享活动	一致性； 澄清规则	为什么或怎么样的问题

三、CLASS各领域的具体内容

（一）情感支持

在情感支持这个领域中，教师需要帮助儿童与自己、其他教师和同伴建立温馨的互动关系，从而使儿童对学习和活动感到愉悦，并在课堂中感到放松和舒适，愿意接受认知和社会性任务的挑战。

情感支持领域包括积极氛围、消极氛围、教师敏感性和关注儿童的观点这4个维度。积极氛围主要反映教师与儿童及儿童同伴之间的积极情感联结。消极氛围的程度是通过班级中教师和儿童出现消极行为（如惩罚、讽刺等）的频率和强度来评估的。教师敏感性涉及教师对儿童的学业和情感需要的反应，敏感性高的教师能够持续地给予儿童安慰、肯定和鼓励。关注儿童的观点则反映师幼互动能够在多大程度上激发儿童的学习兴趣和动机。下面对积极氛围、教师敏感性及关注儿童的观点这3个维度做进一步说明。

1. 积极氛围

积极氛围反映教师与儿童、儿童与同伴之间的情感联结及彼此通过口头语言和肢体语言所传递的温暖、尊重和愉悦。积极氛围之所以很重要，是因为儿童在高兴地、放松地与他人互动时的学习动机更强，并能够兴奋地参与活动，从而收获更多知识。积极氛围有4个指标：关系、积极情感、积极交流和尊重。

（1）关系。当教师和儿童形成良好关系，他们就会表现出彼此寻求肢体上的接近。儿童可能表现出非常喜欢接近教师，在教师身边时他们的身体是放松的，并且非常热衷于和教师分享他们所知道的信息和想法。教师也非常享受和儿童在一起的时间，热衷于分享儿童的活动，并参与他们的对话及讨论。在有积极氛围的班级中，同伴之间友好相处，互相协助，享受彼此在一起的时光。教师和儿童的情感是匹配的，也就是说，在儿童伤心难过时，教师表现出同样的情感，并表示对儿童情绪的理解；当教师表现出高兴的样子，儿童也会被这种情绪感染。在幼儿园一日生活中可以看到教师与儿童有大量的社会性交流，而不仅是管理儿童或教导儿童。

（2）积极情感。积极情感表现在儿童和教师不断地向对方微笑，也有双方很开心地哈哈大笑的时刻。教师和儿童对他们所从事的游戏或讨论活动表现出极大的热情。

（3）积极交流。积极交流指教师给儿童的语言反馈体现出积极的评价，清楚地表达对儿童的关爱和欣赏。同时，教师通过身体的接触来体现这种积极的评价、关爱及欣赏。另外，教师在活动中对儿童表达积极的期望，这种积极的期望可达美好的祝愿和对儿童的信任，这让儿童在活动和探索中获得充满正能量的支持。

（4）尊重。尊重的表现方式有很多。首先，教师与儿童之间有目光接触，儿童不会逃避教师的目光，教师也不会忽略儿童。其次，教师说话语气温和且声音平静。教师在平时呼喊儿童时使用他们的名字或昵称，并且使用表示尊重的语言，如"请""谢谢"等。最后，在相互尊重的班级中，儿童之间及儿童与教师之间形成非常和谐的合作关系，彼此乐于分享。

2. 教师敏感性

教师敏感性是指教师时时刻刻针对儿童的认知和情感需要所表现出的关注与反应；具体体现在教师在每个活动和互动中都能关注儿童认知及情感的技能和需求，教师能够预估对儿童来说困难的教学内容，教师能够基于儿童的语言和行为线索，持续、快速且有效地回应儿童，并能够提供适宜的支持。

敏感性高的教师能够持续地、快速地、有效地对儿童的语言和行为做出反应。敏感性高的教师能够清楚地意识到每个儿童在认知和情感上的能力和需要，从而预先判断儿童可能遇到的困难，并且能够提供合适的支持。能够关注并回应每个儿童的教师，也能够支持每个儿童在班级中进行积极学习和探索。敏感性高的教师能够持续地给予儿童安慰、肯定和鼓励，这有助于培养儿童积极探索和学习的能力。在敏感性高的教师的班级中，儿童会把教师看成一种支持性的、可靠的、指导性的资源。教学中的教师敏感性可以让儿童在分享自己的观点、接受学业和社交挑战时感到更加舒适。在敏感性高的教师的班级中，儿童知道在遇到困难时可以向教师寻求帮助，从而更好地进行独立性或合作性的活动和游戏。体现教师敏感性的指标包括：意识、回应、关注问题、儿童自如地表现。

①意识。意识指教师对儿童会表现出的问题和教学活动计划有恰当的预期，这需要教师非常了解每位儿童的社交和学习能力。除需要具备基本

的儿童发展知识外，教师还要善于运用正式和非正式的评估方法来了解儿童的社交和学习情况。对于每个儿童，教师需要具备为儿童设计个性化课程的能力，了解每个儿童的优势及需求，并且能够随时注意儿童表现出的语言和行为线索（例如，"我感到很无聊"或"我不知道该如何做"）。教师需要经常注意哪些儿童需要额外的支持、帮助或关心。教师非常熟悉儿童，从而能预测儿童可能出现学业、社会性问题或行为问题的时间。当儿童遇到困难（如难以理解内容）或表现出悲伤、焦虑，教师能注意到儿童的表现并给予回应。

②回应。回应指教师对儿童在遇到问题时所表现出的积极或消极情绪所做出的反应。教师需要理解、包容儿童的情绪，不管儿童表现出的情绪是积极的还是消极的，只要是自然产生的情绪，都是有意义的。教师首先要认可并理解这些情绪，也就是让儿童知道教师理解他现在的感受。对于儿童遇到的问题或不良情绪，教师应及时提供安慰和帮助。教师不仅要提供帮助，而且要站在儿童的角度思考问题：儿童需要的帮助是什么？如何沟通才能使儿童接受帮助？很多时候，教师需要提供个性化的支持，针对每位儿童的需要提供进一步的、更符合儿童需要的支持。当教师表现出理解并以儿童愿意接受的方式提供安慰和帮助，儿童自然觉得教师是可信任的，他们会在遇到困难时主动寻求教师的帮助和资源。

③关注问题。关注问题指教师有效地解决儿童的问题和焦虑、担忧情绪。教师需要在不同的活动组织中积极主动地观察每个儿童的一日活动：区角活动时，教师可以在班级里走动，并蹲下来参与儿童的游戏活动；小组活动时，教师要确保每个儿童都能够理解活动内容；集体活动时，教师要留心那些走神或表情困惑的儿童。这些关注当下的互动能够帮助教师持续地注意儿童的个体需求，只有这样才能及时地给儿童提供合适的帮助和支持。即使有的儿童不能用语言来表达他们的需要，教师也可以通过非语言线索的观察来了解儿童的需要，并及时提供帮助。教师对儿童的问题和要求不感到厌烦，他们花时间倾听和观察儿童，及时让儿童知道教师已经听见或了解了他们的问题，并且让他们知道教师会很快处理这个问题。这样，儿童便可以安心地参与学习和活动，不会因自己遇到的问题而焦虑或心神不宁。

④儿童自如地表现。儿童自如地表现指儿童能够非常自如地寻求教师的帮助。在这种班级氛围中，儿童会自发地分享他们的观点并努力回答问题，教师会鼓励儿童勇敢地参与和尝试新的游戏和活动，儿童在遇到问题时会直接告诉教师。儿童在班级里参与学习和活动时会表现得像"小小冒险家"，他们不会担心是否会被同伴或教师取笑，他们知道有问题就可以

寻求教师的帮助，并知道教师非常愿意提供帮助。在这样的班级里成长的儿童有较强的独立性、探索精神和冒险精神。

3. 关注儿童的观点

关注儿童的观点反映师幼互动能够在多大程度上关注儿童的兴趣、动机和观点，并培养儿童的责任感和独立精神。对儿童而言，只有获得自由，他才会主动探索与学习；只有当儿童主动学习，他才会产生责任感。教师可以主动制造一些机会来发现儿童的想法和观点，从而提高儿童学习的动机和欲望。关注儿童的观点包含4个指标：灵活性和儿童关注点、支持自主及主导、儿童表达、适当地允许移动。

①灵活性和儿童关注点。灵活性和儿童关注点指教师的计划是灵活的而不是刻板的。教师并非将一切活动控制在自己的计划中，而是使活动依照儿童的想法开展；也就是说，教学活动围绕儿童的兴趣组织，而非教师主导课程和游戏。当儿童表现出有兴趣或有想法，教师非常乐于倾听，并且愿意考虑采纳儿童的意见或想法。同时，教师能够改变原来的课程计划，遵从儿童的意愿来开展游戏和活动。

②支持自主及主导。支持自主及主导指教师充分支持儿童的自主性行为。教师应给儿童大量的活动选择机会，鼓励他们尽量独立。例如，自由活动时间让他们自主选择区角并参与活动，或者在上集体课的时候让他们自由选择小组及个人活动的内容与方式。教师应让儿童自由发挥或主导课程中的某个环节。在区角游戏和生活活动中，教师应允许儿童发挥更大的主动性，并以自由选择的方式开展活动，儿童能够获得很多主导课程的机会，并带领同伴一起游戏。此外，儿童还可以自主制定规则，并负责班级中的一些日常事务。例如，教师让儿童做值日，负责管理教室的一些日常事务。儿童在这个过程中学习如何承担任务，感受这些任务所带来的响应及自己的责任。饮而，允许儿童主导课程并不意味着让儿童完全自由地决定课程的内容（这样做可能会使课程远离目标），而是指教师让儿童感受到自己是课程中积极参与的一员——对于课程的执行有积极的贡献。

③儿童表达。儿童表达指教师热衷于发掘儿童对某件事物或某些现象的看法，热情地与儿童展开讨论，儿童则主动分享他们的想法。儿童的话语量往往超过教师的话语量并主导对话。即便在集体活动时间，教师的话语量也不多于儿童的话语量，教师能够注意平衡听与说的时间，给予儿童至少一半的时间分享和表达看法。

④适当地允许移动。适当地允许移动指儿童在一定条件下可以在活动中自由移动。在活动中，教师对儿童的行为期望是清晰的，同时也会根据儿童的年龄和发展需求提出合理的期望。此外，在不影响活动进行和同伴

注意力的情况下，儿童可以自由移动。也就是说，教师不必要求儿童坐得端正，不必限制他们的随意移动，儿童在很多情况下可以站起来活动双腿或伸懒腰。

（二）班级管理

班级管理领域要求教师帮助儿童发展自我行为管理能力，教师需要最大限度地、高效地利用一日活动时间，并能够保持儿童持续参与学习活动的兴趣。

班级管理领域包括行为管理、活动安排效率和教学指导形式3个维度。行为管理要求教师通过提供清晰的行为指令和有效的方法来预防和纠正儿童不当行为的发生，从而帮助儿童发展自我管理的能力。活动安排效率主要评估教师管理教学时间和常规、提供有益活动的能力，从而让活动效率最大化。教学指导形式则关注教师在教学活动中最大限度地激发儿童的兴趣、提高儿童参与度的能力。

1. 行为管理

行为管理指班级的规则和期望能够清晰、明确、一致地传达给儿童，并且儿童能够根据这些规则和期望表现出适宜的行为。行为管理对预防或纠正轻微的不良行为非常有效。有效的行为管理会让儿童了解具体的行为期望，当儿童达到这样的期望，教师则会给予奖励。

有效的行为管理非常重要。首先，在有效的行为管理中，儿童通常知道在班级中应该做什么及怎样做，教师从而能够花较少的时间去管理儿童的行为。其次，有效的行为管理能够减少儿童注意力的分散与所受的干扰，并给予教师大量的时间进行指导性活动，同时增加儿童在一日生活中的学习活动时间。最后，在班级中频繁地应对或处理儿童的不良行为会使教师和儿童又方都精疲力竭，只有降低不良行为发生的频率，班级中的每个人才能更加写受师幼互动的体验。行为管理包含的指标有：清晰的行为期望、前瞻性、不良行为的纠正、儿童行为。

①清晰的行为期望。清晰的行为期望体现在教师在互动中对儿童表达出清晰的行为期望，教师注意使班级中的儿童能够非常清楚地理解班级规则利教师对他们的期望。此外，教师对自己制定的规则和期望在执行方面有高度的一致性，不会随意更改这些规则。教师也应经常澄清自己的规则，并给予儿童提醒。

②前瞻性。前瞻性指教师在问题发生前能够有所预测，从而能够具有前瞻性地处理问题，并进行实时监控，有效防止问题行为的发生。在遇到问题的时候，教师不会大惊小怪或惊慌失措，相反，教师会在问题扩大或变严重之前有效地阻止儿童问题行为的发生。即使在和个别儿童谈话或指

导小组活动的时候，教师也会关注整个班级的动态，从而强化班级所有儿童正确的行为表现。

③对不良行为的纠正。对行为的纠正指教师在不占用儿童学习和游戏时间的情况下，能够有效地减少儿童的不良行为。教师能够通过积极的反馈增加儿童正确的行为，减少不良行为。教师能够关注积极的行为，并善于捕捉儿童的积极行为并进行有针对性的表扬，从而对儿童进行行为管理。当儿童表现出不良行为，教师可以通过眼神或其他暗示让儿童发现自己的问题，进行自我纠正，而不是当众对儿童进行批评。教师对儿童不良行为的纠正需要拿捏好分寸，不能过多地占用教学或游戏时间，同时要有效阻止不良行为的扩大与蔓延。

④儿童行为。儿童行为指班级中的儿童是否表现出攻击性问题行为。一般而言，当教师已经建立了清晰的规则，儿童就知道应该如何管理自己的行为，教师无须纠正儿童的不当行为。这时，儿童的服从表现是通过教师使用有效的班级行为管理策略而产生的。然而，有一种情形也需要得到关注，即班级中的教师在行为管理方面有非常严格的控制。严格控制的行为管理也可以引起儿童的顺从行为，因为儿童担心若不顺从就会被教师严厉地批评或惩罚。在这种情况下，儿童不敢违抗教师的行为要求，这些严格的行为控制可能包括不随意走动，按照教师要求的方式完成活动（可能非常刻板），不能进行自由选择，不能和同伴交流与分享，等等。这时，儿童的顺从行为并非教师具有前瞻性的有效管理的结果。

2. 活动安排效率

活动安排效率指在活动效率高的班级中持续不断的、清晰明确的教学活动。在活动效率高的班级中，每个人都知道自己要做什么及怎样做。教学时间不会浪费在处理儿童的行为问题、材料准备、等待或其他管理任务（如教师需要检查工作或指导活动区下一步怎么做等）。活动效率高的班级能够为儿童提供持续的学习机会。活动安排效率包含这样几个指标：学习时间最大化、常规、过渡、准备。

①学习时间最大化。学习时间最大化指教师善于安排教学与活动时间，各项活动安排得相当合理，从而使儿童在班级一日生活中充分地、高效地、持续不间断地参与活动。教师处理班级管理任务时以尽量不干扰活动、不浪费教学时间为原则，从而使班级管理非常有效。教师能够在班级教学中提供非常丰富的活动，一项活动一结束，儿童能够马上参与另一项活动，不会浪费任何时间。儿童可以对不同活动进行选择，而不是被迫参与。在活动中，游戏与互动能够有节奏感地顺利进行，不会出现儿童消极等待的情况。

②常规。常规体现在班级中的每个人都知道应该做什么及如何做。教师在班级中提供非常清晰且易于儿童理解的行为规范。儿童在班级活动中不会走神，在需要帮助的时候知道应该做什么、教师对每个教学与生活环节都有安排。

③过渡。过渡环节也很重要，儿童需要在过渡环节了解教师对他们的行为期望，并能够很快地从一个活动过渡到另一个活动。教师需要关注过渡环节，并对下一步做什么给予明确的指示。教师应把过渡环节视为教学环节，并把教育目标贯穿于这些过渡活动，让儿童有所思考和收获。

④4准备。准备指教师对活动和课程有充分的准备。高效的教师应为课程做充分的准备，所有的活动材料都是方便拿取的。教师应对课程准备到位，把所有相关的材料有次序地排列好，使儿童可以快速找到。教师也应使课程开展的每个环节十分清晰，并熟记相关的教学内容，能够随时灵活地组织活动或游戏。

3. 教学指导方式

教学指导方式考察的是教师在教学和活动中使儿童的学习兴趣、参与度最大化的能力。如果班级教师掌握有效的教学指导方式，他们就会用许多不同形式的方式去指导儿童，如眼神、口头语言、动作等。同时，教师会创造机会让儿童参与活动（在小组课程、区角活动或一对一互动中让儿童积极地参与学习活动）。教学指导方式很重要，因为对班级活动感兴趣并积极参与的儿童往往可以学到更多。通过让儿童对活动感兴趣并积极参与，使儿童从班级教学指导中最大限度地受益。教学指导方式包含4个指标：有效的促进、形式和材料的多样性、儿童兴趣、学习目标澄清。

①有效的促进。有效的促进反映的是教师在活动中的参与程度。教师可以通过四处走动、向儿童提问、一起游戏等方式参与儿童的互动，促使儿童尽量挖掘所提供的材料的内容。教师也可以通过提问来促进儿童对活动的参与。例如，教师运用开放性问题来促进儿童对教学活动的参与，增加儿童对学习内容的理解。教师应平衡教学活动的时间和儿童自我探索的时间，从而提高儿童在活动中的参与度。

②形式和材料的多样性。形式和材料的多样性指教师应善于运用基于不同感官通道的教学形式，并通过多种形式呈现学习内容和材料，来帮助儿童理解所学内容。此外，教师还需要保证这些材料在区角游戏中也能使用，使儿童在各种活动中都有足够的材料进行操作，提高其学习和探索的兴趣。即使没有操作材料，教师也能最大化地激发儿童的兴趣，可以通过讲故事、提问、比较等方式启发儿童积极思考，发挥他们的想象力。

③儿童兴趣。儿童兴趣指儿童在整个活动过程中表现出极大的兴趣并

积极参与。儿童在教学活动或游戏中能够集中注意，积极地倾听并回答问题。在自由游戏时间，儿童也能积极地参与游戏，充分利用教师提供的活动材料。

④学习目标澄清。教师应使用先行组织者（advance organizer）策略，帮助儿童认识所学内容的重要知识点。教师也应对活动进行总结或讨论活动的内容，帮助儿童明白所要学习的核心概念。此外，教师还应通过引导式的陈述来使儿童对教学目标中的重点内容进行关注。

（三）教学支持

教学支持领域重点关注教师实施教学的过程，即教师如何通过有效的教学策略来促进儿童认知和语言的发展。教师应关注儿童解决问题、推理和思考的能力，通过积极有效的反馈来拓展和深化儿童的知识和技能，并帮助儿童发展高级语言能力。这些内容都是该领域评估的重点。

教学支持领域由认知发展、反馈质量和语言示范3个维度构成。认知发展评价教师如何通过讨论和活动来提升儿童的高级思维能力，教师需要关注儿童对知识的理解，而不是死记硬背。反馈质量重点评价教师给出的反馈的质量及这些反馈能否提升儿童的学习能力和参与学习的积极性。语言示范评价教师是否运用有效的语言刺激和语言教学策略（如开放性问题、自我对话和平行对话等）来促进儿童语言的发展。

1. 认知发展

认知发展指教师采用教学方法使儿童对知识概念有更广泛、深入的认识，而非仅让儿童对概念死记硬背。有效的认知发展策略使儿童在解决问题时进行充分的分析与推理，通过实验和头脑风暴的方式理解世界，从而激发他们的创造性，让他们产生自己的想法。认知发展也描述了一种有意识的教学方式：教师将不同活动中儿童所要学习的概念与儿童的日常生活体验联系起来，并将概念运用到儿童每天的实际生活中。

认知发展很重要，因为有效的认知发展策略可以帮助儿童加深对知识概念的理解，并且可以发展儿童的分析思考能力。当教师给儿童提供分析和解决问题的机会，儿童就可以学到更多知识，更好地理解概念，发展思维技能，并尝试独立思考，而不是仅记住和重复知识。认知发展策略也会提升儿童探索的兴趣及将知识应用到实际生活中的能力。认知发展包括4个指标：分析和推理、创造力的挖掘、融会贯通、与现实生活相联系。

①分析和推理。教师应善于提问，通过为什么和怎么样的问题及开放性问题来激发儿童思考，而不是让儿童记忆彼此没有联系的知识。这些问题会促进儿童更长时间的讨论，帮助儿童理解知识并尝试思考。教师还应鼓励儿童独立解决问题，进行比较和分类、实验和预测等认知任务。教师

也应鼓励儿童对某一项活动进行评价或总结，以此来提高他们的分析和推理能力。此外，教师在提问后应确保儿童有足够的时间进行反应。

②创造力的挖掘。教师应善于使用提高儿童创造力的教学方法。比如，教师应经常进行示范，或者鼓励儿童用头脑风暴的方法来思考问题。教师不是给儿童一个正确的答案，而是让儿童表达自己的想法，从而激发儿童在问题解决中的创造性，教师亦应引导儿童对游戏活动进行计划，鼓励和帮助他们去实践自己的计划。

③融会贯通。教师应帮助儿童将教学活动中不同的知识点结合起来、或将刚学的知识与之前学习过的知识联系起来。这种联结具有一定的挑战性，需要教师对不同知识点之间如何联结有足够的了解和准备，能够灵活地建构知识，并通过提问等方式帮助儿童思考不同知识点之间的关系。

④与现实生活相联系。教师应努力让儿童所学的知识在现实生活中得以运用。例如，教师在呈现一些新的信息和抽象概念（如数学中的数量和相加等概念、职业的概念）的时候应将这些概念与儿童的现实生活相联系，让儿童体验这些概念的含义、或在教室里寻找与概念相关的物体。

2. 反馈质量

反馈质量描述的是教师对儿童的行为表现和作品给予详细的反馈，以拓展他们的知识和技能，并鼓励儿童持续地参与活动。有效的反馈能够给儿童提供详细的、扩展性的信息，从而加深儿童对概念的理解，激发儿童持续参与活动的动机，并使儿童从课程和活动中获得最大化的收益。教师可以通过高质量的反馈来帮助儿童优化所学的知识，并启发儿童积极反思自己的思考。通过有意识地寻找反馈机会，教师能够在一日生活中给儿童创造更多的学习机会。反馈质量包含5个指标：支架、反馈回路、促进思考、提供信息、鼓励和肯定。

①支架。当儿童不理解概念或无法给出答案，教师就要给儿童一些提示来帮助他找到答案，而不是替他回答问题或将问题转给其他儿童。在给予提示的时候，教师知道如何提供必要的帮助从而让儿童顺利地完成任务。教师应持续地为儿童提供提示或学习支架，即脚手架（scaffold），直到儿童明白概念。

②反馈回路。高质量的反馈回路指教师通过向儿童提出一系列问题来促进其更好地理解概念。一个儿童给出问题的回应后，教师应追问该儿童（或追问全班儿童）一个问题，教师可以一直重复这样的提问和反馈，直到儿童彻底理解所学内容，这个过程就是反馈回路。这个回路包含持续的信息交换与反馈，即教师的问和儿童的答。教师应坚持不断地提问一直有后续的问题），其目的就是促进儿童深入理解概念和其他所学内容。这些

反馈回路或教学策略在教授儿童一些核心知识点的时候需要经常使用。

③促进思考。教师促进儿童思考的方式主要有2种。第一种是要求儿童对自己的思考进行解释；第二种是对儿童的反应及行为进行质疑。教师在儿童解决问题时可以问儿童"为什么这么做"或"是如何获得答案的"，从而帮助儿童反思学习的过程。

④提供信息。教师应提供额外的信息来拓展儿童对问题的理解。教师不应简单说出"正确"或"错误"的答案，而应想办法来拓展儿童的思考，从面帮助儿童深入理解问题。教师不应给儿童很笼统的反馈，而应提供具体的反馈来帮助儿童理解"正确"或"错误"的原因。当儿童对一些概念出现混淆或对事物的理解比较片面，教师就应帮助儿童澄清概念。

⑤鼓励和肯定。教师的鼓励能够帮助儿童提高活动的参与度和坚持性。教师在给儿童反馈的时候应关注儿童理解能力的提升，亦应关注儿童的努力、坚持及尝试新方法或策略的决心。如果儿童出现沮丧的表情，教师就应鼓励儿童继续尝试、不要放弃。

3. 语言示范

语言示范描述的是教师在一对一、小组和集体教学的师幼互动中，能够有意地使用特定语言来提高教学、活动或游戏的质量。语言示范体现在教师有意识地鼓励儿童、给出回应或激励儿童积极发言的教学行为上。高质量的语言示范包括教师与儿童之间有意义的对话。教师可以采用复杂的句式去重复儿童的话语，并提出一些后续问题。儿童能够持续地处于充满丰富多样的词汇和句式的环境中。例如，教师使用要求、拒绝、评论、对话、预测和确认等不同语句与儿童进行互动。

语言示范很重要，因为在儿童有机会运用不同形式的语言的时候，或在成年人示范复杂语言的时候，儿童的语言能力可以得到发展。儿童可以在不同情境下接受语言的不同用法，以此来发展他们的语言能力，而语言能力对儿童的学业成绩和社交发展有重要的影响。对某些儿童来说，一个具有丰富性语言环境的班级可以成为他们家庭语言环境的重要补充。语言示范的指标包括：频繁的交流、开放性问题、重复和延伸、自我和平行对话、高级词汇。

①频繁的交流。教师与儿童之间应频繁地交流。无论是在自由游戏、生活活动还是在集体教学过程中，教师与儿童之间的频繁交流会使儿童感到自己是有价值的交流者。教师能够引发某个话题，也能够积极地倾听。对儿童的回应，教师应做出即时的反馈，并通过提问与儿童继续交流。同时，儿童也不断与同伴交流。

②开放性问题。教师的提问应是开放性的，在鼓励儿童做出具体反应

的同时，还应激发儿童表达更加复杂的想法。

③重复和延伸。教师应关注儿童的交流欲望。在儿童对某个事物做出评价时，教师能够认可儿童的评价，并以更复杂的形式来重述儿童所说的信息。教师不一定能够对每个儿童的评论加以复述和扩充，但可以尽量针对大部分儿童的评价进行扩展与延伸。

④自我和平行对话。教师使用自我和平行对话的策略来扩展儿童对语言的运用。在平行对话中，教师可以简单描述儿童目前在做什么；在自我对话中，教师可以描述自己的行为，并将语言和行为相联系。

⑤高级词汇。教师应经常示范高级词汇的使用。对儿童来说，很多名词、动词、副词和形容词都是全新的，教师应加深儿童对这些新词的理解，并运用这些词汇对儿童平时的行为反应进行总结。同时，教师应将新词与儿童熟悉的词汇联系起来，加深儿童对新词的理解，从而使新词慢慢变成儿童熟悉且能够灵活使用的词汇。

第四节　学前儿童托育服务质量评价

一、0～3岁托育服务发展现状

（一）国外现状

1. 0～3岁托育服务的需求

0～3岁学前教育服务的对象为婴儿和学步儿。当前，有关0～3岁学前教育质量的议题在国际上备受学者关注。对以0～3岁托育机构（或称托育中心）为载体的婴儿和学步儿集体托育环境的质量评估也逐渐成为学前教育研究的热点。

放眼全球，女性在产假结束后回归工作岗位已成为一种普遍现象，当代家庭对高质量的0～3岁托育服务的需求逐渐增大。比如，有报道显示，美国有一半以上的婴儿和学步儿有接受托育服务的需求。在智利，约38%的0～3岁婴儿和学步儿需要托育服务；在荷兰，70%的女性在3个月产假结束后会将婴儿送入托儿所，并回归工作岗位。此外，根据挪威的有关报道，几乎所有挪威婴儿在1周岁后都会接受托育服务，而他们的母亲则回归工作岗位。在俄罗斯，婴儿从出生后第2个月起就可以接受完全免费的国家教育，市立托儿所、幼儿园联合体是家长的首选，其中托儿所部分主要接收2个月至3岁的婴幼儿，每个育婴班级不超过10人。

2. 0～3岁托育服务的供给形式

各国0～3岁托育服务的供给形式有所不同。当前，各国均鼓励并调动社会资源建立不同形式的0～3岁托育中心，如通过公办、公建民营、民办公助、政府购买等多种模式，构建不同形式并存的托育服务系统。这些托育中心所提供的托育服务可能是全日制、半日制或日间小时托管（如家庭式婴幼儿看护点和寄养中心等）、夜间照料等形式的服务，从而满足不同类型和不同工作时间的家庭日益增长的多元化托育需求。

3. 0～3岁学前教育课程

在0～3岁学前教育的课程开设方面，不同0～3岁教育者从不同理论视角或教养理念出发，采取不同教育实践。例如，加拿大和德国的部分0～3岁托育机构被称为"森林学校"，该教育模式倡导婴幼儿定期往返于大自然，并在其中发展动作、认知和社会性，教师则作为一个观察者，参与婴幼儿在自然中的游戏，鼓励婴幼儿自主性发展。在美国，一些提供0～3岁保教服务的蒙台梭利学校会使用蒙台梭利教育所倡导的教育哲学、教育方法及相应的玩教具和材料来开展教学；有一些0～3岁托育机构强调音乐对婴幼儿的影响，在婴儿的感觉统合训练中关注音乐活动的教育价值，并注重成人与婴幼儿之间的互动关系；还有一些0～3岁托育机构注重提供一定的用于强化婴幼儿语音意识的早期阅读活动，该教育活动能够有效地提升入学准备水平，对处境不利婴幼儿（如贫困家庭婴幼儿）的发展具有一定的促进作用。澳大利亚的一些0～3岁托育机构以社区服务为支撑，关注婴幼儿的自主性发展，倡导教师应为婴幼儿的个性化活动提供支持。日本的一些0～3岁托育机构则主要围绕婴幼儿的具体生活活动展开，如吃饭、穿衣、如厕等。总之，以上各种托育服务现状反映了各国不同形式和不同内容的0～3岁托育服务供给系统。

（二）国内现状

1. 0～3岁托育服务的需求与供给

在我国，随着家庭养育理念的改变，尤其是全面二孩政策实行后，年轻父母对0～3岁儿童托育服务的需求日渐增加。然而，由于当下我国关于0～3岁婴儿和学步儿照料的政策体系不够完善，且机构运营风险压力大，托育机构发展较为缓慢，服务供给严重不足，0～3岁婴儿和学步儿入托存在困难。据统计，全国婴儿和学步儿在各类托育机构的入托率仅为4.1%。"入托无门"已成为我国一部分较发达地区面临的教育问题。以上海市为例，据上海市妇联2017年年初的调查，88%的上海市户籍家庭需要托育服务，上海市有超过10万的2岁儿童需要托育服务，而上海市公办系统与民办系统合计招收的2岁儿童仅有1.4万名。入托难已成为当前很多地区面临的共同问题。此外，2016年中国人口与发展研究中心开展了一项"城市家庭3岁以下婴儿和学步儿托育服务需求"调查项目，结果显示，城市35.8%的婴儿和学步儿的家长存在托育需求，无祖辈参与照看的家庭的托育需求达43.1%，即使在祖辈参与照看的家庭中，33.8%的家庭也表示有托育需求。

当前我国0～3岁托育服务供给明显不足，其原因来自多个方面。首先，由于我国各地学前教育资源总量不足，且政府教育部门对婴幼儿接受0～3岁托育服务没有严格的规定或要求，这使得多数幼儿园取消托班，只招收3岁以上的幼儿。其次，0～3岁托育服务需要具备较强的专业性，托幼机构准入门槛和运营成本也较高，导致现有的民办机构生存压力较大；在当前缺少政府政策支持的情况下，社会资本投资托育服务的积极性不高。再次，我国尚未制定关于婴儿和学步儿托育服务发展的总体规划，相关法律法规和政策制度也不健全，缺乏专门的准入标准和管理规范，社会力量举办托育机构面临许多困难。最后，我国学前教育教师的职前教育往往缺少提供0～3岁学前教育服务所需要的相关知识与技能，这导致0～3岁托育服务专业人员十分缺乏。当前，我国政府鼓励有条件的幼儿园充分利用人员、场地、设施等资源，积极尝试托幼一体化，从而缓解当前我国0～3岁托育服务供给不足的状况。

2.0～3岁托育服务行业的规范性

当前，我国0～3岁学前教育行业的规范性不够，有些机构开设的学前教育课程不够科学，从业人员的水平普遍较低，机构运营往往趋于功利化、商业化，家长也不懂得如何进行家庭教育。

基于此，当前我国部分较发达地区已开始鼓励社会资本进入0～3岁托育服务领域，同时制定行业规范。例如，上海市政府对外公布了《关于促进和加强本市3岁以下幼儿托育服务工作的指导意见》《上海市3岁以下幼儿托育机构管理暂行办法》《上海市3岁以下幼儿托育机构设置标准（试行）》，对民办托育机构的申办者、申办程序、设施配备、行业人员标准、机构管理、收费等均进行了详细规定，并鼓励符合条件的企业或个人申请举办托育机构。青岛市也制定了早教机构的相关管理标准——《青岛市非全日制早期教养指导与服务机构管理办法》，对早期教养指导与服务机构的设置条件标准、收费、招生等提出了要求。以上这些管理标准明确了0～3岁学前教育机构举办者的资质、0～3岁学前教育机构的设置条件、相关从业人员的标准及机构收费等质量内容，使0～3岁学前教育机构的设立和运营都有章可循。相关标准及规范的出台能够为政府实现对0～3岁教育机构的监管与支持提供依据和保障。针对目前我国0～3岁学前教育存在的服务质量参差不齐（如教师资质不够、课程质量无保障等）及收费无标准等状况，应尽快制定出台全国性的相关的行业标准，对教师资质、基础设施和收费标准进行规范，引导0～3岁教育服务健康有序地发展。

综上所述，全球范围内的0～3岁托育服务需求日益增加，但各国提供的托育服务的形式与内容有一定的差异，很多国家的婴幼儿所享受的托幼服务质量参差不齐。此外，鉴于各国的托育服务供给与托育服务质量的差异，国际上就0～3岁托育服务质量的标准与内涵还需进一步达成共识，这对0～3岁托育服务质量的评价造成了一定的困难。

二、0～3岁托育服务的有效性

意大利教育学家蒙台梭利认为，人出生后前3年的发展在程度和重要性上超过人整个一生中任何阶段的发展。大量的发展心理学和认知神经科学研究表明，儿童生命的最初几年是一生中大脑发育最为迅速的阶段。随着社会和科学的不断发展，0～3岁早期教育的重要意义逐渐为人们所重视。自20世纪60年代开始，有不少具有里程碑意义的追踪研究项目探索了早期托育服务项目对儿童发展的短期和长期影响。大量研究结论证明，早期教育干预能为处境不利的婴儿和学步儿的发展带来长期的积极影响[1]。

在这些有效性研究中，最引人注目的是"ABCD快乐育儿法"（The Abecedarian Project）有效性研究。"ABCD快乐育儿法"主要服务于新生儿到5岁的婴幼儿。该研究对样本从婴儿期追踪到成年期。长达近40年的研究证明，接受干预的婴幼儿在阅读和数学方面表现得更好，也更有可能从高中毕业并考上四年制大学；接受"ABCD快乐育儿法"的小组（实验组）完成四年制大学学习并毕业的人数是对照组的4倍。更令人惊喜的发现是，干预组成年男子表现出较低的高血压风险及适度水平的高密度脂蛋白胆固醇，同时没有表现出任何代谢异常；干预组中的成年女性同样表现出较低的高血压患病风险，较少受到肥胖症的影响。此外，近期在印度、巴基斯坦和赞比亚3个国家应用"ABCD快乐育儿法"的早期干预研究发现，对处境不利的婴儿和学步儿进行高品质的"ABCD快乐育儿法"项目干预，每投入1美元，在儿童成人后可获得高达13美元的回报。

与"ABCD快乐育儿法"的小样本干预研究相比，美国儿童健康和发展研究所发起的关于婴儿和学步儿托育质量对个体发展的影响的纵向研究则是美国最有代表性的大样本追踪研究。该研究持续了15年，研究人员运用

---

[1] 张宝臣. 学前教育科学研究方法[M]. 上海：复旦大学出版社，2020.

环境质量和师幼互动质量的评估工具评估了托育机构质量，并比较了接受低质量、中质量和高质量教育的婴儿和学步儿在学习和发展方面的表现。研究证明，高质量的早期教育对婴儿和学步儿的认知和社会性情绪发展有积极的影响。高质量的婴儿和学步儿托育服务在总体上与较高的入学准备水平有关联，并对语言和学业水平发展结果有积极影响。总之，高质量托育服务能够对个体发展产生积极影响。

著名的开端计划是美国联邦政府迄今所实施的规模最大的、针对处境不利婴儿和学步儿的免费教育干预项目。自1965年该项目实施以来，大量研究者对其有效性进行了研究与评估。其中一项始于1996年的追踪研究将来自17个州的 3000多名婴儿和学步儿及其家庭随机分配到开端计划项目和普通家庭服务中，并对两组婴儿和学步儿的发展水平进行比较。结果发现，接受开端计划服务的婴儿和学步儿在认知、社交情绪和语言功能方面的发展比没有参与该项目的同龄人表现得更好。值得一提的是，连续参加开端计划（从出生到3岁）及之后的幼儿园服务（3～5岁）的儿童在成长方面的收益最大。

综上所述，大量的大型追踪研究表明，高质量的0～3岁托育服务对于儿童发展来说是极具价值的。然而，从全球范围看，仅有少数家庭可以享受高质量的0～3岁托育服务。

三、0～3岁托育服务质量与评估

（一）班级整体质量

0~3岁教育与3～6岁教育同属于学前教育范畴。解析0～3岁托育服务质量的内涵，需要对婴儿和学步儿的学前教育本质有正确的理解，并能够对0～3 岁与3～6岁学前教育的异同有所辨别。

在托育服务中，班级环境是直接影响0～3岁婴儿和学步儿发展的近端环境，班级整体质量是0～3岁托育服务质量评价的一项重要内容。0～3岁托育机构班级整体质量的内容也可分为结构性质量和过程性质量两个方面。结构性质量是那些相对稳定并容易测量的环境质量元素，包括班额与师幼比、空间与玩教具等；过程性质量是在班级日常人际互动及课程中体现出的质量元素，如师幼互动质量。从本质上看，0～3岁和3～6岁学前教育均强调发展适宜性实践，即教育要符合3种适宜性特征：儿童发展发育适宜的特征；年龄适宜的特征；文化环境适宜的特征。

当前，国际上应用最广泛、研究基础最雄厚的托育机构班级整体质量评价工具是美国北卡罗来纳大学的团队于20世纪80年代研发、2005年修订的ITERS-R。

（二）质量的核心要素——师幼互动

3 ~ 6岁幼儿园教育实施的主要内容，无论是教师主导的还是儿童发起的，都基本围绕着5个领域开展大组/小组活动，从而实现各领域课程的目标。与3 ~ 6岁教育相比，婴儿和学步儿教育最大的不同之处在于其注重关系与过程，而非学习的具体目标和内容，婴儿和学步儿教育的本质是托育过程中师幼关系的建立和教师对儿童行为的响应性。因此，关系是0 ~ 3岁课程实施的基础，提供响应性及个体化的照料是课程实施的主要方式。NSCDC根据多年的实验研究结论和教育实践经验阐释了高品质托育服务质量的核心要素，并在《渴望学习》一文中进行了精辟的总结："如果要指出学前教育中的核心质量要素，那就是教师/成人与儿童的互动和关系，以及成人是否具备回应儿童需求的能力。"事实上，托育服务质量的核心要素就是教师/照料者与婴儿和学步儿之间的互动质量，即师幼互动质量。

在0 ~ 3 岁托育服务机构中，教师/照料者是师幼互动中的主导者、教育服务的供应者。优秀的0 ~ 3岁教师/照料者能够在一整天的工作中持续处于"开启"状态，并在工作中勤于观察、反思和回应，在追踪观察婴儿和学步儿的发展的同时，将学习机会与其发展阶段进行匹配。他们能够在观察和了解婴儿和学步儿的行为的同时，积极思考：为什么婴儿和学步儿会这样做？在其游戏背后的思考过程是什么样的？行动是如何开展的？从婴儿和学步儿发展的角度看，教师预测他们下一步行为发展的能力对于进一步开展师幼互动来说十分重要。这就要求教师积极提供适宜的成长环境、学习机会，并合理满足婴儿和学步儿的需要，促进婴儿和学步儿持续地朝下一个目标发展。当教师/成人非常仔细地观察婴儿和学步儿，并将观察与已知的发展理论和研究结果联系在一起，他就可以准确地判断婴儿和学步儿的发展程度，进而预测接下来能够学习的内容（最近发展区）。班级互动评估系统之婴儿版（CLASs-infant，简称CLASS 婴儿版）和班级互动评估系统之学步儿版（CLASS-toddler，简称CLASS学步儿版），是当前受到学者密切关注和大力推广的托幼机构班级师幼互动质量评估量表。

如何有效评价和提升托育机构的教育质量一直是早期教育研究者所关注的问题，对托育机构质量进行理解、定义、评估及质量提升离不开科学可靠的评估工具。本章后面的内容会对ITERS-R、CLASS 婴儿版及CLASS学步儿版3个评估工具的内容及相关国际研究进行介绍。

四、0～3岁托育服务的质量标准——以NAEYC质量标准为例

近几十年，一些发达国家陆续建立了针对0～3岁托育服务质量的评价标准。这些质量标准规定了0～3岁托育机构的申办者与申办程序、设施配备、从业人员标准与机构收费等事项，为0～3岁托育机构的监管提供了一定的依据和保障，引导0～3岁托育服务行业健康有序地发展。

NAEYC是当前美国最具权威的集教育、培训、管理、科研等为一体的综合性民间机构，也是美国最大的0～8岁儿童教育服务机构。为指导教育工作者对婴幼儿实施正确的学前教育，NAEYC制定了一系列高质量婴幼儿托育机构的评价标准、教师资格标准和课程标准，下面对此进行简单介绍。

（一）NAEYC《高质量托幼机构质量认证标准》

NAEYC制定的《高质量托幼机构质量认证标准》是一项可用于评估0～6岁学前教育机构质量的评估标准，该标准明确了什么样的0～3岁托育机构才是高质量的机构；同时，该标准还能够帮助0～3岁教育工作者提高教育质量。该标准认为，高质量学前教育机构（0～6岁）应该满足所有进入机构的幼儿及成人（包括家长、教师与管理人员）的身体、认知、情绪和社会性发展的需要，使儿童成为健康、聪明和做出贡献的社会成员。

《高质量托幼机构质量认证标准》包括10个方面的内容：教师与儿童的互动、课程、教师和家长的交流、教师资格及其发展、管理、人员配置、物质环境、健康和安全、营养和膳食、评价。每一方面都包括目的、理论依据及具体的评价指标。在总的标准下面又分为4个年龄段（0岁、1～2岁，3~5岁、6岁）的具体标准。

（二）NAEYC教师资格标准

NAEYC也制定了一系列0～6岁学前教育教师资格标准。这些标准明确了高质量专业教育工作者的标准和要求，为培养高质量专业教育工作者提供了理论依据和实践依据。NAEYC对教师资格的要求涉及学历、资格证书、职前身体和心理健康检查、职前训练等。同时，NAEYC也规定了学前教师应掌握的知识和能力：①儿童的发展与学习；②与家庭和社区建立合作关系；③建构课程；④观察、归类与评估；⑤成为专业人士。

此外，对于职前教师的培养，NAEYC也有明确的标准。NAEYC制定的《幼儿教育职业准备标准》是学前教育教师职前培养的评价标准，其中的《教师准备计划》规定了两年制和四年制的学前教育教师的职前学习计划，希望从事婴儿、学步儿和3～6岁幼儿保教工作的教师可通过相应的学习获得学历文凭。

（三）NAEYC倡导的发展适宜性课程

NAEYC倡导教育工作者应为儿童提供符合适宜性发展原则的教育内容（课程）。儿童的适宜性发展包括年龄发展适宜性和个体发展适宜性。年龄发展适宜性指教育工作者应以儿童身心发展的年龄特征为依据，为儿童提供适宜的学习环境和适宜的活动；个体发展适宜性指教育要关注儿童的个体差异，包括每个儿童不同于他人的生理和心理特征、学习方式和家庭背景，师幼互动与课程都应关注儿童的个体差异。

NAEYC认为，学前教育课程应包括12个方面的内容：脑与感官刺激；身体素质与身体协调；情绪与心理健康；语言能力；个性与人格；生活习惯；社会性能力；探索与求知；知识与学习品质；审美能力；特殊才能；特殊技能的培养。当前，美国0~3岁早期教育课程关注培养婴儿和学步儿的问题解决能力、社会交往能力、同理心与情绪能力，使婴儿和学步儿能够适应具有挑战性的环境，心理健康，并拥有不断提升的自信及持续发展的学习能力。

综上所述，NAEYC制定的一系列行业标准，在评估和引导0~6岁学前教育机构、教师和课程向更高质量方向发展方面发挥了积极的作用，同时也为0~3岁教育机构的监管与支持提供了一定的依据和保障。

五、ITERS-R视角下0~3岁班级整体质量的评价与研究

（一）ITERS-R的基本内容

ITERS-R是以ECERS-R为基础并根据0~3岁儿童身心发展的特点和需求改编的，其内容架构和评分方式与ECERS-R完全一致。ITERS-R是7点制评分的量表，包括7个子量表：①空间和设施，包括5个项目；②个人日常照料，包括6个项目；③聆听与说话，包括3个项目；④活动，包括10个项目；⑤互动，包括4个项目；⑥课程结构，包括4个项目；⑦家长与教师，包括7个项目。在评分方面，每个项目采用7点制评分，其中1代表低劣，3代表基本，5代表良好，7代表优秀。该量表充分体现了相关组织所描述的高质量集体托育环境的8个特点：确保安全、促进健康、提供舒适感、方便性、适合儿童、最大灵活性、鼓励运动、允许选择。

（二）ITERS-R测评的各国0~3岁班级整体质量

ITERS-R研发出版后，很快就被世界各国学者视为科学的、先进的0~3岁教育质量评估工具，并在多个国家得到推广和应用。至今，美国、德国、希腊、英国等国开展的0~3岁教育质量研究报告了ITERS-R在质量评估与提升工作中的应用情况。一些研究发现，当前一些国家的0~3岁托

育服务机构的班级质量呈现逐年上升的趋势，但也有个别国家的研究显示了质量逐年下降的情况。通过对这些研究的梳理，可以从各国的教育实践和政策改革中获取一定的启示；这些研究也为我国0～3岁教育质量提升的研究与实践提供借鉴。

1. 美国

美国儿童健康与人类发展研究所于2005年使用ITERS-R大规模地测量了托育机构的班级整体质量，发现仅有9%的婴儿和学步儿接受了优秀的托育服务，有26%的婴儿和学步儿接受了良好的托育服务，有53%接受了基本的托育服务，有8.1%接受的是低劣的托育服务。

有研究者对美国北卡罗来纳州的93所托育机构的班级整体质量进行了ITERS-R评估。班级整体质量的总平均分为4.37，相较于美国1993年的测量数据，该分数显示托育机构的班级整体质量已有大幅度的提升。具体来看，有3个子量表的得分接近良好水平：空间和设施、互动及活动。这表明美国的0～3岁照料者/教师在为婴儿和学步儿设置一个充满刺激的、丰富的学习环境这一质量方面拥有较好的意识，同时能够与婴儿和学步儿产生积极的、有效的回应性互动。另一项基于美国的 ITERS-R研究同样显示，ITERS-R在2009年的总平均分相较于1993年获得了提升，总平均分达4.9，该分数非常接近良好水平。

综上所述，美国的 ITERS-R测量数据的变化显示出美国托育机构的班级整体质量水平呈现上升的趋势，这可能与ITERS-R被运用于QRIS并指导托育机构提升质量的政策干预有关（当质量提升工作与政府的质量评估和奖励措施挂钩，往往可产生显著的质量提升效益）。同时，这也反映了美国政府对0～3岁教育的重视程度。

2. 德国

在德国，蒂策于2004年测量了75个托育机构的班级整体质量，并将测量出的数据与美国的219个班级的质量进行了对比。这里需要注意的是，美国的班级数据是在1993年春季测量的。结果显示，德国样本班级的总平均分为3.21，标准差为0.78。美国219个样本班级的总平均分为3.36，标准差为1.11。两国样本班级的总平均分没有明显差异，均显示出基本的质量水平。但是，美国班级整体质量的标准差小于德国班级，显示德国班级的ITERS-R得分的分布范围更广。在美国，有8.3%的样本班级处于优秀和良好质量水平，49.1%处于基本质量水平，而42.9%处于低劣质量水平。在德国，没有处于优秀和良好质量水平的班级，但处于基本质量水平的班级占比高达54.6%，处于低劣质量水平的班级占45.3%％。

ITERS-R在项目层面上对两国的数据进行对比，发现两国班级 ITERS-R

各项目得分存在明显差异。例如，相比于德国，美国在与安全和健康有关的项目上得分较高，而德国班级在这些项目上的得分很低。德国在活动子量表中的项目上比美国得分更高，主要是因为德国班级在活动丰富性方面的表现较好。

3.希腊

有研究者运用ITERS-R对希腊的25个托育机构班级进行了整体质量测量。结果发现，样本的ITERS-R总平均分为3.5，显示出较低的整体质量水平。各子量表得分从最低到最高依次为：活动，家长与教师，空间和设施，课程结构，聆听与说话，个人日常照料，互动。

从评分结果看，大部分希腊托育机构班级的测量得分处于低劣和基本之间。2010年，学者再一次测量了希腊托育机构班级的ITERS-R质量。研究发现，与2002年的结果相比，此次测得的质量水平略有下降。质量下降的子量表有：空间和设施，个人日常照料，活动，互动，家长与教师；质量略有上升的子量表仅有聆听与说话；质量保持不变的子量表是课程结构。在所有子量表中，尤其值得关注的是活动子量表，其得分最低，这说明希腊的托育机构班级为婴儿和学步儿提供的游戏材料非常少，婴儿和学步儿可能缺少探索丰富的游戏材料的机会。此外，希腊托育机构为教师提供的专业成长环境也有待提升。

4.英国

与美国的情况类似，英国托育机构的班级整体质量也逐年上升。近两次英国全国性托育机构质量调查分别于2012年和2017年完成。在这5年里，英国托育机构班级整体质量水平的提升是相当显著的，总平均分从2012年的4.0提升到2017年的5.4。具体来看，空间和设施子量表的平均分从3.9提升到了5.5，个人日常照料子量表的平均分从3.6提升到了5.3，聆听与说话子量表的平均分从4.6提升到了5.1，活动子量表的平均分从3.5提升到了4.8，互动子量表的平均分从5.1提升到了5.6，课程结构子量表的平均分从4.5提升到了5.4。研究者认为，英国0～3岁学前教育质量的总体提升可归因于英国政府的相关政策和资源投放在质量提升方面的有效性。可以说，英国这5年托育机构的质量提升非常突出，该国的托育机构质量远超其他欧洲国家。

英国学者最初引入ITERS-R时仅将其应用于研究。此后，学者与一线教育工作者在实证研究的基础上探讨了此量表的英国本土文化适用性，并基于此对本国托育服务的核心质量概念进行了解释和修正。他们主要研究了3个问题：①TTERS-R的应用对于英国的0～3岁师资培训和机构质量提升工作来说有何优势和劣势？②ITERS-R的哪些内容适合评估英国0～3岁托育机构的质量，哪些内容不适合？③如果要在英国的0～3岁托育机构中推广使用ITERS-R，需要为机构中的教育工作者提供什么样的培训和支持？

在该研究框架的引导下，英国的学者和一线教育工作者严谨地对ITERS-R量表进行了文化适用性分析，并系统地开展了托育机构质量的评估测量与相关培训工作，形成了一个支持0～3岁托育机构应用ITERS-R进行自评和质量提升的培训模式。从英国近几年ITERS-R质量评估分数的提升来看，他们的培训工作相当成功，其成功经验值得在其他国家推广。

（三）ITERS-R的信度和效度

研究者对ITERS-R的结构效度进行了分析。研究数据来自1993年调查的727个美国托育机构班级样本和164个德国托育机构班级样本。结果显示，ITERS-R显示出3个因子的结构，这3个因子分别为：对设施和材料的供应、互动和基本照料。

有研究者选取并分析了美国科罗拉多州的59个早教中心的153个婴儿与学步儿班级的ITERS-R得分，以此来检验该量表的结构效度。样本托育机构中30%为私立机构，70%为非营利机构；29%来自农村，71%来自城市；大部分机构接受过基于ITERS-R的质量提升指导服务。

ITERS-R测量的样本托育机构的质量总平均分为4.9，属于基本水平中的高水平，得分范围为2～7。在子量表层面上，除个人日常照料的质量水平处于低劣水平（1～2）外，其他子量表的质量均高于或处于基本水平。在项目层面上，同伴和成人—婴儿互动、语言和书籍的使用、房间规划、日常活动的监管、家具均处于良好水平（6～7）；用于放松的设施、学习自然和科学的机会、精细和大动作游戏、音乐与运动则出现了两极分化，即班级质量大量分布于低劣水平和良好水平，处于基本水平（3～4）的班级则很少。

ITERS-R的信度检验发现，各项目之间的相关性显著，项目间相关系数的范围为0.48～0.68（平均达到0.3），显示出量表在项目层面有较好的内部一致性；子量表间的相关系数范围为0.48～0.66，显出子量表有中等程度的内部一致性。探索性因素分析显示，有3个因子的特征值大于1，所有的项目落在了第一个因子，各项目因子负荷为0.42~0.76。然而，研究者很难对第二和第三个因子进行命名，该结果说明，ITERS-R的单因子结构是最优模型。

六、CLASS视角下0～3岁师幼互动质量的评价与研究

CLASS是根据基于互动的教学的理论框架研制的师幼互动质量评估工具，其核心思想是捕捉班级师幼互动过程中的互动主体的反应性特征，即

成人对儿童做出的即时、符合当时情境的恰当反应。CLASS为7点制评分量表，其中1～2为低分段，3～5为中分段，6～7为高分段。

近年来，CLASS量表及其相关理论在近40个国家得到推广。相关研究发现，CLASS的幼儿园版（3～6岁）具有良好的跨文化适用性，并且具有良好的测量学信度和效度。一系列国际研究（如美国、芬兰、智利、德国）的结果表明，该量表是一种评价学前教育质量的科学工具，且CLASS测量的师幼互动质量能够预测儿童的认知发展、语言发展及情绪与社会性等领域的发展。此外，研究显示，CLASS幼儿园版在中国同样具有较好的信度和效度及本土适用性。针对托育机构师幼互动质量的测量，可使用CLASS的婴儿版和学步儿版两个版本。

（一）CLASS 婴儿版

与CLASS 幼儿园版不同的是，CLASS婴儿版整个量表仅有一个领域，即回应性照料。该领域指教师如何与婴儿发展温暖的、愉悦的和尊重的关系，意识到并响应婴儿的需求，帮助婴儿参与学习和探索，并促进婴儿早期语言的发展。CLASS 婴儿版具体包含以下4个维度。

（1）关系氛围。该维度描述了教师与婴儿之间的情感性/情绪性互动与关系，以及婴儿对该互动的回应。成人与婴儿建立的积极关系及积极互动（如共同注意或目光交流）奠定了婴儿社会性情绪发展的基础；此外，婴儿与教师之间建立的积极关系可以促进婴儿自我认知和自我调节能力的发展。教师应充分认识到婴儿的发展建立在关系和互动的基础上。例如，在成人温柔的语音、积极的身体接触下，婴儿能够建立对"爱"这一概念的感知，并在此基础上建构"爱"这一符号的意义。

（2）教师敏感性。教师敏感性维度反映的是教师对婴儿的语言和非语言线索的察觉和响应，包括在婴儿需要时向其提供安慰或处理其悲伤情绪的技巧，对婴儿行为进行响应的及时性，以及应急情况处理的技巧。一些发展心理学的理论和实证研究指出，教师的回应性照料对早期儿童发展具有积极的促进作用。

事实上，在互动过程中，婴儿会不断尝试成为教师的伙伴。通过与教师在认知与社会性方面进行持续性的、模式性的信息交换，婴儿尝试与教师建立信任和依赖的关系。为了创造这种信息交换的机会，教师应在每个时间点上关注每个婴儿的最近发展区和互动的意愿，这需要教师充分理解婴儿的情绪。

（3）促进探索。该维度主要评价教师在日常照料和游戏时与婴儿的互动，教师应通过有效的互动支持婴儿对学习活动的参与并促进其经验发展。婴儿教育实践的目标是促进婴儿利用周围环境的各种刺激进行学习，促进其与周围的世界建立联系。成人与婴儿之间敏感的、丰富的互动与婴儿的发展有强烈的关联性。成人与婴儿的积极关系同样建立在积极的、非控制性的互动基础上，而这种积极的关系能激发婴儿的好奇心及对探索和交往的渴望，同时能促进婴儿未来的行为控制、工作记忆和认知灵活性的发展。

（4）早期语言支持。该维度评价的是教师对婴儿进行语言刺激的积极性，以及促进婴儿早期语言发展所使用的技巧的有效性。教师应积极地丰富婴儿的语言经验，尽可能地让婴儿处于互动的、持续的语言信息交换中，这种体验对于婴儿的认知及语言发展来说至关重要。

（二）CLASS学步儿版

CLASS学步儿版与CLASS幼儿园版较为相似。它包含2个领域和8个维度。第一个领域为情感和行为支持，该领域包含5个维度：积极氛围、消极氛围、教师敏感性、关注儿童的观点、行为指导。第二个领域为学习参与支持，该领域包含3个维度：促进学习和发展、反馈质量、语言支持。因为托育机构的学步儿保育与教育更强调教师对学步儿个人的照顾与互动，所以相较于CLASS幼儿园版，CLASS学步儿版少了活动安排效率和教学指导方式这两个维度。与此同时，CLASS学步儿版相较于CLASS幼儿园版，更加关注2~3岁儿童的身心发展，并以此为依据建构师幼互动质量的测评内容。鉴于CLASS学步儿版中的8个维度的内容与CLASS幼儿园版相应维度的内容有一定的相似性，这里对这8个维度的具体内容就不再进行赘述。

参考文献

[1] 冯永刚，刘浩. 学前教育[M]. 济南：山东大学出版社，2009.

[2] 高传正. 学前教育[M]. 北京：人民中国出版社，1999.

[3] 魏中杰，王正翔. 学前教育科研方法[M]. 长春：东北师范大学出版社，2020.

[4] 马雷军. 学前教育政策与法律[M]. 北京/西安：世界图书出版公司，2019.

[5] 王亚辉，卢云峰，王海燕. 学前教育政策法规[M]. 北京：北京理工大学出版社，2019.

[6] 李贺，杨云舒. 学前教育史[M]. 北京：北京理工大学出版社，2019.

[7] 白洋，刘原兵，张继红. 学前教育学[M]. 北京/西安：世界图书出版公司，2019.

[8] 张宝臣. 学前教育科学研究方法[M]. 上海：复旦大学出版社，2020.

[9] 郑三元，邹巧玲，尹小晴. 学前教育学基础[M]. 北京：北京理工大学出版社，2018.

[10] 王萍，万超. 学前教育学[M]. 长春：东北师范大学出版社，2018.

[11] 赵海燕. 幼儿园环境创设案例与分析[M]. 杭州：浙江大学出版社，2019.

[12] 颜铭锋，陈秉龙. 幼儿园环境创设[M]. 北京：中央广播电视大学出版社，2016.

[13] 康琳. 幼儿园环境创设与利用[M]. 武汉：华中科技大学出版社，2017.

[14] 孙平燕. 幼儿园环境设计与布置[M]. 西安：西北大学出版社，2017.

[15] 孙平燕，刘丹龙，邰康峰等. 幼儿园环境设计与布置[M]. 西安：西北大学出版社，2014.

[16] 刘吉祥，彭程，何仙玉. 幼儿园环境创设[M]. 长沙：湖南大学出版社，2013.

[17] 张焕荣. 幼儿园游戏与指导[M]. 西安：西安交通大学出版社，2016.

[18] 赵春龙. 幼儿园班级管理[M]. 第4版. 长沙：湖南大学出版社，2016.

[19] 梅纳新. 幼儿园教育实践活动指导[M]. 长春：东北师范大学出版社，2017.

[20] 韩雪梅. 幼儿园游戏[M]. 哈尔滨：哈尔滨工业大学出版社，2019.

[21] 曹中平，韦丹，蔡铭烨. 幼儿园游戏指导[M]. 北京：北京理工大学出版社，2018.

[22] 彭茜. 幼儿园游戏化课程的理论与实践[M]. 广州：广东高等教育出版社，2018.

[23] 丁海东. 幼儿园游戏组织与指导[M]. 长沙：湖南大学出版社，2015.

[24] 王子恩，张正贤. 幼儿园社会教育活动及设计[M]. 长春：东北师范大学出版社，2019.

[25] 许妮娜. 幼儿园社会教育活动指导[M]. 北京：北京邮电大学出版社，2014.

[26] 王子恩. 幼儿园社会教育活动及设计[M]. 长春：东北师范大学出版社，2014.

[27] 刘吉祥，刘志宏. 幼儿园社会教育活动设计与指导[M]. 长沙：湖南大学出版社，2013.

[28] 于冬青. 幼儿园社会教育活动及设计[M]. 长春：东北师范大学出版社，2012.

[29] 唐淑，孔起英. 幼儿园艺术、健康和社会教育[M]. 南京：南京师范大学出版社，2010.

[30] 王珏茹，黄英杰. 试论智能时代幼儿教师专业能力素养及其建构[J]. 黑龙江教师发展学院学报，2021，40（04）：82-86.

[31] 贾钰姝. 幼儿园户外体育活动组织与实施探究[J]. 教育观察，2021，10（24）：66-68.

[32] 王燕媚，崔英锦. 人工智能时代学前教育的变革：意义、困境与出路[J]. 教育探索，2021（06）：23-27.

[33] 王紫东. 幼儿园教育环境质量的现状分析与研究[D]. 沈阳大学，2021.

[34] 梁开璐. 《幼儿园教育环境创设》课程育人研究与实践[J]. 科技风，2021（16）：143-144.

[35] 杨锦清. 幼儿园教育质量评价存在的问题及思考[J]. 试题与研究，2021（14）：81-82.

[36] 张剑春，刘雄英，陈欣悦，董璇. 学前教育专业育人"活环境"创设研究——基于陈鹤琴学前儿童环境教育理论的实践[J]. 陕西学前师范学院学报，2021，37（05）：14-19.

[37] 高文慧. 大数据时代人工智能与学前教育的融合路径[J]. 中阿科技论坛（中英文），2021（05）：173-175.

[38] 麦融冰. 基于深度学习网络的学前教育质量评价研究[J]. 现代电子

技术，2021，44（09）：69-73.

[39] 李晶. 深度学习理论视角下高职学前教育核心素养的培养对策——以游戏课程为例[J]. 延边教育学院学报，2021，35（02）：32-33+36.

[40] 李晓巍，刘倩倩. 学前儿童家庭教育的社会支持：回顾与展望[J]. 河北师范大学学报（教育科学版），2021，23（01）：126-134.

[41] 蒋雅俊. 走出学前教育质量评价的误区[J]. 教育发展研究，2020，40（24）：60-66.

[42] 丁书新. 学前儿童发展心理在家庭教育中的应用分析[J]. 心理月刊，2020，15（18）：81-82.

[43] 王占花. 浅析幼儿园教育和家庭教育的有效结合[J]. 花炮科技与市场，2020（03）：260.

[44] 雷婧. 学前教育专业幼儿园环境创设课程的设置与安排[J]. 品位经典，2020（07）：151-152.

[45] 张靖. 项目教学法在高职学前教育专业实践课程中的应用研究——以"学前儿童游戏"课程为例[J]. 江西电力职业技术学院学报，2020，33（06）：52-53.

[46] 陈慧. 浅谈家庭在幼儿教育中的协调配合[J]. 才智，2020（18）：107.

[47] 谢志清，陆秋池. 家庭教育对幼儿园中行为习惯培养的影响[J]. 河北能源职业技术学院学报，2020，20（02）：44-47.

[48] 王志贤. 加强儿童心理健康教育，促进学前儿童心理健康发展——评《学前儿童心理健康教育》[J]. 学前教育研究，2020（06）：97.

[49] 李玉玲. 试析绘本在幼儿园社会教育中的运用[J]. 科学咨询（科技·管理），2020（11）：200.

[50] 卢琰. 幼儿园科学教育组织与实施的现状研究[D]. 沈阳师范大学，2020.

[51] 吴秋燕. 情感化设计在学前儿童积木中应用研究[D]. 广东工业大学，2020.

[52] 任婉毓.4-6岁儿童家庭支持与情绪管理能力的关系研究[D]. 河南大学，2020.

[53] 王佳明. 教育生态学视野下幼儿园"亲亲自然"主题活动的实践研究[D]. 天水师范学院，2020.

[54] 孙慨玲. 学前教育双语教学的现状及创新性方法探究[J]. 职业技术，2020，19（06）：101-104.

[55] 马云从. 反思与重构：儿童文化视角下的幼儿园环境创设[D]. 内蒙

古师范大学，2020.

[56] 王珏. 学前教育课程游戏化面临的困境与应对探讨[J]. 华夏教师，2020（10）：95-96.

[57] 钱小龙，吴如梦，黄蓓蓓. 基于用户满意度的我国学前教育慕课质量评价研究[J]. 教育探索，2020（03）：26-30.

[58] 马雪，张晓梅. 基于师幼互动的学前教育质量评价工具评介及启示[J]. 大庆师范学院学报，2020，40（02）：104-113.

[59] 谢燕. "儿童本位"理念下幼儿园教育环境创设现状调查研究[D]. 江苏大学，2020.

[60] 徐昭媛，李召存. 学前教育优质发展时代的质量评价与提升——第二届学前教育质量评价与提升学术论坛综述[J]. 幼儿教育，2020（Z3）：93-96.

[61] 余丹. 增强学前儿童社会教育课程实践性效果研究[J]. 教育教学论坛，2020（08）：37-38.

[62] 冉冉. 对学前教育环境创设课程实施模式的探讨[J]. 漯河职业技术学院学报，2019，18（06）：105-108.

[63] 韩春华. 人工智能时代学前教育教师角色的转变[J]. 现代交际，2019（20）：156-157.

[64] 徐发秀，袁斯. 高宽课程中学习环境创设思想及其启示[J]. 长江大学学报（社会科学版），2019，42（05）：113-116.

[65] 覃波. 人工智能技术与学前教育的融合路径探究[J]. 企业科技与发展，2019（09）：98-99.

[66] 夏全惠. 基于儿童视角的幼儿园游戏课程研究[D]. 山东师范大学，2019.

[67] 杨梦娴. 文化自信视野下幼儿园环境创设研究[D]. 信阳师范学院，2019.

[68] 李静，孙雨雨. 论人工智能时代中儿童发展的危机与学前教育的坚守[J]. 今日教育（幼教金刊），2019（04）：4-7.

[69] 孙雨雨. 人工智能时代的童年生活[D]. 西南大学，2019.

[70] 王书. 智能时代下幼儿心理健康教育要点解析[J]. 学园，2019，12（09）：8-9.

[71] 王晓丹. 培养学前教育专业学生幼儿园主题环境创设的能力[J]. 科学咨询（科技·管理），2019（02）：80.

[72] 李海磊. 新时代学前教育专业"体智能"课程体系之构建[J]. 文化创新比较研究，2019，3（01）：124-125.

[73] 扈炯星. 学前儿童数字化游戏教学的建构与实施[D]. 哈尔滨师范大学，2018.

[74] 喻琴. 智能时代下的幼儿园家委会职能[J]. 山西教育（幼教），2018（08）：12-13.

[75] 于娟. 幼儿园环境创设内容探析[J]. 美与时代（上），2018（06）：73-74.

[76] 杜玉. "未来"由你，"菲"常有趣[J]. 中华儿女，2018（11）：94-95.

[77] 杨伟鹏，张丹丹. 推动STEM教育：人工智能时代下的幼儿园课程建设[J]. 幼儿教育，2018（15）：9-12.

[78] 李佳音. 学前儿童品德养成教育问题及对策研究[D]. 吉林大学，2018.

[79] 高振凤. 学前教育中户外游戏的开展策略探讨[J]. 中国高新区，2018（10）：111.

[80] 武开娟. 创新学前教育专业舞蹈教学模式的意义和方法探析[J]. 戏剧之家，2018（07）：177.

[81] 詹越. 幼儿园教育质量评价的实践研究[D]. 上海师范大学，2019.

[82] 周昕佚，陈小雪. 学前教育专业乐理课程教学方法创新探索[J]. 产业与科技论坛，2018，17（05）：190-191.

[83] 陈毅琳. 学前教育视角下关于幼儿心理健康教育浅析[J]. 知识经济，2018（01）：130-131.

[84] 许娟，林渝竺. 高职院校学前教育专业手工制作课程创新教学方法探讨[J]. 戏剧之家，2017（24）：193.

[85] 郑莹莹. 幼儿园社会教育活动的价值及渗透[J]. 科教导刊（上旬刊），2017（31）：157-158.

[86] 邱丹燕. 幼儿园大班数字化游戏课程的设计与实施[D]. 华东师范大学，2017.

[87] 周俊. 学前教育专业体育课程教学内容拓展与方法创新[J]. 知识经济，2017（05）：147-148.

[88] 郭海燕. 师范院校学前教育专业游戏课程实践场地建设思考[J]. 江苏第二师范学院学报，2016，32（07）：75-77.

[89] 罗娟. 国际学前教育机构质量评价标准中的课程质量标准研究[D]. 南京师范大学，2016.

[90] 汤才虎. 学前教育户外活动开展策略研究[J]. 船舶职业教育，2015，3（06）：69-71.

[91] 江晖. 浅谈学前儿童心理健康教育的策略[J]. 赤峰学院学报（自然科学版），2015，31（05）：131–133.

[92] 李卓彦. 关于学前教育质量评价指标体系构建探索[D]. 山西财经大学，2015.

[93] 王婧. 当前幼儿心理健康教育的方法与途径探讨[J]. 科技创新导报，2015，12（02）：221+223.

[94] 李纯. 展望：2015年，值得我们期待的十大新趋势[J]. 中国青年，2014（24）：56–58.

[95] 李韦鹃. 浅析学前儿童心理健康教育对幼儿学习的影响[J]. 科教导刊（中旬刊），2014（12）：213+237.

[96] 刘敏. 试析学前教育专业舞蹈课程教学方法创新[J]. 大众文艺，2012（16）：276–277.